穿越周期

人民币汇率改革与人民币国际化

张明 著

图书在版编目（CIP）数据

穿越周期：人民币汇率改革与人民币国际化/张明 著.—北京：东方出版社，2020.3
ISBN 978-7-5207-1334-4

Ⅰ.①穿… Ⅱ.①张… Ⅲ.①人民币汇率—研究 ②人民币—金融国际化—研究 Ⅳ.①F832.63 ②F822

中国版本图书馆 CIP 数据核字（2019）第 296122 号

穿越周期：人民币汇率改革与人民币国际化
（CHUANYUE ZHOUQI：RENMINBI HUILÜ GAIGE YU RENMINBI GUOJIHUA）

作　　者：	张　明
责任编辑：	吴晓月
责任审校：	谷轶波　曾庆全
出　　版：	东方出版社
发　　行：	人民东方出版传媒有限公司
地　　址：	北京市朝阳区西坝河北里51号
邮　　编：	100028
印　　刷：	北京楠萍印刷有限公司
版　　次：	2020年3月第1版
印　　次：	2020年3月第1次印刷
开　　本：	710毫米×960毫米　1/16
印　　张：	20.25
字　　数：	288千字
书　　号：	ISBN 978-7-5207-1334-4
定　　价：	58.00元
发行电话：（010）85924663　85924644　85924641	

版权所有，违者必究
如有印装质量问题，我社负责调换，请拨打电话：(010) 85924602　85924603

• 推荐序 •

人民币汇率制度的演进

1994年，中国成功进行汇改，建立了单一汇率下有管理的浮动汇率制度。人民币汇率处于缓慢、小幅上升状态。亚洲金融危机爆发后，羊群效应导致资本外流，人民币出现贬值压力。为了稳定金融市场，中国政府执行了事实上钉住美元的汇率政策。2002年，中国经济强劲回升，贸易和资本项目双顺差大量增加，人民币出现升值压力。为了抑制汇率升值，中国人民银行大力干预外汇市场，外汇储备由2001年年底的2122亿美元增加到2002年年底的2864亿美元。2003年，中国继续保持双顺差，升值压力进一步上升。国际上要求人民币升值的呼声日渐高涨。"人民币升值还是不升值？"这成为2003—2005年经济学界最具争议性的政策问题。

反对人民币升值的主要论点是，中国外贸企业的盈利水平整体比较低，平均利润率大约只有2%，如果让人民币小幅升值，大批外贸企业就会破产。而政府当时担心：一旦允许人民币升值，出口增速将会下降，进而会导致2002年开始的经济复苏夭折。于是，人民币同美元脱钩并走向升值的问题被暂时搁置。

2005年7月21日，中国人民银行宣布放弃钉住美元，实行参考一篮子货币的管理浮动汇率制度。此后，人民币对美元汇率便开始了一个长达10年左右的持续、缓慢的升值过程。

汇率低估和缓慢升值一方面使中国得以维持强大的出口竞争力，另一方面则吸引了相当数量的热钱涌入。中国的经常项目顺差和资本项目顺差持续增加，而双顺差又转化为中国外汇储备的持续增加。

2008年9月15日，美国雷曼兄弟公司突然倒闭，美国金融、经济危机急剧恶化。2009年3月13日，时任国务院总理的温家宝在回答美国记者提问时指出，"我们把巨额资金借给美国，当然关心我们资产的安全。说句老实话，我确实有些担心。因而我想通过你再次重申，要求美国保持信用，信守承诺，保证中国资产的安全"。

事实上，自2002年2月至次贷危机爆发前，美元出现了所谓的"战略性贬值"，美元指数一路下跌。2009年年初，美国经济学家克鲁格曼在《纽约时报》上发表了一篇题为"中国的美元陷阱"的文章。文章指出，中国得到了2万亿美元外汇储备，变成了财政部券（T-bills）共和国，中国领导人一觉醒来，突然发现他们好像有麻烦了。他们虽然现在对财政部券的低收益仍不太在乎，但显然担心美元贬值将给中国带来巨大的资本损失，因为中国外储的70%是美元资产。减持美元资产势在必行，但有一个障碍，这就是中国持有的美元太多。如果中国抛售美元，就必然导致美元贬值，进而造成中国领导人所担心的资本损失。正如凯恩斯所说："当你欠银行1万英镑时，你受银行的摆布；当你欠银行100万英镑时，银行将受你摆布。"

2009年3月23日，时任中国人民银行行长的周小川指出，"此次金融危机的爆发并在全球范围内迅速蔓延，反映出当前国际货币体系的内在缺陷和系统性风险"。他提出，"将成员国以现有储备货币积累的储备集中管理，设定以SDR（Special Drawing Right，特别提款权）计值的基金单位，允许各投资者使用现有储备货币自由认购，需要时再赎回所需的储备货币"。事实上，早在1980年，美联储就推出过所谓的替代账户（Substitution Account）。外国持有者可将国别货币（主要是美元）计价的储备资产转化为以SDR计价的储备资产并存入替代账户，在以后可根据需要再将SDR储备资产转换为国别货币计价的储备资产。在美元贬值压力严重的时候，替代账户可以使美元储备资产持有者减少损失，从而减轻美元储备资产持有者抛售美元资产的压力。

可能同用SDR取代美元充当国际储备货币的主张受到冷遇有关，从2009年起，中国人民银行开始推动人民币国际化进程。然而，本币国际化对任何国家来说都是一把双刃剑。世界上很少有国家把本币国际化作为一项政策加以推进。德国始终回避马克国际化。日本一度想推进日元国际化，但很快搁置了这一政策。

2009年7月，跨境贸易人民币结算试点正式启动。此后人民币进口结算和香港人民币存款额迅速增长。学界对人民币国际化进程普遍乐观。一些人预测，在今后两年香港人民币存款将超过3万亿元人民币。

为了推动人民币国际化，使人民币成为国际储备货币，中国必须解决如何为人民币资产的潜在持有者提供人民币的问题。美国是通过维持经常项目逆差为世界提供美元的。中国是个经常项目顺差国，如果希望通过进口结算为非居民提供人民币，中国就不得不增加自己持有的美元资产。在这种情况下，美元作为国际储备货币的地位，不但不会因人民币国际化而削弱，反而会得到加强。如果人民币国际化的目的之一是削弱美元的霸权地位，减少由于持有美元资产而遭受的损失，靠进口结算为海外提供人民币显然是南辕北辙。更何况，我们在推动人民币结算的同时，并未相应推动人民币计价。显然，当时非居民之所以愿意接受人民币结算，持有人民币资产（中国的负债），是因为人民币处于升值通道，一旦人民币升值预期消失，非居民很可能就会抛售他们持有的人民币资产。人民币国际化进程的演进也证实了这种推断。

当然，人民币国际化还可以通过其他渠道推进，如像其他国家中央银行那样进行货币互换，为国际性或区域性金融机构提供人民币等。推动人民币国际化的可持续的路线，似乎应该是通过资本项目逆差向世界提供人民币流动性（海外人民币直接投资、海外人民币贷款和购买海外机构发行的人民币债券熊猫债券等）。无论如何，事实告诉我们，人民币国际化是个长期过程，应该由市场来推动。揠苗助长式的人为推动，不但成本巨大，而且欲速则不达。

进入2012年，人民币国际化的进展不尽如人意，中国人民银行似乎对缓慢的资本项目自由化进展失去了耐心。加快资本项目自由化突然被摆到十分突出的位置。①2012年年初，中国人民银行提出，目前我国的资本兑换管制难以为继，而资本账户开放的条件已经成熟，应与利率汇率改革协调推进。央行的观点得到经济学界主流的支持。少数派则坚持认为，资本账户开放应该遵循国际上公认的时序，即先完成汇率制度改革，然后再谈资本账户开放（这里实际上是指全面开放）；资本项目自由化并非当务之急。

  2012年11月，党的十八大将"逐步实现人民币资本项目可兑换"明确为我国金融改革的任务之一。此时，围绕资本账户开放是否应该"加快"及是否应该设定路线图与时间表问题，展开了新一波争论。许多官员和学者提出了资本项目自由化的时间表：2015年实现人民币资本账户下基本可兑换，2020年实现完全可兑换。

  2014年是人民币汇率走势的转折点。2014年之前，由于中国经济的持续高速增长、经常账户和资本账户的长期"双顺差"，人民币汇率在绝大多数时间内处于巨大的升值压力之下。2014年第三季度之后，由于国内外经济基本面的变化，中国开始出现资本账户逆差和人民币贬值压力。

  为了增强人民币汇率形成机制中市场供求的作用，2015年8月11日，中国人民银行宣布对人民币汇率中间价报价机制进行改革。做市商在每日银行间外汇市场开盘前，参考上一日银行间外汇市场收盘汇率，综合考虑外汇供求情况及国际主要货币汇率变化，向中国外汇交易中心提供中间价报价。

  811汇改之前，多数人预期当年年内人民币兑美元汇率可能贬值2%或3%，但汇改本身刺激了贬值预期。8月11日，人民币汇率开盘后迅速贬值，很快逼近2%的每日下限。汇改之后，市场对人民币贬值的预期普遍飙升。贬值预期导致资本外流急剧增加，资本外流反过来又加剧了贬值压力。

  尽管启动汇改的时间没有选择好，但811汇改的大方向是完全正确的。遗憾的是，央行在面对汇率大幅度下调时，没有沉住气。或许再坚持一两周，

---

① 在国内一直有一种非常强烈的支持资本项目自由化的声音。自进入21世纪以来，呼吁资本项目自由化的声音更是此起彼伏。大多数学者支持资本项目自由化的主要理由是，用资本项目自由化倒逼国内改革："你不改，我就用脚投票了。"

汇率就可能会稳定下来。根据韩国、阿根廷、巴西等国的经验，以中国当时强大的经济基本面来看，人民币汇率出现持续暴跌的情形是难以想象的。

8月13日以后，央行基本上执行了类似"爬行钉住"的汇率政策。通过大力干预外汇市场，力图把汇率贬值预期按回"潘多拉的盒子"。央行并不想无休止地干预外汇市场，但一旦央行停止或减少干预，汇率就会马上下跌。为了扭转这种局面，2015年12月，央行公布了确定汇率中间价时所参考的三个货币篮子：中国外汇交易中心（CFETS）指数、BIS（Bank for International Settlements，国际清算银行）和SDR。2016年2月，央行进一步明确，做市商的报价要参考前日的收盘价加上24小时之内篮子汇率的变化。央行的"收盘价+篮子货币"定价机制，得到了市场的较好评价。

在2015年8月13日到2016年年底的一段时间内，央行采取了"且战且走"的战略，在阻滞人民币贬值的过程中，外汇储备减少了近1万亿美元。可以讨论的问题是，如果当初不干预，人民币汇率是否会一溃千里，以致引发一场货币危机和金融危机？如果答案是肯定的，那么花费相当数量的外汇储备或许值得。即便如此，我们也应该想想：1万亿美元是什么概念？在整个东亚危机期间，国际货币基金组织和其他机构承诺提供给泰国、韩国和印度尼西亚的所有救援资金合计为1200亿美元。事实上，在2014—2016年执行汇率维稳政策期间，中国所用掉的外汇储备不仅大大超过了东亚金融危机所用的外汇，而且超过了国际货币基金组织现在可直接使用的全部资源。

令人不解的是，对许多学者和官员来说，为了维持人民币汇率稳定，在一年多时间里用掉1万亿美元外汇储备并不是一个问题。进入2017年，人民币汇率终于企稳，中国外汇储备重新站稳3万亿美元。于是，一些学者称，中国需要在"保汇率"或"保外储"二者中进行选择的观点已经被证伪。如果不干预外汇市场，就不会损失1万亿美元外汇储备。这还有什么好争论的？

唯一值得考虑的是，如果不干预外汇市场，人民币汇率是否会急剧下跌，进而导致一场严重的金融危机？这是一个在事后已经无法用事实回答的问题。但是，第一，在世界经济史上我们能找到这样一个先例吗？一个国家维持了世界最高的经济增长速度，有着世界最大的贸易顺差，长期资本流入强劲，财政状况良好，银行体系基本健康，有极强的危机管理能力，随时可以重新实行资本管制，有着近4万亿美元外汇储备，而这个国家的汇率竟然会在央行不加干预的前提下一泻千里！第二，2015年5月以后的中国股市经验也可资参考。刚开始时，"国家队"花了数万亿元人民币入市干预也没有稳住股市。而在停止干预，股市跌至2850点之后最终也稳定了。像股票、货币这些金融资产的价格，本身就有自动稳定器的作用，超调是暂时的。除非基本面出了大问题，这些资产的价格不会一路暴跌，而导致金融危机。第三，2019年8月5日"破7"的经验可以说是一种普遍意义上的"决定性判决"。直到8月4日，学界的主流观点依然是：人民币对美元汇率不能"破7"，一旦"破7"，汇率就会直线下跌，直至导致金融危机。"破7"之后发生了什么？人民币汇率不但没有像学者们所担心的那样大幅度贬值，甚至连茶杯里的风波都没有出现。可以说，8月5日"破7"的"实验"最终否定了"人民币汇率不能跌破某一特定点位，否则就会大祸临头"的观点。现在回过头去看当时，你是否依然那么确信，在2015年和2016年，如果央行不执行汇率维稳政策，人民币将会持续大幅贬值，进而导致中国发生金融危机吗？

2016年年底2017年年初，人民币汇率重新趋于稳定。有观点认为，人民币汇率的稳定应该归功于811汇改之后的汇率维稳政策，以及"收盘价+篮子货币"定价机制的推出。事实上真是如此吗？在汇率定价规则中加入"篮子货币"成分，的确使汇率变动的预测变得更加困难，但这有助于抑制针对人民币的投机活动。但是，人民币汇率得以稳定的真正原因无疑是后来强化的资本管制和中国经济基本面在2016年之后的逐步改善。不仅如此，在2016年年底2017年年初，由于美元指数的贬值，几乎所有发展中国家的汇率都实现了企稳回升。

2017年中国外汇储备又回到了3万亿美元以上。但1万亿美元外汇储备已经无可挽回地丢失了。现在来看，如果在2015年和2016年央行不干预外汇市场，即便人民币汇率有较大幅度下跌，到2017年人民币汇率也是会企稳回升的。更直白地说，1万亿美元外汇储备花得冤枉。退一步讲，即便是以1万亿美元的代价换来了汇率的自主稳定，代价也未免太高。

当然，用掉1万亿美元外汇储备并不等于中国损失了1万亿美元，但必须证明这1万亿美元外汇储备是"藏汇于民"了。本来是由官方持有的外汇储备，现在变成了由普通居民持有的海外资产，这有什么不好的呢？可惜，中国的国际收支平衡表和海外投资头寸表并不支持"藏汇于民"的说法。例如，从2014年第二季度到2016年年末，中国累积的经常项目顺差为0.75万亿美元，但在外汇储备下降1万亿美元的同时，中国国际投资头寸表上居民对外净资产仅增加了0.9万亿美元。如果真是"藏汇于民"了，按照定义，在此期间，中国居民海外净资产应该增加1.75万亿美元，而不是0.9万亿美元。高达0.85万亿美元的海外资产哪里去了？其实对于"哪里去了"，大家是心知肚明的。在美国、加拿大、澳大利亚等国，华人新增的巨额不动产已经给我们提供了部分答案。当然，资本外逃问题的最终解决还有赖于中国经济体制、金融体系和汇率体制改革的进一步深化。例如，如果我们不能彻底解决产权保护问题，资本外逃问题就无法得到根本解决。

2018年以后，央行停止了常态化干预。但"前日收盘价+24小时篮子货币稳定"汇率中间价定价公式并未退出舞台。不仅如此，我们时不时还要为搞清楚什么是"逆周期因子"及如何计算"逆周期因子"而大伤脑筋。至于在现实中，汇率中间价定价公式和逆周期因子在汇率决定中究竟起到了什么作用，就只有央行和外汇管理局清楚了。央行引入的"逆周期因子"实质上是要把比较透明的汇率定价规则变回不透明，以给央行更多的自由裁量权。但这样做有必要吗？中国早就具备了实现浮动汇率制度的条件。浮动汇率也不意味着央行不能干预外汇市场，抑制汇率的过度波动。如果不想一步到位实行"清洁浮动"，也可以通过降低"篮子货币"的权重，回到811汇改的起点上，而不必在"逆周期因子"上做文章。这也免得授人以柄，让美国人在中国汇率政策透明性的问题上做文章。

中国的汇率政策和中国改革开放初期制定的发展战略密不可分。"出口导向创汇经济"有其历史功绩，但凡事都有一个度。由于没有及早调整，出口导向的发展战略最终造就了一个畸形的海外资产负债结构。由于长期维持双顺差，尽管中国拥有近2万亿美元的海外净资产，但因负债（主要是FDI[①]）回报率较高，资产（主要是以美国国债为主的外汇储备）回报率较低，中国在近十年来的投资收益几乎都为逆差。以2008年为例，根据世界银行驻华代表处的研究，发达跨国公司在华投资的回报率为22%。而当年美国国库券的回报率不会超过3%。

除海外资产负债结构畸形之外，令人扼腕的是，尽管中国持续输出资本，中国的海外净资产却不见增长。在2008年全球金融危机爆发之前，中国的海外净资产接近2万亿美元，但到2016年年底，中国的海外净资产大约只有1.75万亿美元。而造成这种只见向海外输出资源（资本），却不见海外资产增长现象的主要原因则是资本外逃。此外，中国的海外资产主要是美元资产、以美元计价，其安全性完全取决于美国政府的财政、货币政策及中美之间的政治关系。

如果中国的海外资产负债结构不能及时调整，导致中国投资收入不能正常增长的趋势得不到及时扭转，则中国将继续维持投资收益逆差。由于人口老龄化等问题，中国的储蓄率将会逐步下降，中国的贸易顺差将会逐步减少。如果投资收益逆差持续增加，贸易顺差持续减少，中国就可能出现经常项目逆差。进入老龄化阶段的中国一旦陷入这种状况，中国的对外经济部门就有可能变成中国经济增长的沉重包袱，而不是重要推动力。

海外资产负债结构的调整将是一个复杂系统的工程，汇率制度改革在这个复杂工程中占有特殊地位。在过去数十年中，使"出口导向创汇经济"战略得以成为事实，并妨碍这一战略进行转型的必要条件，就是人民币汇率的长期低估。而自2015年以来，汇率缺乏弹性又为投机资本的套利、套汇和资本外逃创造了便利条件。汇率缺乏弹性对经济和金融造成的损害已经得到充

---

① FDI：Foreign Direct Investment，对外直接投资。

分证明，而"破7"后外汇和金融市场的平静反应又证明了汇率浮动并不会对经济和金融造成许多人担心的那种剧烈冲击。希望中国政府及早下定决心，在做好预案的前提下，尽早让人民币汇率实现双向自由浮动。

张明研究员是中国社会科学院世界经济与政治研究所团队的核心成员之一。在过去11年中，他和他的队友一直密切关注中国的汇率政策、人民币国际化和资本管制等问题。他在自序中写道："在这个团队工作的11年中，我与团队成员之间有着密切的互动与合作，我们在很多宏观经济与国际经济问题上发出了自己的声音。这些声音有时与政策相契合，有时与政策相背离，但由于声音背后有一以贯之的框架与逻辑的支撑，因此受到了很多学者、市场人士与政策制定者的关注。"我认为他们这个团队的最大优点，是始终把国家利益放在第一位，始终坚持学术的独立性和批评的建设性。由于有了这样的精神，再加上勤奋好学，他们终于成为一支在经济学界广受好评和被政府部门关注的研究团队。张明研究员本人长期以来勇于坚持自己学术观点的治学精神给我留下了深刻印象。

本书收录了张明研究员在过去11年中就汇率、人民币国际化和资本管制问题撰写的大量文章。由于这些文章讨论的都是当时富有争议的具体政策问题，对更年轻的经济学人了解有关问题的来龙去脉将会有很大帮助。其作品的一个重要特点是观点鲜明。是就是是，非就是非，绝不含糊其词。另一个特点是自洽性：在长达十几年的跨度中，对同一问题始终保持自洽；即便是不同的问题，也可以从中发现某种更高抽象层次上的一致性。

张明研究员在自序中强调了一个统一"框架与逻辑"的重要性。通观本书，我感觉这个统一的框架与逻辑还有待进一步确立和厘清。此外，可能是因为研究重点有所转移，在本书中张明研究员没有更多地讨论更为晚近的相关问题，如"前日收盘价+24小时篮子货币稳定"定价公式和"逆周期因子"是如何发挥作用的，以及它们是否有继续存在的价值。

我相信，在以往研究的基础上，张明研究员今后将以汇率为中心，写出一本更为全面反映中国开放宏观经济的实践的、具有更为清晰框架的理论专著。

年轻学者由于年龄和训练的优势,更重要的是,由于他们十分注意理论联系实际,许多人既是学者,又工作在金融领域的第一线,他们已经取代我们这些正在退出学术舞台的"40后"和"50后",在理论研究和政策咨询中发挥中坚作用。祝他们取得更大成绩!

余永定

(中国社会科学院学部委员、经济学家)

• 自 序 •

为什么汇率浮动至关重要？[①]

时光如白驹过隙。转眼间，我到中国社会科学院世界经济与政治研究所工作已经有 11 年时间，而我本人也从而立之龄进入不惑之年，从初出茅庐的经济学博士生成长为有"中年油腻男"之嫌的经济学者，其间尝尽研究工作的酸甜苦辣。

中国社会科学院世界经济与政治研究所有一个在国内外颇具影响力的宏观经济研究团队，团队里有十余名中青年学者。在这个团队工作的 11 年中，我与团队成员之间有着密切的互动与合作，我们在很多宏观经济与国际经济问题上发出了自己的声音。这些声音有时与政策相契合，有时与政策相背离，但由于声音背后有一以贯之的框架与逻辑的支撑，因此受到了很多学者、市场人士与政策制定者的关注。

在我们团队的几大核心观点中，汇率自由浮动是其中至关重要的一个。汇率既是本国货币与外国货币之间的相对价格，也是本国贸易品（以制造品为主）与非贸易品（以服务品为主）的相对价格。如果汇率不能自由浮动，那么汇率的水平与市场供求决定的汇率均衡水平之间就可能存在持续的背离。这种背离会造成资源配置的扭曲，并增加宏观层面的成本（这可以被视为国民福利损失）。

例如，如果人民币的汇率水平明显低于市场供求决定的汇率均衡水平（也即人民币汇率存在"低估"），就会导致中国出口商品的国际竞争力上升，从而带来更多的贸易顺差及经常账户顺差；与此同时，这会使得贸易品领域的投资收益率上升，从而带动更多的国内资源由服务业流向制造业，造成制

[①] 本文发表于《读书》2018 年第 2 期。

造业欣欣向荣而服务业发展滞后的问题。

事实上，以上情景即大致符合2003—2013年中国经济的现实。在这段时期内，中国经济不仅出现了持续的经常账户顺差，而且出现了持续的资本账户顺差，这种格局被称为双顺差。在双顺差格局下，央行为了避免人民币汇率过快升值，实施了在外汇市场上持续用人民币购入美元的公开市场操作。

这种公开市场操作带来的结果之一是，中国的外汇储备规模迅速上升，从数千亿美元攀升至最高4万亿美元的水平。而问题在于，外汇储备并非越多越好，原因之一是，外汇储备的投资收益率通常很低。事实上，尽管中国一直是全球净债权人，但由于中国海外资产中投资收益率很低的外汇储备投资占主体，而中国海外负债中投资收益率很高的私人投资占主体，因此导致中国成为海外投资收益一直为负的国际债权人。这也意味着，中国不仅一直借钱给其他国家，还一直向其他国家支付利息。原因之二是，外汇储备规模越高，则由于本币兑外币汇率升值而造成的外汇储备规模缩水的损失就越大。

这种公开市场操作带来的结果之二是，央行因为购买美元而释放的人民币（这被称为外汇占款）规模越来越多。如果央行对外汇占款的上升视而不见，那么这会加剧国内的流动性过剩，进而造成通货膨胀与资产价格上升，影响宏观经济与金融市场的稳定。因此，为了避免这种情况发生，央行采取了大规模的冲销操作。在第一阶段，央行主要通过发行央行票据的方式来吸收外汇占款。然而，随着冲销规模的上升，央行不得不提高央行票据的发行利率（以吸引到足够的国内投资者购买），这就导致央行财务成本的上升。因此，在第二阶段，为了降低财务成本，央行主要通过提高法定存款准备金率的方式进行冲销。由于央行对法定存款准备金支付的利率要显著低于央行票据的利率，因此，冲销手段的上述转变的确降低了央行的冲销成本，但这实际只是将冲销成本转移给了商业银行。这是因为，原本可以通过放贷获得更高收益的资金，目前不得不以法定存款准备金的形式上缴给央行，并仅仅能获得很低的存款准备金利息。最后，商业银行又通过被政策压低的存款利率，将冲销成本转移给中国家庭。

综上所述，积累过多外汇储备而导致的投资收益率损失与汇率风险的增加，以及冲销外汇占款而产生的财务成本，都是央行为了避免人民币过快升值，持续保持人民币汇率低估而付出的代价。

从2009年起，央行开始大力推动人民币国际化。迄今为止，人民币国际化主要沿着两条路径来开展：其一是推动人民币在跨境贸易与投资过程中的结算，其二是推动诸如中国香港、新加坡、英国伦敦等离岸人民币金融市场的发展。

从表面上来看，在2010年至2015年上半年期间，无论是人民币在跨境贸易与投资中的结算规模，还是离岸人民币金融市场的人民币存款规模，均呈现显著上升态势。然而，人民币国际化欣欣向荣的发展态势，并不完全是真实需求驱动的。其中很大一部分，其实是由跨境套利行为驱动的。之所以会出现跨境套利行为，是因为在人民币国际化之后，形成了两个人民币市场：一个是在岸市场，另一个是离岸市场。离岸市场的人民币价格（包括利率与汇率）大致是由市场供求决定的，而在岸市场的人民币价格则很大程度上由央行来确定。这就意味着，在离岸市场与在岸市场之间，通常会存在汇率差与利率差，这无疑会给市场主体以跨境套利的巨大激励。

一方面，中国国内人民币利率水平显著高于离岸市场利率水平；另一方面，由于人民币存在显著升值预期（这是人民币汇率长期低估的自然结果），离岸市场上的人民币汇率要比在岸市场上的人民币汇率更高。这就驱动了两类套利交易：一是市场主体倾向于到境外借入外币或人民币，并通过各种渠道转移至境内进行套利；二是市场主体倾向于将境内人民币携带至境外兑换为外币，以赚得汇率差价。由于央行为了鼓励人民币国际化，对人民币资金跨境流动的监管明显弱于对外币资金跨境流动的监管，因此很多套利交易伪装成跨境贸易人民币或投资结算来进行。最终，就形成了套利交易驱动的人民币国际化的"泡沫"。

人民币兑美元的持续升值预期在2014—2015年开始逆转，套利行为驱动的人民币国际化"泡沫"显现。最主要的原因是在这一期间，由于美联储在实现货币政策正常化（包括停止量化宽松与启动加息进程），美元兑其他国际货币显著升值。再加上因为人民币在这一时期内大致钉住美元，所以造成人民币兑全球主要货币的有效汇率快速升值。有效汇率的快速升值与国内疲弱的基本面形成鲜明反差，市场主体的人民币升值预期逆转为贬值预期。

2015年811汇改①之后，人民币兑美元汇率较快贬值引发了国内外金融市场的动荡，央行不得不着手抑制人民币兑美元汇率的贬值速度。为此，央行采取了三管齐下的方式：第一，央行通过在外汇市场上持续卖出美元、买入人民币来稳定汇率，此举导致中国外汇储备从4万亿美元快速下降至3万亿美元左右；第二，央行显著收紧了对跨境资本流动的管制，此举确实抑制了跨境套利行为（戳穿了人民币国际化的"泡沫"），但也影响到一些正常的投资项目；第三，央行通过反复调整人民币兑美元的每日开盘价定价机制，重新提高了央行对开盘价的影响力。

换言之，如果说在人民币汇率面临升值压力的时期，央行在努力抑制人民币汇率升值的话，那么在人民币汇率面临贬值压力的时期，央行同样在努力抑制人民币汇率的贬值。不过，维持人民币汇率稳定的努力无疑会带来各种成本。如果说在升值阶段，汇率维稳的成本包括外汇储备的收益率损失与汇率风险的增加、冲销成本的增加及服务业发展不足的话，那么在贬值阶段，汇率维稳的成本则包括外汇储备缩水、潜在的资本外流压力的增加、资本管制带来的资源配置扭曲，以及制造业承受更大压力等。

综上所述，很多分析师更加强调维持汇率稳定的各种收益，而我们团队则更加强调维持汇率稳定的各种成本，尽管很多成本看起来没有那么直接。过去十多年来，我们始终认为中国政府有必要加快人民币汇率定价的市场化进程，让汇率水平更多地由市场供求来决定，维持汇率水平稳定的做法很可能是得不偿失的。

中国社会科学院世界经济与政治研究所是中国的一个智库，我是一名智库学者。智库学者的定位是将学术研究与政策研究相结合，为决策部门提供独立客观的政策建议。本书反映了我试图运用统一的逻辑框架来分析人民币汇率与人民币国际化问题的努力。或许在本书的每一章节中，读者都能看到这个框架的影子。

---

① 811汇改：2015年8月11日，央行宣布调整人民币对美元汇率中间价报价机制，做市商参考上日银行间外汇市场收盘汇率，向中国外汇交易中心提供中间价报价。

目　录

上篇 人民币汇率改革：升值周期与贬值周期下的复杂改革尝试

第一章　从七个维度来理解汇率制度选择 …………………… 003

 一、维度一：经济增长受汇率制度选择直接影响 …………… 003

 二、维度二：遏制通货膨胀的汇率手段 ……………………… 004

 三、维度三：汇率波动与背离的两面性 ……………………… 005

 四、维度四：经济体内外冲击不同影响汇率制度选择 ……… 006

 五、维度五：货币危机、银行危机与债务危机 ……………… 008

 六、维度六：货币主权及铸币税的汇率制度视角 …………… 010

 七、维度七：政治因素——信誉和时间一致性难题 ………… 011

 八、唯一结论：没有任何汇率制度能适合所有国家 ………… 012

第二章　"外升内贬"：2005年人民币汇改之后的挑战

   （2005—2010） ……………………………………………… 014

 一、人民币汇改的五条路径选择 ……………………………… 014

 二、从经济学逻辑层面认识人民币的"外升内贬" ………… 016

 三、深入认识人民币汇改的五条路径 ………………………… 022

 四、五条路径的综合评估 ……………………………………… 025

 五、人民币汇改的最优选择：向BBC折中制度过渡 ……… 028

第三章 激荡八年：人民币汇率的升值之路（2005—2012） ……… 029

    一、一条漫漫升值路 ……………………………………………… 029

    二、三个视角的历史回顾 ………………………………………… 030

    三、一个疑问：人民币对美元20多年持续升值的动力何在 …… 036

    四、新挑战：未来人民币对美元继续升值的可能性 …………… 049

    五、人民币升值：从高速路转向慢车道 ………………………… 056

第四章 过河十年：人民币汇改的复杂探索（2005—2014） ……… 057

    一、一波三折的汇改历程 ………………………………………… 058

    二、直面人民币汇改的四个问题 ………………………………… 063

    三、三个建议：汇改的收益平衡 ………………………………… 065

第五章 811汇改前后：改革步入深水区 ……………………………… 068

    一、新汇改带来新争议 …………………………………………… 068

    二、十年汇改与三大成就 ………………………………………… 069

    三、再回首：探究811汇改的国内外形势 ……………………… 075

    四、重新认识811汇改：宏观与微观的得失 …………………… 080

    五、未来汇改的四个走向 ………………………………………… 082

    六、结论：汇改助力功不可没 …………………………………… 084

第六章 811汇改一周年：自由浮动的艰难尝试 ……………………… 086

    一、一年后的汇改观察 …………………………………………… 086

    二、国内外宏观视角下的中国经济新形势 ……………………… 087

    三、811汇改一周年的那些显著变化 …………………………… 091

    四、人民币汇率走向何方？ ……………………………………… 102

    五、结论：把握汇改过渡阶段的机会 …………………………… 110

目 录

第七章 811汇改两周年：慎言升值新周期 ……………………… 112

一、升值新周期真来了吗？ ………………………………… 112
二、转跌为升：人民币对美元汇率新变化的背后 ………… 113
三、五个原因判断人民币仍将贬值 ………………………… 117
四、结论：重视货币政策的独立性 ………………………… 120

下篇 人民币国际化：经历升降周期后的再出发

第八章 全球金融危机下的中国国际金融新战略 ……………… 125

一、人民币"脱美" ………………………………………… 125
二、人民币国际化启程 ……………………………………… 126
三、从区域货币金融合作开始："亚元"畅想曲 ………… 130
四、不可缺失的声音：重建新的国际货币体系 …………… 135
五、人民币国际化与三个层次的战略推进 ………………… 138

第九章 三箭齐发：人民币国际化的三条主线 ………………… 140

一、人民币国际化：崛起中国的选择 ……………………… 140
二、揭秘人民币国际化的三条主线 ………………………… 143
三、人民币国际化：成就与问题 …………………………… 149
四、走出中国特色的货币国际化之路 ……………………… 162

第十章 透视"跛足"的人民币国际化 ………………………… 165

一、人民币国际化的策略路径 ……………………………… 165
二、不平衡的跨境贸易人民币结算 ………………………… 165
三、关于"跛足"的跨境贸易人民币结算的争论 ………… 168

四、香港模板：人民币国际化桥头堡 …………………………… 172
　　五、争论：人民币国际化与资本账户开放 …………………………… 176
　　六、需要引以为鉴的日本模式 …………………………… 179

第十一章　香港：人民币离岸市场建设的主战场 …………………………… 180
　　一、人民币国际化的香港模板 …………………………… 180
　　二、驶入快车道的香港人民币市场 …………………………… 190
　　三、直面香港桥头堡的问题与障碍 …………………………… 199
　　四、香港模板的风险 …………………………… 201
　　五、跬步向前：不成熟的时机与可控性的政策 …………………………… 206

第十二章　剖析人民币国际化进程中的在岸离岸套利现象 …………………………… 211
　　一、人民币国际化进程中的套利顽疾 …………………………… 211
　　二、人民币国际化停滞：套汇、套利是主因？ …………………………… 212
　　三、搜寻人民币套汇的证据 …………………………… 215
　　四、搜寻人民币套利的证据 …………………………… 220
　　五、不成熟条件下产生的套汇、套利 …………………………… 225

第十三章　基于跨境资本流动角度对人民币国际化的观察 …………………………… 228
　　一、人民币国际化从发展到停滞？ …………………………… 228
　　二、几个概念的阐述 …………………………… 230
　　三、研究：人民币国际化的驱动因素 …………………………… 233
　　四、结论：基本面的强势影响 …………………………… 238
　　五、两个不同视角稳健性检验的确认 …………………………… 243
　　六、结论：人民币国际化的放缓只是阶段性调整 …………………………… 246

第十四章　人民币国际化应从人民币亚洲化做起 …………………………… 249
　　一、与亚洲货币合作：中国特色货币国际化之路 …………………………… 249

二、虚假繁荣：人民币国际化的挑战 ………………………… 250

三、四条反思：人民币国际化不能重蹈日元覆辙 …………… 255

四、破解日元困局：走向亚洲的货币合作 …………………… 256

五、人民币走向亚洲：寻找一条灵活的共赢之路 …………… 259

六、人民币国际化：植根亚洲 ………………………………… 263

第十五章　通过天然气交易人民币计价来助推人民币国际化 ………… 264

一、拓展人民币计价化币职能 ………………………………… 264

二、发展与停滞：人民币国际化发展的两个关键词 ………… 265

三、美元国际化的借鉴：打造天然气人民币体系 …………… 273

四、多方位入手布局天然气人民币体系 ……………………… 281

附录　人民币升值究竟是对是错？ ………………………………… 284

参考文献 ……………………………………………………………… 289

上 篇

人民币汇率改革：
升值周期与贬值周期下的复杂改革尝试

第一章

从七个维度来理解汇率制度选择[①]

汇率制度是国际货币体系的重要组成部分,汇率制度选择理论也一直是国际经济学界研究的热点。在金融全球化背景下,各种新的汇率制度选择理论层出不穷,如中间汇率制度消失论、发展中国家汇率选择的"原罪论"、害怕浮动论等。笔者拟从一个较新的角度来对汇率制度选择理论进行梳理,以期作为全书对人民币汇率形成机制改革进行论述的理论基础。

本章试图从七个维度来对迄今为止的汇率制度选择理论进行综述。七个维度包括经济增长、通货膨胀、汇率的波动与背离、内外部冲击、金融危机、货币主权与铸币税、信誉与政策一致性。

一、维度一:经济增长受汇率制度选择直接影响

一般来说,固定汇率制度的支持者认为,长期稳定的汇率水平有助于人们建立稳定的预期,为国内外投资者的决策制定提供一个确切的基础,能促进国际贸易和跨国投资的发展;而未来汇率变动的不确定性会对投资决策的制定产生负面影响,从而在一定程度上制约国际贸易和投资的发展。虽然企

[①] 本章内容发表于《经济学动态》2005年第4期。

业可以在远期外汇市场上和期货市场上进行对冲操作以规避风险,但这意味着交易成本的提高。由于外汇市场不成熟,套利渠道相对缺乏,发展中国家在浮动汇率面前尤其显得束手无策。极端的易变性意味着货币错配(Currency Misalignment)仍然在发生,而这将导致资源配置不当,投资和外贸减少,经济增速降低,这对于缺乏远期套期保值的国家来说尤其如此(Bird and Rajan, 2001)。

而浮动汇率制度的倡导者声称,作为本国货币的外国价格,汇率可以在外汇市场上由供求决定。由市场力量决定的价格信号往往是最优的,有利于经济资源的有效配置。同时,很多经验和研究均证明,汇率的短期易变性对于贸易的影响是极小的。而且,被观测到的汇率易变性可能是不可避免的实际风险。即使该风险在外汇市场受到压制,它也会在其他场合以更令人不愉快的方式爆发出来(Frankel,1996)。例如,美国为避免因实际供求因素导致美元升值而采取的措施,可能会引发通货膨胀。

汇率制度选择的中间派和灵活派则认为,汇率变动对产出的影响是不确定的,而且可能与经济实体的特点及初始条件有关。因此,应对外部冲击的合适政策应该是具有本国特色的政策(Chang and Velasco, 1999)。

二、维度二:遏制通货膨胀的汇率手段

实施钉住汇率制可以约束钉住国政府的货币政策。当钉住国的通胀率与被钉住国的通胀率严重背离时,资本的跨国流动将使钉住国货币面临贬值或升值压力。若钉住国通胀率显著高于被钉住国,资本外流将造成贬值压力,为了维持钉住汇率制,钉住国将减少甚至耗尽其外汇储备。所以,这种约束可以看成是一种货币纪律。理论和经验表明,出于三方面的原因钉住汇率制能有效遏制通货膨胀:(1)钉住汇率制建立了清晰的、可操作的目标,同时捆住了政府的手,使得政府反通胀的承诺更加可信;(2)钉住汇率制可以帮

助价格和工资制定者围绕一个新的低通胀均衡协调它们的行动和预期；（3）钉住汇率制提供了一个方便的渠道，使得家庭和企业能够在度过高通胀时期后，将它们从海外撤回的离岸资产转化为本币资产（在浮动汇率制下，没有这样能重建本币资产的自动机制，因为央行没有义务购买撤回本国的以外币计值的资本）(Bruno, 1995)。

浮动汇率制下反通胀措施的紧缩性比固定汇率制下的更强（通常导致过高的实际利率和本币高估），因此，浮动汇率制下很多稳定措施都失败了。即使在浮动汇率制下反通胀措施能取得成功，成本也明显比在钉住汇率制下高。以波罗的海沿岸的两个邻国为例，爱沙尼亚采用了货币局制度，拉脱维亚早期采用了浮动汇率制。两国都成功地结束了转轨时期的高通胀，但拉脱维亚经历了一次更深、更持久的衰退。根据欧洲复兴开发银行的资料，爱沙尼亚在1993年、1994年、1995年的年均GDP增长率分别为-7%、6%、6%，而拉脱维亚的同期增长率分别为-15%、2%、1%；更有意思的是，拉脱维亚在1994年上半年采用了钉住汇率制(Sachs, 1996)。

三、维度三：汇率波动与背离的两面性

资本流动性增大后，容易产生汇率的波动和背离问题。由于可以通过市场消除与不确定性相关的即期汇率波动，所以汇率的波动并不是严重的问题。汇率的背离比波动更严重，因为持续的高估对经济的长期竞争力和就业有重要影响，相对价格的变化可能引发高成本的资源配置。Meershwam (1989) 证明，汇率持续性高估可能导致竞争力的永久损失。

在固定汇率制下，均衡汇率的制定是一个难题，中央银行并不比市场更"英明"。市场总是在发展变化，而均衡汇率的调整总是滞后于市场需求的变动。因此，固定汇率制虽然避免了汇率的波动问题，却面临汇率的背离问题。

在浮动汇率制下，由于货币市场的调整速度快于商品市场的调整速度，存在汇率超调（Overshooting）的问题，汇率可能长时间处于没有经济基本面支撑的水平。此外，投机者的套汇与套利行为可能加大名义汇率的波动幅度。

未实行钉住汇率制时实际汇率的变动幅度，远远大于实行钉住汇率制时的幅度。同样，名义汇率与实际汇率的偏差在未实行钉住汇率制时，也比实行钉住汇率制时大得多（除了被钉住的货币处于一系列广泛的管制情况下以外）。实际汇率这样大的变动幅度恰恰说明了名义汇率的变动幅度要远远大于同时期的通货膨胀率差异变动幅度。20 世纪 20 年代及七八十年代的浮动汇率制度都有一个典型的特征，即"善恶循环"：各国货币在经历超过正常水平的通货膨胀后，其货币贬值速度和幅度都超过了由通货膨胀率差异决定的长期均衡水平，然后开始升值，货币的升值也超过了长期均衡水平。货币快速贬值削弱了货币当局稳定金融的能力，并增加了再次使金融稳定的难度（Aliber，2000）。

在浮动汇率制下，当国际货币市场上出现明显的不均衡时，投资者就会转移资金以获取利润，这将导致实际利率的变动，于是预期利率的变化就会产生很大的结构性影响。预期利率变动而引起的实际利率变动将影响长期资本运动的形式。为使国际货币市场的均衡而发生的即期利率变动，将会引起国际资本市场的不均衡（Aliber，1988）。

四、维度四：经济体内外冲击不同影响汇率制度选择

在金融全球化的背景下，国际市场价格信号剧烈波动的情况时有发生，而浮动汇率可以起到"屏蔽"作用，能够较快地调整以"绝缘"外生性冲击造成的影响。对外贸易的商品价格波动越大，汇率浮动的可能性越大，因为浮动汇率有助于隔绝外国价格的动荡对国内价格的冲击（梅尔文，1991）。

第一章
从七个维度来理解汇率制度选择

弗里德曼（Friedman，1953）认为，与固定汇率制相比，浮动汇率制最大的优势在于，即使名义刚性存在，后者仍能很好地调整经济，以应对实际的贸易冲击。实证分析表明，在发展中国家，浮动汇率制能更好地使经济体避免受实际干扰的影响。在贸易冲击形成后，浮动汇率能更好地调整实际产出。人们似乎不必担心浮动汇率对贸易冲击的影响，因为当受到负面冲击的影响时，浮动汇率制可以使名义汇率相应地贬值。

弗里德曼同时认为，如果价格轻微波动，那么可以改变名义汇率，以应对实际汇率调整的冲击，与商品和劳务市场的过度需求推动名义价格下降相比，其所需要的时间更短，成本更低。

如果冲击是真实的，从理论上来说，浮动汇率制仍是更有效的选择。实际上，实行浮动汇率制最大的优势在于，它能给予实际的冲击以平稳、适当的调整。当国内价格是黏性的，那么为应付冲击而发生的改变是缓慢的，一个负面的实际冲击（如出口需求或贸易的下降）会导致名义汇率的贬值。对贸易品的需求减少时，汇率贬值会降低贸易品的相对价格，从而部分弥补负面冲击带来的不利影响。而且，在出口商品的名义价格下降时，名义贬值会提高其国内价格，这又有利于经济得到一个更平稳的调整。也就是说，在浮动汇率制下，汇率起着自动稳定器的作用。

而在固定汇率制下，应对贸易冲击则不得不依赖国内价格的缓慢改变。换句话说，钉住汇率制必须承受负面冲击带来的影响。而且，央行必须阻止本币贬值，否则用外币购买本币将会导致贬值发生。这是一种内在的紧缩性行为，它会引起就业率的大幅度降低。对20世纪20年代至90年代的英国和阿根廷来说，为重新安排相对价格，度过漫长而痛苦的紧缩时期是必要的，这也意味着保持固定的名义汇率要付出代价。

浮动汇率制平息冲击的另一种方式是实行独立的货币政策。当实际的负面冲击存在时，政府能够采取措施减轻衰退。在浮动汇率制下，国家可以通过货币扩张的方式来应对冲击。而在固定汇率制下，货币的增加只意味着储备的外流，而对产出没有任何影响。

但是，固定汇率制可以更好地处理内部冲击，如通胀率或利率的暂时性变动等，外汇储备的增减可以作为一种缓冲器，以避免汇率无谓的频繁波动。国内货币供应量的变动越大，钉住汇率的可能性越大，因为国际货币的流动是一种减震器，它可以减少国内货币供应的变动对国内价格的影响。如果实行固定汇率，国内货币的过量供应会使资本外流，因为部分超额货币可以通过国际收支赤字来消除。在浮动汇率制下，过多的货币供应量仍然滞留在国内，并使国内货币贬值（梅尔文，1991）。

不同汇率制度存在相对优势，能够对经济体造成不同的冲击。当冲击来自国内货币市场时，固定汇率制会自动阻止冲击影响实体经济；如果确实发生了需求冲击，在货币当局购买外汇储备以阻止本币升值的同时，货币供给将会增加，而实际产出不变。相反，浮动汇率制则需要降低收入，以使实际货币需求减少到实际货币供给未发生变化时的水平。因此，如果这些冲击在经济中占主导地位，那么这就是赞成固定汇率制的一个理由。

五、维度五：货币危机、银行危机与债务危机

固定汇率制很容易受到国际投机资本的攻击，这是因为固定汇率不是完全可信的，投机者认为持续高估的货币水平迟早要向市场均衡汇率水平回归。投机冲击可能引发货币危机，迫使一国放弃固定汇率制。本币贬值会造成持有大量未套期保值的外债的银行和企业债务成本高企，加上央行为捍卫本币汇率而提升本币利率所造成的银行利润率下降及企业国内债务成本升高，从而会引发金融危机和经济危机。

代尔蒙德和代布维格（Diamond and Dybvig, 1983）系统论述了固定汇率制下的清偿力危机。严格钉住汇率制度限制了货币当局扩大国内信贷的能力，这可能有利于抑制通货膨胀，但不利于银行稳定。在货币局制度和金本位制下，国内银行体系没有最后贷款人。在一个银行规模小、存款保险制度不完

备的金融体系中，这可能造成自负盈亏的银行倒闭。相关模型表明，货币局制度加大了产生银行危机的可能性，减少了形成国际收支危机的可能性。因此，低通货膨胀价格可能是金融体系不稳定所特有的现象。与货币局制度下的情景不同，在固定汇率制下，中央银行愿意充当最后贷款人，于是，形成国际收支危机的可能性增大了，而产生银行危机的可能性减少了。

值得指出的是，采用浮动汇率制并不意味着与危机绝缘。浮动汇率制国家也可能同时遭受金融危机和经济危机的双重打击。以美国为例，美国之所以能够在经常项目长期巨额逆差的压力下保持美元坚挺，是因为它有长期源源不断流入的外国资本。而资本项目的顺差在很大程度上是由人们的主观预期和对美元的信心造成的。一旦美国经济放缓和美国股市泡沫经济破灭改变了人们对美国经济与美元的预期，外国资本的抽逃就会对美元造成巨大的贬值压力。为了减缓资本抽逃的冲击，美联储很可能调高利率，而利率的升高会进一步加深经济的低迷。也就是说，美国终将为其经常项目赤字付出代价，长期累积的风险也终将爆发。反对浮动汇率制的另一个原因是，在发展中国家里以美元计价的债务普遍存在。那么本币名义汇率的贬值将增加美元债务的输送成本，并导致企业的接连破产及财政危机的发生（Calvo and Reinhart，1999）。

Eichengreen 和 Arteta（2000）指出，没有证据表明在汇率制度和银行危机之间存在着联系。近年来较为流行的"原罪论"说明，如果一个国家金融市场不完全，即一国的货币既不能用于国际借贷，也不能在本国市场上用于长期借贷，那么一国的国内投资不是面临货币错配（借美元用于国内项目），就是面临期限错配（用短期贷款作长期用途）。如果出现货币错配，汇率贬值将造成贷款的本币成本上升，使企业陷入财务困境甚至破产；如果出现期限错配，利率上升也会造成借款成本的上升，使企业陷入财务困境甚至破产。在这种国内金融极端脆弱的情况下，无论是采用固定汇率还是浮动汇率，都难以避免危机的爆发（张志超，2001）。

六、维度六：货币主权及铸币税的汇率制度视角

根据三元悖论（The Impossible Trinity），一国不可能同时实现资本的自由流动、固定汇率制和独立的货币政策。因此，在资本账户开放的前提下，一国实行钉住汇率制意味着自己货币主权（Monetary Sovereignty）的部分让渡。在钉住国和被钉住国的商业周期和经济结构存在显著差异的情况下，钉住国内外平衡的任务就只能依靠单一的财政政策。但是，根据丁伯根法则（Tinbergen Rule），要实现一定数量的政策目的，必须有同样数量的政策工具，单凭财政政策不能够同时实现内部均衡和外部均衡。根据蒙代尔分派原则（Mundell Assignment），货币政策应该用于实现外部均衡，财政政策应该用于实现内部均衡。同时，米德冲突（Meade's Conflict）也证明，单靠财政政策本身不能同时实现内部均衡和外部均衡。此外，多恩布什等人（Dornbusch, Fischer and Starz, 1998）指出，财政政策具有相当长的内部时滞，这使得财政政策无法有效地实现其稳定的目的。因此，货币主权的让渡实质上不仅仅是一个有关民族情感的问题，它还可能带来一国经济的内部或外部失衡。从这个角度来说，浮动汇率制似乎是一个更优的选择。

但是，在资本自由流动的前提下，执行浮动汇率制的小国的货币政策实际上是无效的。例如，该国经济不景气时，为刺激投资和消费而降低利率，但本国利率和外国利率的差异将促使资本外逃，从而加重衰退；当该国面临通货膨胀的压力时，会调高利率以紧缩银根，但国际资本的大举流入将加剧该国的通货膨胀。既然货币政策本身无效，货币主权让渡的成本也就大大降低了。同时，只有少数工业化国家的通货膨胀率和利率变动能够左右国际汇率的走势，大多数国家只是被动的价格接受者，因此，汇率政策本身作为一种调节政策来说也是无效的。因此有人认为，"对于寻求稳定宏观经济政策的发展中国家来说，清洁浮动汇率不是好的选择。清洁浮动汇率只能是有成熟的经济政策的大

型发达国家可以享用的奢侈品"(Bergsten, Davanne and Jacquet, 1999)。

费舍尔（Fischer, 1981）指出，从铸币税的角度来看，能够允许一个国家自由决定其通货膨胀率的汇率制度是最佳选择，固定汇率制度是次优选择，使用其他国家的货币是最差的选择。为了满足国际支付的需要，非储备货币国家都必须持有一定数量的国际货币，即缴纳一定数量的铸币税。而在固定汇率制下，为了维持汇率稳定，中央银行必须经常在外汇市场上进行对冲操作。这又要求中央银行拥有比在浮动汇率制下更为充足的外汇储备，而这又意味着大量的铸币税损失。在货币局制度下，本币的发行以外汇储备为基础，铸币税损失最大。

但也有一种观点指出，各国没有相互竞争以获得储备货币地位，这说明铸币税的收益是很小的。德国、日本等国家之所以反对其货币成为主要储备货币，是因为它们发现，国际上对储备货币需求的变化会对储备货币发行国的国内经济运行产生影响（尤其是对外经济活动所占比重高的国家）。

七、维度七：政治因素——信誉和时间一致性难题

一般来说，每届政府上台之后都想在国内外建立起信誉（Credibility）和时间一致性（Time-consistency，也称政策延续性）。但是，正如各种官僚行为理论和政治商业周期模型揭示的那样，政府很难有保持实行固定汇率政策的意愿和能力。实证研究也证明，政府总是存在通过改变政策而把事情办得更好的动力，即存在时间不一致性。

对公开宣布实行的固定汇率制进行调整的代价非常昂贵，因为这样做将产生信誉鸿沟（Credibility Gap）和时间不一致性。从这个角度来讲，最佳办法是实行浮动汇率制（蒋锋，2001）。Edwards（1996）发现，政治不稳定性在汇率制度选择中发挥着重要的作用。越不稳定的国家越不可能选择钉住汇率制，因为在钉住汇率制下，汇率贬值的政治成本太高。

八、唯一结论：没有任何汇率制度能适合所有国家

综上所述，我们可以得出的唯一准确的结论是，没有任何汇率制度能适合所有国家或者在任何时期适合同一个国家。汇率制度的选择应该取决于一国面临的特定环境。将某种汇率制度过于普遍化（Generalizing）是非常危险的（Frankel，2000）。

我们在此将以上讨论形成的结论总结在两张表中，如表1.1和表1.2所示。

表1.1 固定汇率制与浮动汇率制的优劣对比

制度 项目	固定汇率制	浮动汇率制
经济增长	建立稳定预期	优化资源配置
遏制通货膨胀	有效或成本小	无效或成本大
汇率波动和背离	汇率背离	汇率波动（超调）
应付内外冲击	更好地应付内部冲击	更好地应付外生性冲击
危机	货币危机和清偿力危机	信心危机引发双重危机
货币主权和铸币税	丧失货币主权 难以实现内外平衡 缴纳更多铸币税	小国货币政策和汇率政策无效 征收铸币税会带来成本
政治因素	信誉鸿沟和时间不一致性	时间一致性

表1.2 选择固定汇率制或浮动汇率制国家的特点

选择固定汇率制国家的特点	选择浮动汇率制国家的特点
规模小	规模大
经济开放	经济封闭
贸易集中	贸易分散
持有外汇储备机会成本低	持有外汇储备机会成本高
新兴市场国家和转型国家	发达国家
缺乏完善的套期保值市场	完善的套期保值市场
面临的外生性冲击较少	面临剧烈的外生性冲击
国内货币供应量变化大	国内货币供应量变化小
政治稳定	政治不稳定
通货膨胀协调	通货膨胀不协调[①]
经济增长率低	经济增长率高[②]

[①] 迈克尔·梅尔文. 国际货币与金融 [M]. 上海：上海三联书店, 1991.
[②] Levy Yeyati 和 Sturzenegger（2001）的研究证实, 在发展中国家中, 实行固定汇率制的国家, 其经济增长率比实行浮动汇率制的国家平均低1%。

第二章

"外升内贬"：2005年人民币汇改之后的挑战（2005—2010）[①]

一、人民币汇改的五条路径选择

自 2005 年 7 月央行实施人民币汇率形成机制改革到 2010 年，人民币对美元的名义汇率呈现出小幅、渐进的升值特征。2005 年 7 月至 2008 年 7 月，人民币对美元名义汇率升值约 21%，同期内人民币实际有效汇率升值约 11%。[②] 从 2007 年起，中国通货膨胀率（CPI）[③] 步入上升通道。2007 年 1 月至 2008 年 2 月，CPI 同比增幅由 2.2%上升至 8.7%，2008 年 7 月的 CPI 同比增速仍高达 6.3%。换言之，在 2007 年 1 月至 2008 年 7 月之间，国内出现了人民币对外升值与对内贬值并存的现象。2010 年 6 月，央行宣布重启人民币汇率形成机制改革。2010 年 6 月至 2010 年 10 月，人民币对美元名义汇率升值约 2.5%，同期内人民币实际有效汇率大致保持不变，但 CPI

[①] 本章内容发表于《经济理论与经济管理》2011 年第 1 期。
[②] 人民币实际有效汇率升值幅度系作者根据 BIS 提供的各国货币实际有效汇率指数计算所得。
[③] 通货膨胀率：因其不能直接计算，所以通常用消费者价格指数（CPI）间接表示。

第二章
"外升内贬"：2005年人民币汇改之后的挑战（2005—2010）

同比增幅由 2.9%上升至 4.4%，这意味着再次出现了人民币对外升值与对内贬值并存的现象。人民币对外升值与对内贬值之间存在矛盾吗？如何从经济学逻辑层面来认识人民币的"外升内贬"？我们将在本章第二部分探讨这些问题。

2005年7月，央行宣布实施以市场供求为基础、参考一篮子货币的管理浮动汇率制。然而从具体实践来看，在美国次贷危机爆发之前，事实上的汇率形成机制是通过央行对外汇市场的干预，来维持人民币对美元名义汇率的小幅、渐进升值。这种制度政府干预的程度较强，并非以市场供求为基础，参考一篮子货币的管理浮动汇率制。2010年6月汇改重启时，央行延续了2005年7月对人民币汇率制度的提法。从目前来看，未来的人民币汇率形成机制演进尚具有相当程度的不确定性。我们认为，在国际主要货币汇率波动频繁、人民币实际有效汇率仍将继续升值的背景下，未来的人民币汇率形成机制改革大致有五种选择，分别为继续钉住美元，维持人民币对美元的小幅、渐进升值，自由浮动（Free Floating，即人民币对美元一次性大幅升值后放开波动区间），硬性钉住一篮子货币，BBC（Basket, Band and Crawl，篮子、区间与爬行）制度。这些汇率形成机制各自的优缺点如何？在当前环境下，哪一种人民币汇率形成机制是更适宜的选择？我们将在本章第三部分探讨这些问题。

除上述五种方案外，张斌（2009）提出了一个人民币汇率改革的折中方案，即人民币对美元双边名义汇率一次性升值10%，之后人民币对美元汇率保持年波动率在上下3%的自由浮动区间。笔者（2010）提出了一种兼顾透明度与灵活性的人民币升值策略，即中国政府向外界公布每年人民币对美元名义汇率的升值幅度（3%~5%），但并不向市场宣布人民币汇率调整的方式与时机。由于这两种汇率改革方案均为过渡型方案，且受篇幅限制，本章不展开分析。

二、从经济学逻辑层面认识人民币的"外升内贬"

为什么市场非常关注人民币的"外升内贬"呢？我们认为，是市场基于相对购买力平价（Relative Purchasing Power Parity）理论，发现人民币对外升值与对内贬值之间存在购买力方面的矛盾。然而，这种看法源自对相对购买力平价理论的错误理解。除更为准确地理解购买力平价理论有利于理解人民币"外升内贬"的逻辑之外，我们发现，从巴拉萨-萨缪尔森效应视角及定量宽松政策-输入性通胀压力视角，能够更好、更全面地理解人民币"外升内贬"背后的经济学逻辑。

（一）什么是人民币的"外升内贬"

首先，有必要界定人民币"外升内贬"的含义，以此作为分析的起点。在当前的各种讨论中，通常将人民币对美元的升值与国内通货膨胀率上升定义为"外升内贬"，在本章第一部分的介绍中我们也沿用了这一定义。也有人将通货膨胀与资产价格上涨均称为人民币"对内贬值"，这一定义并不确切。毕竟，衡量一种货币的购买力主要是看一篮子商品的价格，资产价格一般不纳入考虑。只有当资产价格变动引发商品价格变动时，前者才会导致货币购买力变动。

我们认为，市场认为人民币"外升内贬"是异常现象，事实上是因为市场认为"外升内贬"看上去不符合相对购买力平价理论。为方便以下分析，本章将人民币的"外升内贬"定义为，当中国国内通货膨胀率高于美国国内通货膨胀率[①]时，人民币对美元名义汇率仍在升值。如图2.1所示，这种定义下的人民币"外升内贬"的确存在。2006年12月至2008年7月及2010年6

[①] 中国国内通货膨胀率和美国国内通货膨胀率均用 CPI 计算。

月至 2010 年 10 月这两个时期，中国 CPI 均持续高于美国 CPI，人民币对美元名义汇率均持续升值。

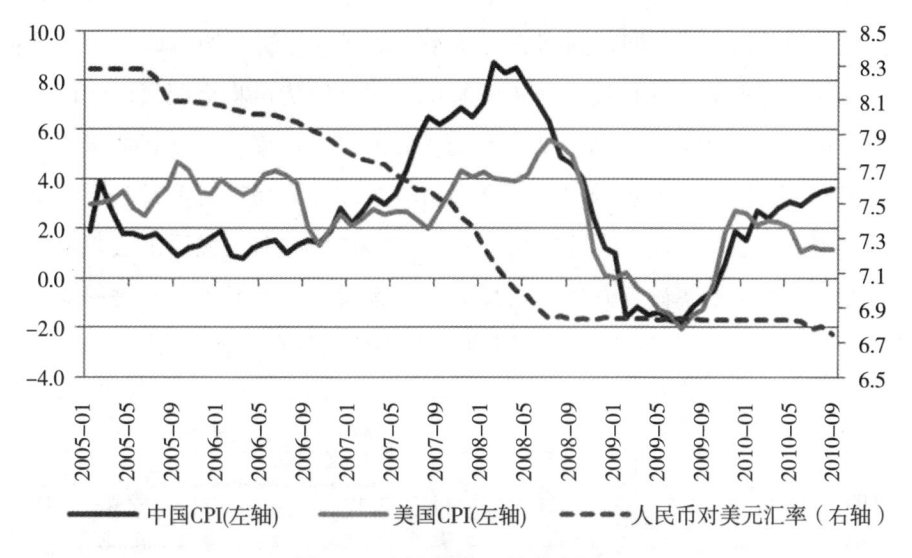

图 2.1 人民币的"外升内贬"

资料来源：CEIC（环亚经济数据有限公司）。

（二）为什么说人民币"外升内贬"存在矛盾

之所以市场认为人民币对外升值与对内贬值之间存在矛盾，很大程度上是因为基于如下考虑，即如果中国国内通货膨胀率高于美国国内通货膨胀率，则人民币购买力缩水程度将大于美元购买力缩水程度，那么从购买力角度出发，人民币理应对美元贬值。这实质上与相对购买力平价理论相一致。该理论指出，两国货币之间汇率的变动取决于两国通货膨胀率的高低，具有较高通货膨胀率的国家的货币应该贬值。

然而，相对购买力平价理论很难解释中美之间的汇率变动。例如，易纲、范敏（1997）指出，在 1980 年至 1996 年这 17 年内，除 1980 年至 1984 年及 1990 年至 1991 年期间美国通货膨胀率高于中国通货膨胀率外，其他年份中国通货膨胀率均高于美国通货膨胀率。然而，当美国通货膨胀率高于中国通货膨胀率时，人民币对美元却在贬值；当中国通货膨胀率高于美国通货膨胀率时，人民币对美元却在升值。

为什么在中美之间相对购买力平价不能成立呢？我们认为，相对购买力平价成立的前提应该是期初的名义汇率水平等于或接近于绝对购买力平价水平。在这种前提下，具有较高通货膨胀率的国家的货币将会贬值。然而，如图 2.2 所示，从 1980 年至今，人民币对美元的名义汇率一直显著低于购买力平价汇率。尤其是自 1994 年人民币汇率并轨以来，人民币对美元名义汇率偏离购买力平价汇率的程度明显加大。尽管自 2005 年 7 月人民币汇改以来，人民币对美元名义汇率显著升值，名义汇率对购买力平价汇率的偏离程度显著减弱，但目前名义汇率相对于购买力平价汇率依然存在显著低估。

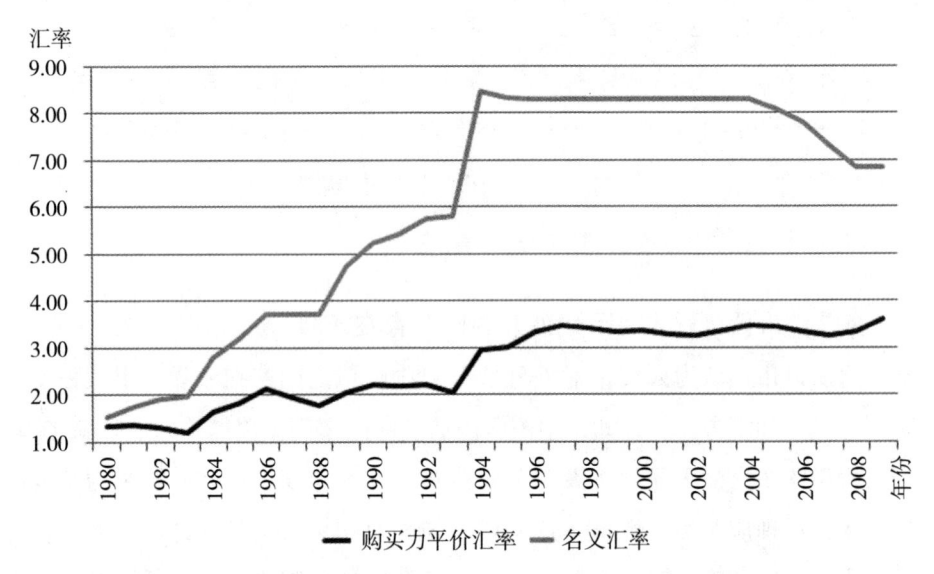

图 2.2　人民币对美元的购买力平价汇率与名义汇率之比较

资料来源：世界银行（World Bank）和国际货币基金组织（IMF），作者的计算。
注释：世界银行的世界发展指数数据库会披露每年各国按照名义汇率与购买力平价汇率计算的国民总收入（Gross National Income，GNI）美元数。我们将用名义汇率计算的中国 GNI 乘以 IMF 的 IFS 数据库中人民币对美元的年末汇率，再除以用购买力平价汇率计算的中国 GNI，就得到世界银行计算的人民币对美元的购买力平价汇率。

此外，从图 2.2 中也可以看出，两国之间的通货膨胀率差异也会导致两国货币的购买力平价汇率发生变动。中国国内通货膨胀率持续高于美国国内通货膨胀率，这的确会造成人民币国内购买力缩水程度高于美元国内购买力缩水程度，从而造成中国对美国的购买力平价汇率不断贬值。然而，在人民币对美元名义汇率显著低于购买力平价汇率的前提下，尽管购买力平价汇率有所贬值，但依然显著高于人民币对美元名义汇率。这就意味着，除非中国国内爆发天文数字的恶性通货膨胀（Hyperinflation），否则中国国内通货膨胀率高于美国国内通货膨胀率的事实，并不足以消除甚至扭转人民币对美元名义汇率的升值压力，而只能在一定程度上削弱人民币对美元名义汇率的升值压力。

（三）一种理论视角的观察：巴拉萨–萨缪尔森效应

巴拉萨–萨缪尔森效应（Balassa-Samuelson Effect），是指贸易品部门劳动生产率增速相对较高的国家将会出现实际汇率升值，而实际汇率升值会以名义汇率升值的方式表现出来，或者以通货膨胀的方式表现出来。

图 2.3 比较了中国与美国的劳动生产率增速。① 在 1991 年至 2008 年这 18 年间，除 1996 年与 1998 年这两年外，其余时间内中国劳动生产率增速均高于美国。2001 年至 2008 年期间，中国劳动生产率年均增速为 11%，而美国劳动生产率年均增速为 2%，这意味着该时期内中美之间劳动生产率年均增速之差高达 9%。根据巴拉萨–萨缪尔森效应的定义，如果人民币对美元名义汇率的升值幅度不足以抵消掉中美劳动生产率增速之差，则中国国内通货膨胀率将高于美国国内通货膨胀率。这就意味着会发生人民币对外升值与对内贬值并存的现象。

---

① 值得指出的是，图 2.3 中我们比较了中美的整体劳动生产率增速，而在分析巴拉萨–萨缪尔森效应时，应该比较中美贸易品部门（制造业）的劳动生产率增速。考虑到美国非贸易品部门远较中国非贸易品部门发达，因此，中美贸易品部门劳动生产率增速之差可能显著高于中美整体劳动生产率之差。

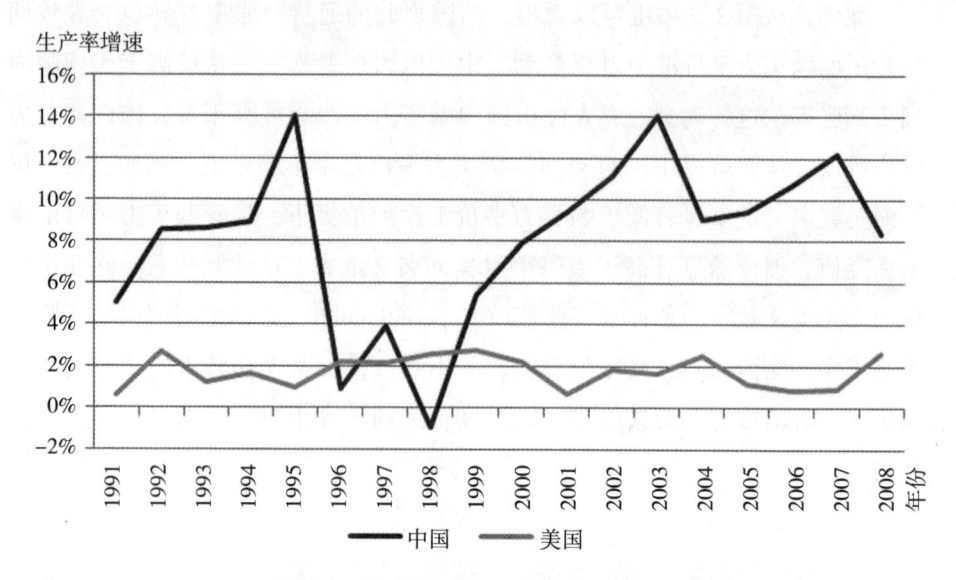

上 篇
人民币汇率改革：升值周期与贬值周期下的复杂改革尝试

图 2.3　中美劳动生产率增速之比较

资料来源：世界银行（World Bank），作者的计算。
注释：该指标源自世界银行的世界发展指数数据库中就业人数人均 GDP 指标（GDP per person employed），按照 1990 年不变购买力平价汇率计算。

（四）美国定量宽松政策带来的压力

2008 年年底至 2009 年，美联储推出第一轮定量宽松政策（Quantitative Easing，QE），规模合计 2.8 万亿美元（郑联胜，2010）。2010 年 11 月美联储推出第二轮定量宽松政策（QE2），规模为 6000 亿美元。定量宽松政策的核心是，美联储通过购买各类金融资产（国债、机构债、MBS[①]、ABS[②]），向市场直接注入流动性，以降低长期利率，刺激居民与企业的借款动机，最终刺激私人部门的消费与投资。美联储的定量宽松政策一方面会直接压低美元汇率指数，另一方面会加剧全球通货膨胀预期，这两方面因素均会导致全球能源与大宗商品价格上涨。

---

① MBS：Mortgage-Backed Security 的缩写，抵押支持债券。
② ABS：Asset Backed Securitization 的缩写，资产支持证券，是国际资本市场上流行的一种项目融资方式。

全球能源与大宗商品价格上涨将给中国造成输入性通货膨胀压力。如图2.4所示，从2007年下半年起，中国的进口价格指数、PPI[①]与CPI之间具有显著的正相关关系，且进口价格指数是PPI与CPI性质较好的领先指标。这意味着进口价格上升通过成本推动导致国内通货膨胀压力加剧的渠道是存在的。

中国政府无疑可以通过人民币升值来抵消输入性通货膨胀压力。然而，如果人民币升值幅度显著低于进口价格上升幅度，那么输入性通货膨胀压力尽管有所削弱，但依然存在。这意味着人民币对外升值与对内贬值可能同时发生。[②]

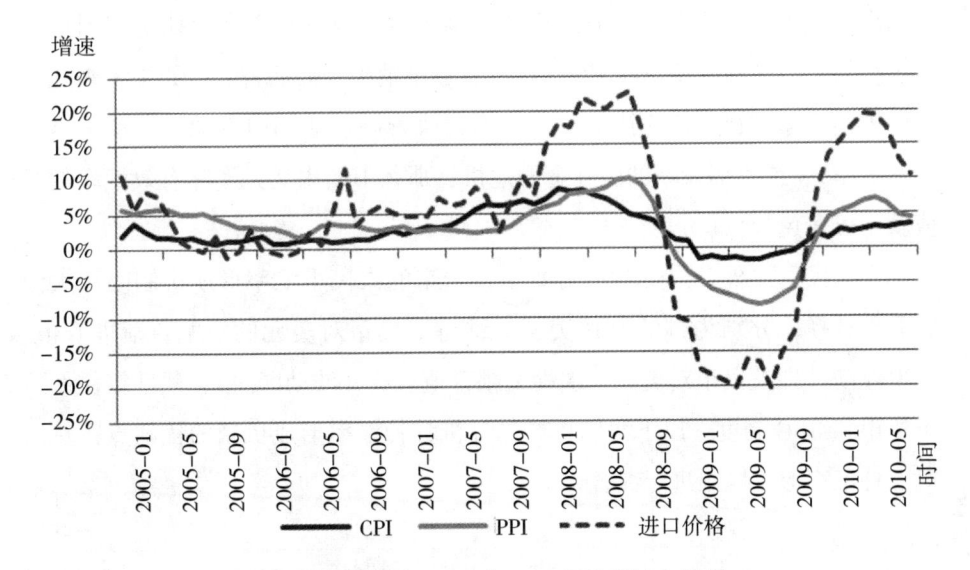

图2.4 进口价格、PPI与CPI同比增速之比较

资料来源：CEIC。

---

① PPI：Producer Price Index 的缩写，即生产者物价指数。
② 这意味着中国国内通货膨胀率高于美国国内通货膨胀率。考虑到中美在进口结构、产业结构与CPI权重等方面的差异，在人民币对美元升值背景下，全球能源与大宗商品价格上涨对中国的冲击高于美国冲击的情形很可能存在。

三、深入认识人民币汇改的五条路径

预计在未来几年内,中国政府将在美元实际有效汇率持续贬值的背景下选择人民币汇率形成机制改革方案。首先,从基本面来看,无论是相对通货膨胀率(购买力平价)、利差(利率平价)、制造业部门劳动生产率之差(巴拉萨-萨缪尔森效应),还是持续的经常账户赤字与海外净负债,都不支持中期内美元实际有效汇率的升值;其次,从外汇市场上的供求缺口来看,随着美国次贷危机与欧洲主权债务危机的逐渐平息,全球投资者追捧美国国债的"安全港效应"(Safe Heaven Effect)也将逐渐消失。简而言之,如果未来几年美国国内不爆发新一轮的技术革命(通过改善制造业部门劳动生产率来推高美元汇率),或不爆发新的国际金融危机,那么中期内美元实际有效汇率的贬值就不可避免。

在人民币"外升内贬"的背景下,未来的人民币汇率形成机制改革大致有五种选择,分别为继续钉住美元,维持人民币对美元的小幅、渐进升值,自由浮动(即人民币对美元一次性大幅升值后放开波动区间),硬性钉住一篮子货币和 BBC 制度。以下我们将首先分析各种汇率形成机制的优缺点,然后对五种汇率形成机制进行综合评估。

(一) 路径一:继续钉住美元

人民币名义汇率在低估水平上继续钉住美元,这种汇率形成机制的最大优点在于,能够稳定中国对美国的出口。然而,这种汇率形成机制具有很多缺点:第一,在美联储实施定量宽松政策的背景下,继续钉住美元意味着中国央行基本丧失了货币政策的独立性(除非加强资本项目管制或加大冲销力度),而如果被迫引入美国的货币政策,中国国内就很可能出现通货膨胀压力与资产价格泡沫;第二,钉住美元汇率制将导致中国外汇储备继续累积,这一方面会加大央行持有外汇储备的机会成本与汇率风险，另一方面也会加大央行的冲销压力；第三，人民币汇率继续钉住美元，将会继续造成国内资源配置扭曲，即过多资源流入制造业（贸易品）部门，而服务业（非贸易品）部门发展不足；第四，人民币继续钉住美元将导致中国面临越来越大的外部升值压力。如果中国政府拒绝调整人民币汇率，那么以美国为首的主要逆差国将采用更为严厉的进口控制措施，中国出口商品将面临持续且不断加剧的贸易摩擦。

（二）路径二：维持人民币对美元的小幅、渐进升值

人民币对美元小幅、渐进升值，意味着人民币汇率形成机制回到2005年7月至2008年7月的老路。这种汇率形成机制的优点在于：一是对出口部门的冲击是可控的，二是央行可以把握汇率升值的主动性与节奏，三是可以在一定程度上降低外部升值压力。该机制的缺点主要包括：第一，人民币对美元的小幅、渐进升值，很容易导致投资者形成人民币升值的单边预期，从而诱使大量短期国际资本流入套利，进而推高外汇储备增量、加剧央行冲销压力、加大国内流动性过剩，最终加剧通货膨胀或推高资产价格；第二，这种机制的透明度较低，容易被外国政府指责为操纵汇率市场。在人民币名义汇率水平显著偏离均衡汇率水平的前提下，这种机制并不能彻底消除外部升值压力。

（三）路径三：自由浮动

人民币实施自由浮动，实际上意味着央行放弃对外汇市场的干预，这无疑会导致人民币对美元出现一次性大幅升值，之后人民币对美元汇率将在较宽区间内波动。这是一种最为激进的汇改策略。这种汇率形成机制的优点包括：一是中国央行可以在很大程度上实现货币政策的独立性，货币政策可以主要关注国内目标；二是从中长期来看有助于优化资源配置，促进国内服务业发展；三是汇率形成机制具有很高的透明度；四是外部升值压力将彻底消失。然而，这种机制也具有显著的缺点。第一，人民币对美元一次性大幅升

值可能对出口行业造成显著的负面冲击,从而造成出口明显下降,进而影响就业与经济增长。第二,央行放弃对外汇市场的干预,可能造成人民币对美元名义汇率出现超调(Overshooting),造成名义汇率大起大落。这既可能造成境内金融机构、企业与居民持有的外币头寸价值变得极其不稳定,甚至引发危机,也可能造成短期内的资源配置扭曲。第三,在这种机制下,央行失去了汇率调整的主动权,也难以控制汇率升值的节奏。

(四) 路径四:硬性钉住一篮子货币

硬性钉住一篮子货币,是指央行做出更为正式的承诺,钉住以贸易加权的一篮子货币汇率。这种汇率形成机制的优点包括:一是可以最好地稳定中国对全球的出口,因为钉住一篮子货币汇率有助于降低人民币实际有效汇率的波动(而钉住美元制只能稳定中国对美国的出口);二是这种汇率机制具有很高的透明度,容易反击外国政府关于中国操纵本币汇率的指责;三是央行货币政策具有一定程度的灵活性。不过,这种汇率形成机制的缺点也十分明显:首先,如果人民币硬性钉住一篮子货币汇率,那么央行就不能根据国内宏观经济形势的变动来调整人民币的汇率水平,汇率就不能发挥优化国内资源配置的作用;其次,如果人民币在低估的水平上钉住一篮子货币,那么人民币升值的外部压力将依然存在;最后,在硬性钉住一篮子货币制度下,央行失去了对人民币汇率调整的主导权与控制力。人民币名义汇率的变动完全取决于篮子内各货币之间的汇率变动。因此,实施硬性钉住一篮子货币的国家多为小型开放经济体(如新加坡),几乎没有一个大规模经济体在较长时期内实施钉住一篮子货币的制度。

(五) 路径五:BBC 制度

事实上,BBC 制度是一种更为折中的汇率形成机制。这种制度的主要优点有:第一,央行在一定程度上可以把握本币汇率升值的节奏;第二,央行的货币政策独立性有所增强;第三,可以避免汇率超调,且有助于改善国内资源配置；第四，对出口部门的冲击是比较可控的。该制度的缺点包括：第一，该制度的透明度不如自由浮动或钉住一篮子货币，仍然可能遭到关于操纵汇率的指控；第二，如果在BBC制度下，人民币对美元汇率升值幅度过慢，中国政府仍将面临外部升值压力。

四、五条路径的综合评估

在比较了各种汇率形成机制优缺点的基础上，我们试图对上述各种机制进行综合评估，如表2.1所示。表2.1中显示了六种评价指标对五种汇率形成机制进行综合评价的结果。按照不合意到合意的次序排序，分别为继续钉住美元，维持人民币对美元小幅、渐进升值，自由浮动，硬性钉住一篮子货币，BBC制度。我们从"对出口部门的冲击""汇率形成机制的透明度""名义汇率调整的灵活性""货币政策独立性""外部升值压力""优化资源配置"六个指标来对上述五种汇率形成机制展开综合评价。每个指标的取值为0至3，数值越大，表示程度越高。

表2.1 对各种汇率形成机制的综合评估

升值策略	对出口部门的冲击	汇率形成机制的透明度	名义汇率调整的灵活性	货币政策独立性	外部升值压力	优化资源配置	合计
继续钉住美元	2	3	0	0	0	0	5
维持人民币对美元小幅、渐进升值	1	1	2	1	1	1	7
自由浮动	0	3	1	2	3	2	11
硬性钉住一篮子货币	3	3	0	2	2/1*	1	11/10
BBC制度	1	2	3	2	2	3	13

* 取决于人民币在什么样的水平上钉住一篮子货币。

上 篇

人民币汇率改革：升值周期与贬值周期下的复杂改革尝试

从"对出口部门的冲击"指标来看，自由浮动（一次性大幅升值）显然对出口的负面冲击最大，赋值为0；对美元小幅、渐进升值与BBC制度对出口部门的冲击次之，赋值为1；钉住美元制能够较好地稳定中国对美国的出口，赋值为2；根据硬性加权钉住一篮子货币能够较好地稳定中国对全球的出口，赋值为3。

从"汇率形成机制的透明度"指标来看，继续钉住美元、自由浮动与硬性钉住一篮子货币这三种汇率形成机制均具有极高的透明度，赋值为3；对美元小幅、渐进升值策略的透明度最低，赋值为1；BBC制度介于以上二者之间，赋值为2。

从"名义汇率调整的灵活性"指标来看，继续钉住美元与硬性钉住一篮子货币均剥夺了货币当局相机调整名义汇率水平的灵活性，赋值为0；在自由浮动汇率制下，央行不应对外汇市场进行显著干预，汇率调整的灵活性很低，赋值为1；在对美元小幅、渐进升值的策略下，央行可以在一定程度上把握汇率升值的时机与节奏，赋值为2；相比之下，BBC制度赋予了央行较大程度调整名义汇率的主动性与灵活性，赋值为3。

从"货币政策独立性"指标来看，继续钉住美元汇率制意味着完全引入美国的货币政策，中国央行基本丧失了货币政策的独立性，赋值为0；在对美元小幅、渐进升值的策略下，国内货币政策的独立性是非常有限的，①赋值为1；尽管在自由浮动、硬性钉住一篮子货币与BBC制度上，央行都能获得较大程度的货币政策独立性，然而在金融全球化与放松管制的大背景下，事实上除美国之外，其他国家的央行都难以获得100%的货币政策独立性，因此上述三种机制在此指标上均赋值为2。

从"外部升值压力"指标来看，毫无疑问，继续钉住美元将遭受最大的外部压力，赋值为0；自由浮动将消除外部升值压力，赋值为3；在名义汇率

---

① 例如，在当前形势下，中国面临不断攀升的通货膨胀，央行理应通过加息来遏制通胀。但为了抑制人民币对美元的大幅升值，央行不能让人民币与美元之间的利差显著扩大，因此，其在是否连续加息的问题上持保留态度。

026

第二章
"外升内贬": 2005年人民币汇改之后的挑战（2005—2010）

显著偏离均衡汇率背景下，对美元小幅、渐进升值不能从根本上消除外部压力，赋值为1；BBC制度遭受的外部压力介于对美元小幅、渐进升值与自由浮动之间，赋值为2。硬性钉住一篮子货币的赋值是条件性的，如果人民币在低估水平上钉住一篮子货币，则该制度仍将遭遇较大的外部压力，赋值为1；如果人民币在大致合理的水平上钉住一篮子货币，则该制度面临的外部压力将会减轻，赋值为2。

从"优化资源配置"指标来看，我们认为，继续钉住美元制度对资源配置的扭曲程度最大，赋值为0；BBC制度既增强了汇率形成机制弹性，又有助于避免汇率超调，因此从资源配置角度上而言可能是最优的，赋值为3；自由浮动尽管意味着汇率的弹性最大化，然而可能造成名义汇率的大起大落，赋值为2；无论是对美元小幅、渐进升值，还是硬性钉住一篮子货币，对资源配置的改善作用都是十分有限的，赋值为1。

2010年6月19日，央行宣布重启人民币汇率形成机制改革。央行延续了2005年7月的汇改口径，即实施以市场供求为基础、参考一篮子货币的管理浮动汇率制，人民币对美元名义汇率的日均波幅为正负千分之五。目前来看，这种汇率制度有三种演进方向：一是延续2005年7月至2008年7月期间人民币对美元小幅、渐进升值的策略；二是不断增加参考一篮子货币的程度，最终实现硬性钉住一篮子货币汇率；三是增加参考一篮子货币的程度，逐渐放开汇率波动区间，并根据国内经济形势的变化不断调整钉住一篮子货币的平价水平，这恰好构成了BBC制度的基本框架。

没有任何一种汇率形成机制是完美的，中国政府应该在权衡利弊的基础上做出选择。然而无论如何，增强人民币汇率形成机制的弹性与透明度，应该是未来人民币汇率制度改革的大势所趋，这也符合全球汇率制度的演进方向。从上述对不同汇率形成机制的综合评估来看，从现行机制逐渐过渡到BBC制度，将是中国政府的最优选择。

五、人民币汇改的最优选择：向 BBC 折中制度过渡

本章从三个层面来解释人民币的"外升内贬"。第一，从购买力平价来看，尽管中国的通货膨胀率高于美国的通货膨胀率将会导致人民币对美元的购买力平价汇率贬值，但在人民币对美元名义汇率显著低于购买力平价汇率的前提下，这只会削弱而不能消除人民币对美元的升值压力；第二，从巴拉萨-萨缪尔森效应来看，只要人民币对美元名义汇率升值幅度不足以抵消中美制造业劳动生产率增速之差，中国的通货膨胀率就会持续高于美国的通货膨胀率；第三，从定量宽松与输入性通胀视角来看，只要人民币对美元名义汇率升值幅度不足以抵消定量宽松政策造成的进口价格上涨幅度，输入性通胀压力就会推高中国的通货膨胀水平。

在中期内美元实际有效汇率可能持续贬值的背景下，中国政府应该如何选择未来的人民币汇率形成机制呢？本章在逐一剖析了各种汇率形成机制各自的优缺点之后，采用"对出口部门的冲击""汇率形成机制的透明度""名义汇率调整的灵活性""货币政策独立性""外部升值压力""优化资源配置"六个指标对继续钉住美元，对美元小幅、渐进升值，自由浮动，硬性钉住一篮子货币与 BBC 制度五种汇率形成机制进行了评价。综合评估的结果表明，最优的制度是 BBC 制度，最差的制度是继续钉住美元。从目前的人民币汇率形成机制过渡到 BBC 制度，将是中国政府的最优选择。

第三章

激荡八年：人民币汇率的升值之路
（2005—2012）[①]

一、一条漫漫升值路

自1994年中国政府将官方外汇市场与外汇调剂市场并轨以来，人民币汇率就走上了漫漫升值之路。尽管人民币汇率在几次国际金融危机期间间歇性地面临贬值预期，但在大多数时期，尤其自2003年以来，人民币汇率面临着持续的升值预期。1994年1月至2011年2月，人民币对美元汇率由8.70上升至6.30，累计升值了38%；人民币实际有效汇率指数由64.4上升至107.9，累计升值了68%。自2005年7月央行重启汇改以来，人民币汇率的显著升值与中国内外部需求的变化已经导致中国经常账户占GDP的比率由2007年的10%左右下降至2011年的3%左右。中国的经常账户失衡已经显著改善。伴随着欧债危机在2011年下半年的再度恶化，2011年第四季度，中国香港离岸人民币市场上出现了明显的人民币汇率贬值预期。2012年2月中国出现了十余年来最大的单边贸易逆差（315亿美元）。这些因素引发了市场上关于人民币升值是否已经基本到位的讨论。在2012年3月的全国人大五次会议上，时

[①] 本章内容发表于《金融评论》2012年第4期。

任央行行长周小川也表示，由于产业结构改进、贸易顺差减少等因素，人民币汇率比较接近均衡水平，并逐步具备了加大汇率浮动的条件。从2012年4月16日起，银行间即期外汇市场人民币对美元汇率波动幅度由0.5%扩大至1%。

过去十余年来，人民币汇率升值走过了怎样的历史路径？哪些因素推动了过去十余年来的人民币汇率升值？这些因素还会继续发挥作用吗？人民币汇率未来还会升值吗？未来的人民币汇率走势将会呈现出何种不同的路径？本章试图回答上述问题。

二、三个视角的历史回顾

我们将从人民币对美元汇率、人民币对其他主要国际货币汇率与人民币有效汇率三个角度来回顾人民币汇率升值的历史进程。

（一）视角一：人民币对美元汇率

如下页图3.1所示，在1981年至2010年这30年间，人民币对美元汇率经历了由持续贬值到持续升值的转变。1981年至1994年，人民币对美元汇率年均汇率由1.71贬值至8.62；贬值在1994年初人民币汇率市场并轨前后尤为剧烈，人民币对美元年均汇率由1993年的5.76骤降至1994年的8.62。1994年至2010年，人民币对美元年均汇率由8.62升值至6.77。

自1994年1月人民币外汇官方市场与调剂市场并轨以来，人民币对美元汇率步入了持续升值的通道。如下页图3.2所示，截至2012年，人民币对美元汇率经历了三个升值阶段，这三个升值阶段被两次国际金融危机打断。在1994年1月至1998年1月这四年时间内，人民币对美元汇率累计升值5%，年均升值1.25%；随着东南亚金融危机的全面爆发，在1998年1月至2005年6月这七年半的时间内，人民币在8.27~8.28的水平上持续钉住美元；在

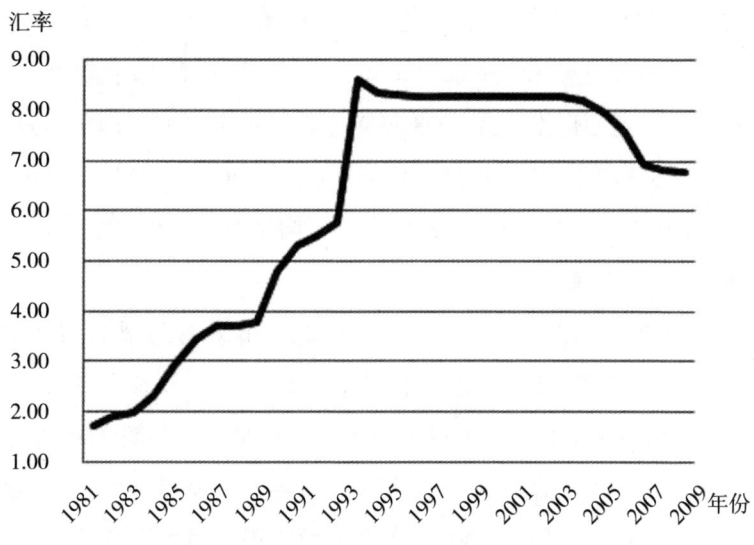

第三章
激荡八年：人民币汇率的升值之路（2005-2012）

图 3.1　人民币对美元年度汇率（1981—2010）

资料来源：CEIC。

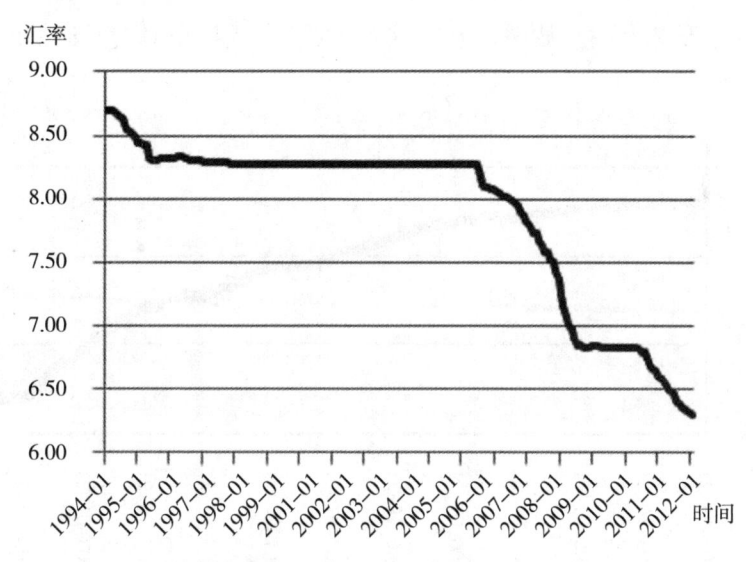

图 3.2　人民币对美元月度汇率（1994.01—2012.02）

资料来源：CEIC。

人民币汇率改革：升值周期与贬值周期下的复杂改革尝试

2005年7月21日，央行宣布启动汇改。2005年7月至2008年9月这三年多的时间内，人民币对美元汇率累计升值21%，年均升值7%；雷曼兄弟破产导致美国次贷危机全面爆发，在2008年9月至2010年7月近两年的时间内，人民币在6.82~6.84的水平上再度钉住美元；2010年6月19日，央行宣布重启汇改。在2010年6月至2012年2月近一年半的时间内，人民币对美元汇率累计升值8%，年均升值5%。

图3.3与图3.4比较了2005年7月至2008年8月与2010年6月至2012年2月这两个人民币对美元汇率持续升值的阶段。从图3.3中可以看出，2005年7月至2008年8月，人民币对美元汇率呈现出典型的单边升值特征，汇率的双向波动并不明显。从2007年中期开始，人民币对美元汇率升值幅度明显加快。这是由于央行从2007年5月起将人民币对主要货币的日均波幅由0.3%扩大至0.5%。而从图3.4中可以看出，2010年6月至2012年2月期间，人民币对美元汇率的双向波动明显加强。从2011年第四季度开始，人民币对美元汇率升值幅度明显放缓。上述两个时期内，人民币对美元汇率由单边升

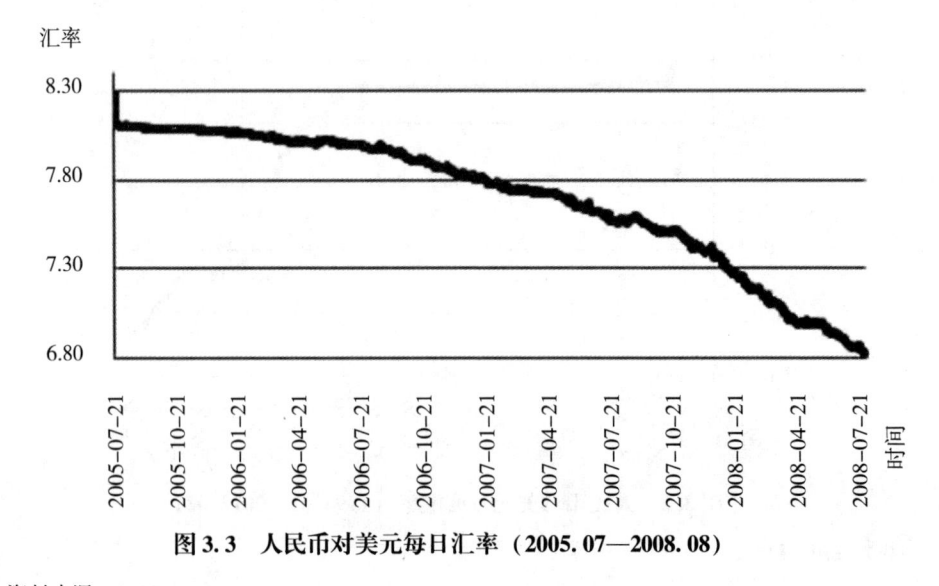

图3.3 人民币对美元每日汇率（2005.07—2008.08）

资料来源：CEIC。

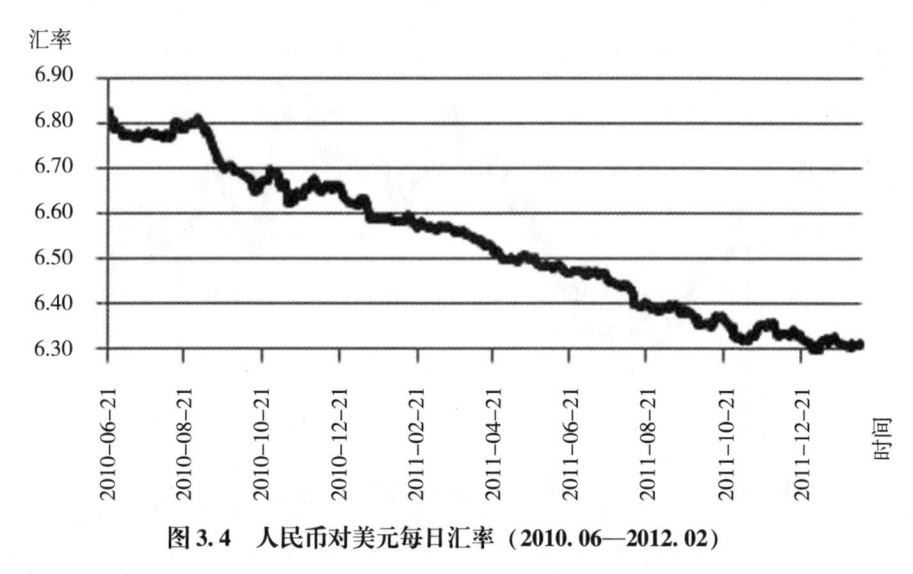

第三章
激荡八年：人民币汇率的升值之路（2005—2012）

图 3.4　人民币对美元每日汇率（2010.06—2012.02）

资料来源：CEIC。

值转变为波动中升值，这或许体现了央行吸取了前一个时期单边升值的教训，试图通过制造双向波动来打破市场的单边升值预期，以遏制短期国际资本流入套利。

（二）视角二：人民币对其他主要国际货币汇率

人民币对欧元、日元等其他主要国际货币汇率并未像人民币对美元汇率那样呈现出持续升值的特征，而是呈现出强烈的双向波动。如下页图 3.5 所示，自欧元诞生后，人民币对欧元汇率先是持续升值（由 1999 年 1 月的 9.59 升值至 2001 年 8 月的 6.67），然后持续贬值（由 2001 年 8 月的 6.67 贬值至 2004 年 12 月的 11.10），之后呈现出波动中上行的走势。截止到 2011 年 10 月，人民币对欧元汇率达到 8.13，这是自 2002 年 10 月以来的最高点。

如下页图 3.6 所示，人民币对日元汇率在 1994 年至 1999 年曾经出现过非常剧烈的波动（由 1995 年 4 月的 0.100 升值至 1998 年 8 月的 0.057），之后则呈现出比较规律的双向波动（波峰一般为 0.080，波谷一般为 0.060）。自

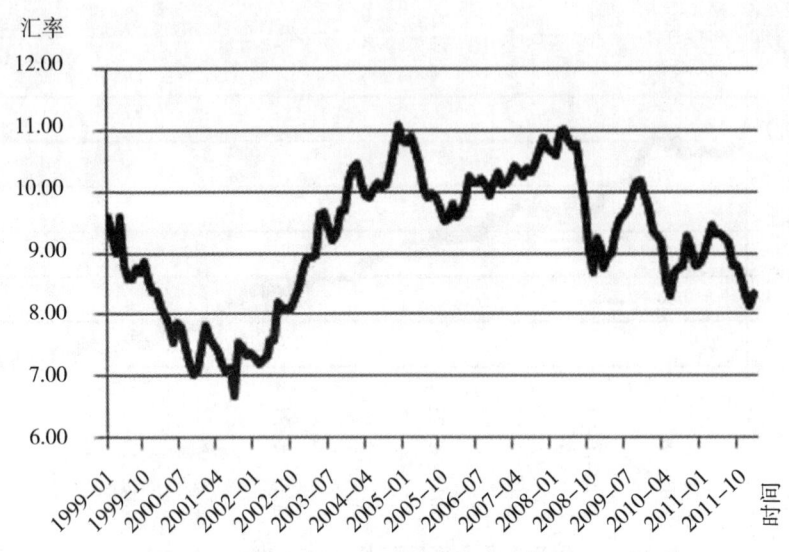

图 3.5 人民币对欧元月度汇率（1999.01—2011.02）

资料来源：CEIC。

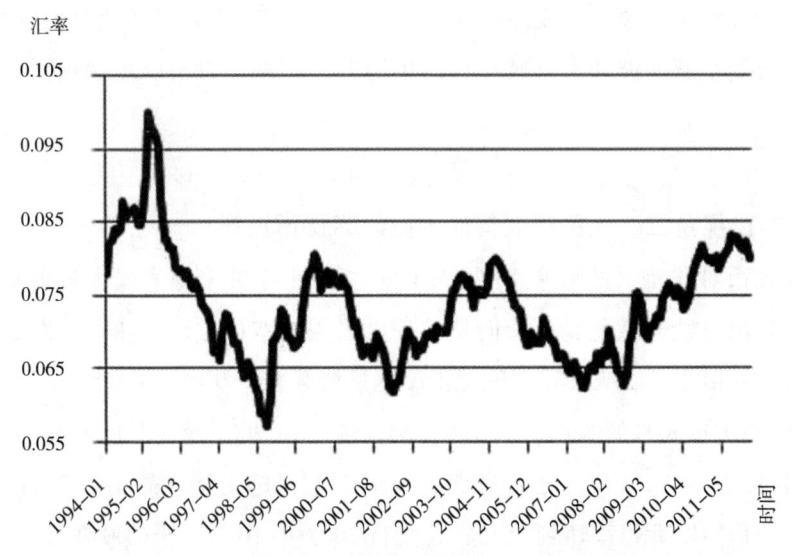

图 3.6 人民币对日元月度汇率（1994.01—2011.08）

资料来源：CEIC。

美国次贷危机爆发以来，人民币对日元汇率出现了波动中的持续贬值（由2008年8月的0.063贬值至2011年8月的0.083）。有趣的是，2011年2月，人民币对日元汇率恰好回到了1994年3月的水平。

（三）视角三：人民币有效汇率

人民币有效汇率是指人民币按照双边贸易比重加权的一篮子货币的综合汇率，该指标能够有效地衡量人民币对所有其他货币的汇率强弱。如图3.7所示，人民币实际有效汇率在1994年1月至1998年9月及2005年1月至2009年2月这两个时期出现过持续显著升值：前一时期升值55%，后一时期升值32%；但也在2002年2月至2005年1月出现过25%的持续贬值。2011年12月，人民币实际有效汇率指数达到108.1的历史性高点，超过了2009年

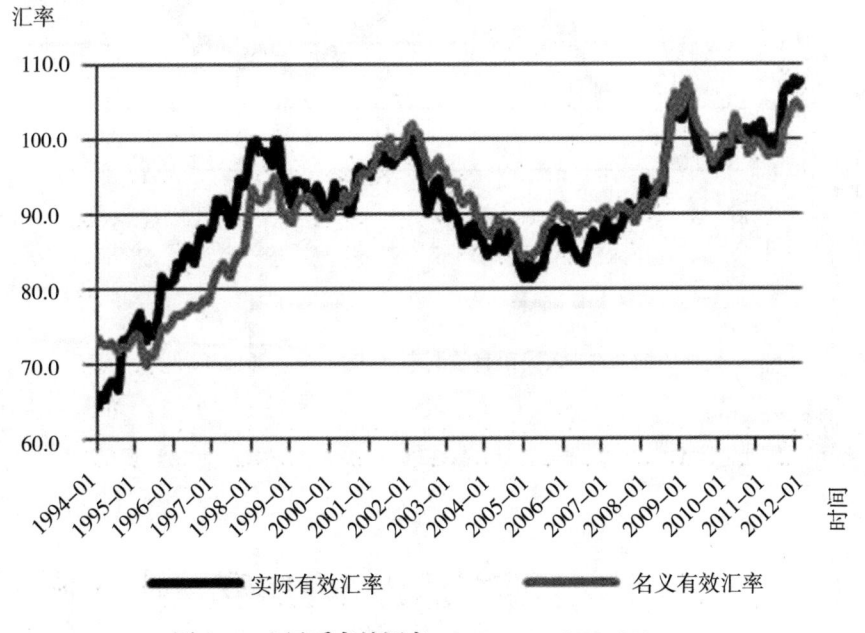

图3.7　人民币有效汇率（1994.01—2012.02）

资料来源：CEIC。
注释：Broad Index（广义指数），2010=100。

上篇
人民币汇率改革：升值周期与贬值周期下的复杂改革尝试

2月的107.3。1994年1月至2012年2月，人民币名义有效汇率升值了42%，实际有效汇率升值了68%。

如图3.8所示，人民币有效汇率与美元有效汇率具有非常显著的正相关性，这说明人民币名义汇率的制定在相当程度上参考了美元走势。这一相关性也有助于解释在人民币对美元持续升值的过程中（第31页图3.2），人民币对欧元与日元汇率出现的剧烈双向波动（第34页图3.5与图3.6）。

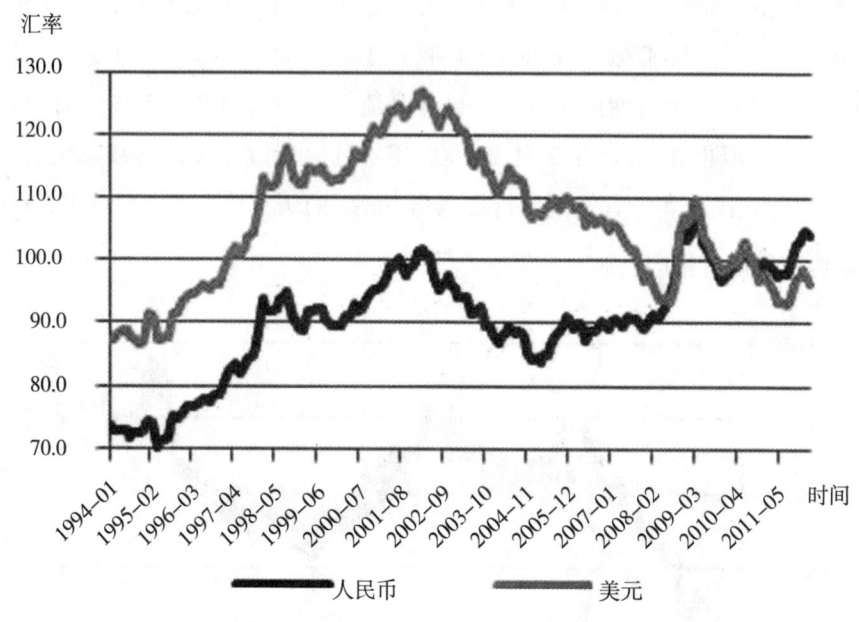

图3.8　人民币有效汇率（1994.01—2012.02）

资料来源：CEIC。
注释：Broad Index，2010=100。

三、一个疑问：人民币对美元20多年持续升值的动力何在

为什么人民币对美元名义汇率自1994年以来（尤其是自2005年以来）一直处于持续升值的过程中？除其他国家要求人民币升值的外部压力外，人

民币升值是否具有某些特定的内部动力？一般而言，要判断人民币对美元汇率或人民币有效汇率是否存在升值压力，需要首先计算人民币均衡汇率（Equilibrium Exchange Rate，EER），然后比较人民币市场汇率与均衡汇率，看前者是否对后者存在低估。我们首先分析均衡汇率的定义与估计方法，归纳与评价关于人民币均衡汇率估算的相关文献，然后再讨论人民币汇率升值的短、中、长期动力机制。

（一）人民币均衡汇率估算的文献综述

均衡汇率的定义需要从短期、中期、长期三个角度来理解。在短期内，均衡汇率是指在排除了非预期性冲击影响之外的、由市场基本面因素决定的汇率水平。在中期内，均衡汇率是指与一个经济体的内外均衡相匹配的汇率水平。所谓内部均衡是指产出缺口为零或者失业率处于非加速通胀失业率水平上，而外部均衡是指该经济体经常账户余额处于可持续水平上。在长期内，均衡汇率是指经济体内所有主体均实现了存量与流量均衡的汇率水平（Driver and Westaway，2004）。目前关于均衡汇率的估算方法主要包括基本面均衡汇率（Fundamental Equilibrium Exchange Rate，FEER）、意愿均衡汇率（Desired Equilibrium Exchange Rate，DEER）、行为均衡汇率（Behavioral Equilibrium Exchange Rate，BEER）、持久性均衡汇率（Permanent Equilibrium Exchange Rate，PEER）与均衡实际汇率（Equilibrium Real Exchange Rate，ERER）等。上述估算方法可以分为两大类：一类主要基于内外平衡模型展开分析，例如 FEER 与 DEER；另一类主要基于简约形式的回归模型进行分析，例如 BEER 与 PEER。

最近十余年来，估算人民币均衡汇率水平成为国内外国际金融研究的一大热点。我们在表3.1中归纳了具有代表性的人民币均衡汇率研究结果，从中可以得到如下结论：第一，选择不同的均衡汇率的定义、不同的具体时间序列范围与频率或不同的回归方法，可能带来完全不同的人民币均衡汇率估算结果；第二，关于20世纪80年代与20世纪90年代人民币汇率水平的高估与低估，相关文献取得共识的程度较高，然而关于21世纪初人民币汇率水平是否存在高估,相关文献结论的差异性较大;第三,一般而言,国内学者认为当前人民币汇率低估程度较低,而美国学者认为当前人民币汇率低估程度较高。例如,目前美国关于人民币均衡汇率估算最有影响力的学者是彼得森国际经济研究所的 Cline 与 Williamson,他们从 2008 年起每年发布一期各国均衡汇率报告(基于 FEER 的面板分析)。他们的研究指出,2008 年至 2011 年,人民币实际有效汇率分别低估了 18.4%、21.4%、15.3% 与 17.6%。中美学者对人民币均衡汇率研究结论的差异,除缘于具体的研究方法不同外,或许也反映了学者们研究立场与政治态度的差异。①

表 3.1　国内外关于人民币均衡汇率研究的文献梳理

研究者	均衡汇率定义	具体时间长度	具体方法	结论
张晓朴（1999）	FEER+BEER	1984.Q1—1999.Q1	协整方程	人民币在 1984—1985 年、1989—1990 年存在两次明显高估,在 1987—1988 年存在低估
张晓朴（2000）	ERER	1980—1999	协整方程、误差修正模型、HP 滤波	人民币在 1986—1988 年、1991—1995 年存在两次明显低估,在 1983—1985 年、1997—1998 年存在高估
林伯强（2002）	ERER	1955—2001	协整方程	1967 年之前与改革开放之前人民币汇率存在高估,改革开放后至东南亚金融危机前人民币汇率存在低估,东南亚金融危机期间人民币汇率存在高估
刘莉亚、任若恩（2002）	ERER	1985—1999	误差修正模型	人民币在 1986—1988 年、1991—1995 年存在明显低估,在 1983—1985 年、1997—1998 年存在明显高估

---

①　诚然,要在均衡汇率的具体水平上达成一致是非常困难的。一个间接的判断标准是,在央行停止对外汇市场的干预时,在市场供求力量的作用下人民币对美元汇率究竟会如何变动。如果人民币对美元汇率依然持续升值,则意味着目前的人民币对美元名义汇率可能低于均衡汇率。

(续表)

研究者	均衡汇率定义	具体时间长度	具体方法	结论
张斌（2003）	结合中国现实的均衡汇率模型	1992.Q1—2002.Q4	协整方程	2002年以后人民币汇率存在明显低估
张瀛、王浣尘（2004）	跨时期均衡模型	1980—2001	协整方程	人民币汇率在1986—1988年、1990—1995年偏低，在1983—1985年、1989年、1996—2001年偏高
施建淮、余海丰（2005）	BEER	1991.Q1—2004.Q3	协整方程	1992.Q2—1994.Q4人民币汇率被低估，1995.Q1—1999.Q2人民币汇率被高估，从1999.Q3起人民币汇率重新被低估，且低估趋势不断扩大
孙茂辉（2006）	自然均衡实际汇率（NATREX）	1978—2004	对联立方程的FIML估计	1979—1989年人民币汇率被显著高估，1993—2001年人民币汇率被显著低估
王曦、才国伟（2007）	汇率错位下的均衡汇率复归机制	1994—2005	利用REER指数、CPI指数与贸易权重直接进行计算	人民币汇率不存在显著低估
金学军、王义中（2008）	产品市场与资产市场均衡汇率	1994.Q1—2006.Q2	协整方程、误差修正模型、脉冲响应分析、方差分解	1995年以后人民币汇率不存在显著失衡
王义中（2009）	FEER、事前均衡汇率理论	1982—2006	协整方程	20世纪80年代初人民币汇率明显被高估，2004年以来人民币汇率明显被低估

(续表)

研究者	均衡汇率定义	具体时间长度	具体方法	结论
Cheung等（2009）	BEER	（1）2006年世界银行基于购买力平价计算的GDP（1975—2005）；（2）2008年世界银行基于购买力平价计算的GDP（1980—2006）	168个国家的面板数据回归	人民币汇率被高估还是低估不确定：（1）2005—2006年人民币汇率低估40%~50%；（2）2005—2006年人民币汇率不存在低估
唐亚晖、陈守东（2010）	BEER	1994.Q1—2009.Q4	协整方程	人民币汇率不存在严重失调
秦朵、何新华（2010）	仅采用相对生产率与相对对外净资产规模作为实际汇率解释变量	1994.Q1—2009.Q2	面板数据回归	人民币汇率总体而言并不存在低估
项后军、潘锡泉（2010）	BEER	2000.01—2008.12	内生多重结构突变检验、结构突变协整方法	2005—2008年的升值扭转了人民币汇率的低估，甚至导致人民币汇率出现高估
Cline与Williamson（2011）	FEER	以2011年4月IMF世界经济展望的时间序列数据为基础	面板数据回归	截止到2011年4月底，人民币有效汇率依然被低估了17.6%

注：本表系作者自行整理。

正是因为对人民币均衡汇率的估算存在较大争议，因此我们在本章中试图从另一个角度来展开分析，即从短期、中期、长期这三个维度来探讨人民币对美元汇率升值的动力机制。这些动力机制其实都源自国际金融中的汇率与国际收支决定理论，因此和人民币均衡汇率的定义与计算也存在密切联系。

（二）短期动力机制：利率平价

利率平价（Interest Rate Parity）在理论与现实中具有恰好相反的结论，以至于成为国际金融理论中的一大谜题（Lewis，1995）。在现实中，假定资本能够自由流动，如果A国利率高于B国，则资本将由B国流入A国套利，这将导致A国货币供不应求，从而推动A国货币升值。

张萍（1996）较早地分析了利率平价在中国的适用性。她发现从1994年到1996年，国内利率水平的上升的确伴随着套利资本流入的增加及人民币对美元汇率的升值。但她的分析似乎忽视了1994年年初人民币汇率市场并轨造成的人民币对美元汇率的大幅贬值，因此，1994年至1996年人民币对美元汇率的升值可能是对之前大幅贬值的修正，而非主要由利率平价所驱动。易纲与范敏（1997）通过对1980年至1996年中美利差与人民币对美元汇率的变动的研究发现，利率平价在人民币对美元汇率变动上的解释力度不强，并认为主要原因是中国存在资本管制及人民币利率并非均衡的市场利率。但他们的检验前提是，如果人民币利率水平高于美元利率水平，人民币就应该对美元贬值，这表明他们坚持的是理论中的而非现实中的利率平价。赵华（2007）通过向量自回归多元GARCH模型研究了2000年1月至2005年12月人民币汇率与利率之间的动态关系，其研究发现：在人民币汇率与利率之间不存在价格溢出效应；在人民币对美元的汇率与利率之间不存在波动溢出效应；但在人民币对欧元、日元等非美元的汇率与利率之间存在波动溢出效应。我们认为，这种不对称性在很大程度上与人民币在钉住美元的基础上，跟随美元对其他国际货币频繁波动有关。其他文献更加偏重于通过检验中外利差是否持续存在来判断中国的资本账户管制是否有效，例如，金荦与李子奈（2005）

上 篇
人民币汇率改革：升值周期与贬值周期下的复杂改革尝试

分析了1994年至2003年境内外美元存款利差；白晓燕与王培杰（2008）分析了1996年至2006年境内外美元存款利差及1998年12月至2006年12月的CHIBOR与联邦基金利率之差；Ma与McCauley（2008）分析了1999年至2006年的CHIBOR及与中国香港人民币NDF汇率与美元利率换算出来的离岸人民币利率，以及2004年至2006年的央票利率与离岸人民币利率。上述文献的一致结论是，中外利差的持续存在意味着中国的资本账户管制大致是有效的，尽管其效力正在不断下降。

如图3.9所示，自2006年10月至2011年10月，美中利差的由正转负及不断扩大，的确与人民币对美元汇率的升值正相关。这反映了随着中国资本账户的逐渐开放，特别是自2009年以来，中国政府为推进人民币国际化而加快了资本账户开放的速度，国际套利资本的流动规模不断增大，利率平价正扮演越来越重要的角色。

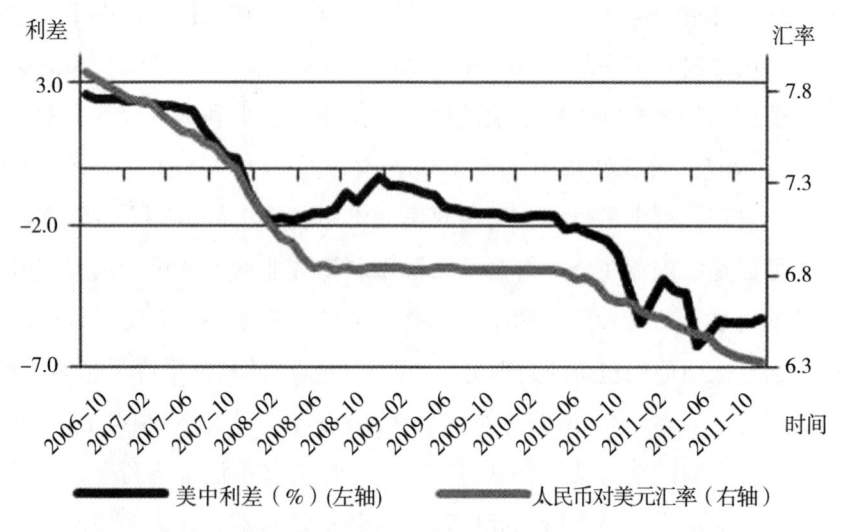

图 3.9　中美利差与人民币对美元汇率（2006.10—2011.10）

资料来源：CEIC。
注释：在美中利差指标中，美方利率为三个月商业票据利率，中方利率为三个月SHIBOR利率。

考虑到美联储已经表示会将超低利率水平至少延续到 2014 年年底，而中国经济依然面临着一定程度的通胀压力，预计在未来一段时间内，美国对中国的负利差将继续维持下去。一旦中国政府的资本账户管制有所放松，套利资金流入规模的放大将在外汇市场上推高人民币对美元汇率。

（三）中期动力机制：购买力平价与贸易余额

迄今为止，关于购买力平价研究的国内文献包括两大类：前者研究购买力平价理论能否解释人民币汇率的波动，后者研究购买力平价决定的人民币对美元汇率应该是多少。

目前用于检验购买力平价是否适用于解释人民币汇率的主要方法包括单位根检验、协整分析、方差比例检验、神经元网络、界限检验法、群体单位根检验、动态购买力平价检验与基于马尔科夫区制转移的协整分析等。易纲、范敏（1997），张晓朴（2000），王志强（2004）等人认为购买力平价并不适用于分析人民币汇率波动，而邱冬阳（2006）、刘金全等（2006）则认为在一般条件下与长期内购买力平价是成立的。

Ren（1997）的估算结果为，1986 年人民币对美元的购买力平价汇率为 0.943，同年人民币对美元的市场汇率为 3.453。[①]国家统计局在 1993 年进行的广东与香港地区的双边比较实验表明，1993 年人民币对港币的购买力平价汇率为 0.47，根据相关汇率折算，则 1993 年人民币对美元的购买力平价汇率为 3.143，同年人民币对美元的市场汇率为 5.762（国家统计局国际统计信息中心，2003）。郭熙保（1998）的计算表明，1994 年人民币对美元的购买力平价汇率为 2.26，同年人民币对美元的市场汇率为 8.619。国家统计局在 1999 年参加的 OECD 购买力平价国际合作项目的研究结果表明，1999 年人民币对美元的购买力平价汇率为 4.67，同年人民币对美元的市场汇率为 8.278（余芳东、任若恩，2005）。陈学信（2011）的估算结果为，2009 年人民币对美

---

① 本段中的汇率均使用间接标价法，即一单位外币等于多少单位人民币。

元的购买力平价汇率为5.49，同年人民币对美元的市场汇率为6.831。

图3.10中展示了由世界银行计算的人民币对美元购买力平价汇率与人民币对美元汇率之间的关系。由于中国的通胀率持续高于美国，人民币对美元的购买力平价汇率已经由1981年的1.34贬值至2010年的3.78。[①]尽管人民币对美元的名义汇率已经由1994年的8.62升值至2010年的6.77，但与购买力

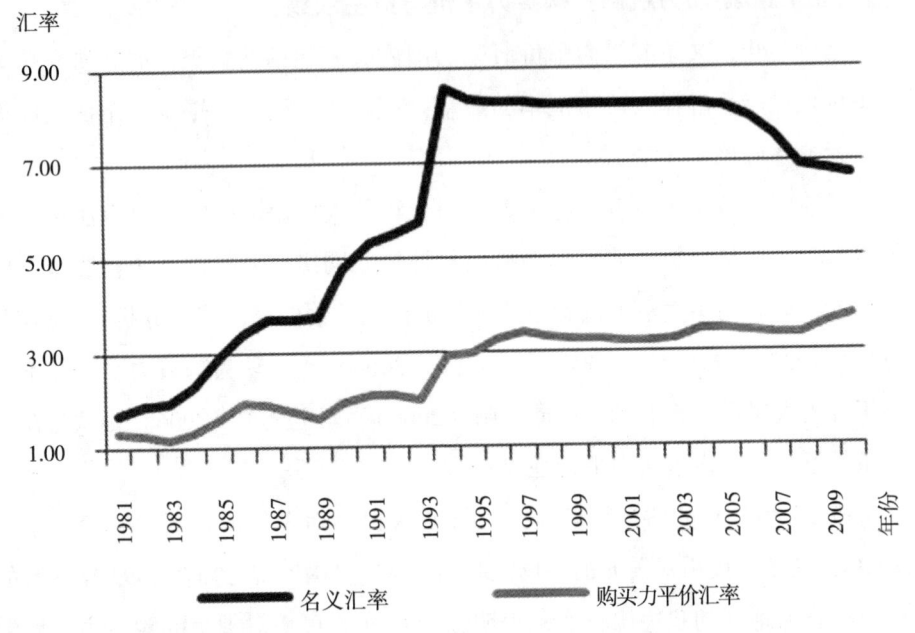

图3.10 人民币对美元名义汇率与购买力平价汇率（1981—2010）

资料来源：CEIC、世界银行及作者计算。

注释：作者根据世界银行给出的按市场汇率计算的及按购买力平价汇率计算的中国人均GDP，倒推出世界银行计算的人民币对美元购买力平价汇率。

---

① 余芳东（2008）指出，世界银行对中国购买力平价的估算存在以下重要问题：第一，从居民消费支出的分类数据来看，该方法低估了中国居民支出中用于医疗与教育等支出的比重；第二，用于政府消费支出比较的平均雇员报酬偏低；第三，我国偏低的建筑品价格不能准确反映我国建筑项目的实际价格水平；第四，居民消费支出项目的全国平均价格水平与购买力平价值可能被高估，而居民实际消费支出可能被低估；第五，从区域到全球购买力平价结果连接的方法问题可能导致包括中国在内的所有亚太地区价格水平被低估。

平价汇率之间仍有较大的距离。这意味着图 3.10 可以用来解释为什么会存在人民币"外升内贬"的现象（张明，2011）。人民币对美元的名义汇率低于人民币均衡汇率，是人民币汇率升值的中期动力机制之一。①

预计在未来一段时间内，随着人民币对美元汇率的进一步升值，以及中国通胀率持续高于美国通胀率（人民币对美元购买力平价汇率进一步贬值），人民币对美元的名义汇率与均衡汇率的水平将会进一步趋同。

作为国际收支调整机制的重要组成部分，汇率的相对运动将有助于维持各国之间贸易的相对平衡。如图 3.11 所示，自 1994 年以来，随着美国对中国贸易逆差的扩大，人民币对美元汇率显著上升，两者之间存在明显的正相关。那么，随之而来的问题是，既然人民币对美元大幅升值，为何美国对中

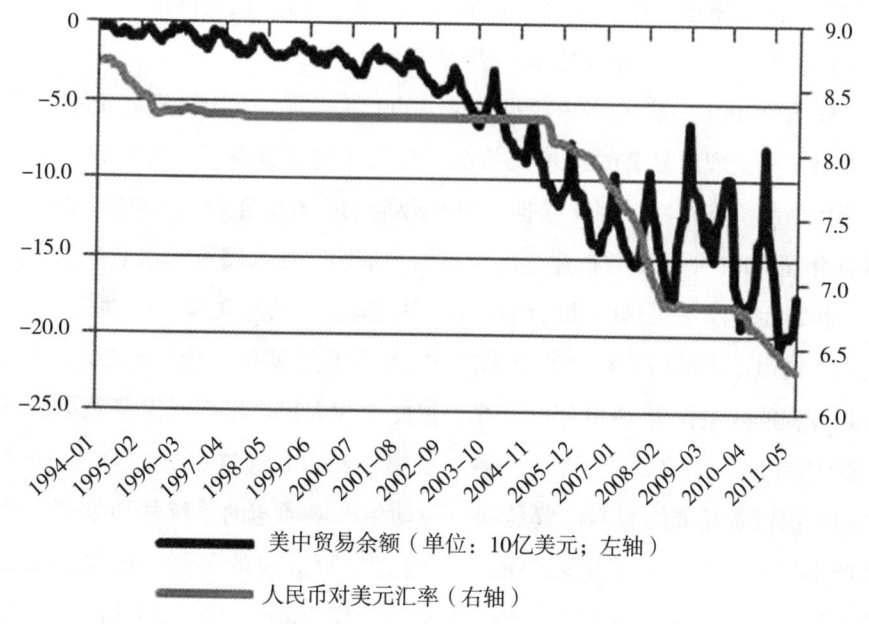

图 3.11 美中贸易余额与人民币对美元汇率（1994.01—2011.12）

资料来源：CEIC。

---

① 我们在此引用世界银行数据只是用来方便说明名义汇率与均衡汇率之间的差别，并非表明我们直接认可该数据。

国的贸易逆差不降反升呢？我们的回答是，影响两国之间的贸易余额的因素除汇率外，还包括进出口需求强弱、劳动生产率及两国在全球生产网络中所处的不同位置等。例如，姚枝仲等（2010）的研究表明，中国的出口收入弹性大约是出口价格弹性的 4 倍，这意味着中国出口额的变动更大程度上取决于外需的影响，而非汇率升值的影响。

在未来较长时间内，中国仍将保持对美国的贸易顺差。这意味着来自美方的出于平衡贸易视角考虑的要求人民币升值的外部压力将持续存在。

（四）长期动力机制：巴拉萨–萨缪尔森效应

巴拉萨–萨缪尔森效应（简称"巴萨效应"）指出，具有更快的制造业部门劳动生产率增速的国家将会面临实际汇率升值，且实际汇率升值将通过名义汇率升值或者更高的通货膨胀率来实现。

俞萌（2001）发现，在 1994 年至 1999 年期间，人民币实际汇率与中国经济增长率呈现出显著的正相关关系，且同期内非贸易品价格指数增速显著高于贸易品价格指数，因此验证了巴萨效应的存在。王维（2003）通过基于1984 年至 2001 年年度数据建立的协整模型证明，在人民币实际汇率、中国两部门相对生产率、美国两部门相对生产率之间存在协整关系。Frankel（2004）通过人民币汇率回归方程的残差来估计巴萨效应的影响。他发现 2000 年汇率回归方程的残差仅为 1990 年的一半，据此认为人民币汇率对巴萨效应的偏离在这 10 年间大约收敛了一半。卢锋、刘鎏（2007）通过对 1978 年至 2005 年期间中国可贸易部门与不可贸易部门劳动生产率增速的系统估计发现，劳动生产率与人民币实际汇率之间的关系符合巴萨效应的预测。唐旭、钱士春（2007）对 1994 年第一季度至 2006 年第三季度第二产业（贸易品部门）与第三产业（非贸易品部门）相对劳动生产率增速的研究同样证实了巴萨效应的显著性。王凯、庞震（2012）对 1978 年至 2010 年年度数据的研究再次证明了巴萨效应的显著性。

国内文献对巴萨效应的质疑主要集中于中国经济的二元结构与结构转型，

第三章
激荡八年：人民币汇率的升值之路（2005-2012）

即在农村劳动力向城市转移的背景下，中国劳动力一度面临无限供应的格局，这造成劳动生产率上升未必导致工资上升，从而劳动生产率上升不仅不会造成实际汇率升值，反而可能造成实际汇率贬值。杨长江（2002）、林毅夫（2007）、陈科与吕剑（2008）及王维国、关大宇（2008）等或通过上述故事来解释巴萨效应在中国的失效，或从这一角度来对巴萨模型进行修正。王泽填、姚洋（2009）通过对184个经济体在1974年至2004年期间的面板数据分析再度印证了这一点，即农村人口比重越大，实际汇率随相对人均收入提高的幅度越小；经济发展水平越低，农村人口比重对巴萨效应的削弱程度越大。然而，随着中国人口结构老龄化的加剧及农村剩余劳动力向城市转移过程的基本结束，我们预计，未来巴萨效应对中国的解释力将进一步增强。

张斌、何帆（2005）对中国版本的巴萨效应进行了一个颇具新意的扩展，即中国央行通过货币政策操作同时保持人民币名义汇率与通货膨胀率的稳定，在此背景下，贸易品部门相对于非贸易品部门更快的劳动生产率增长将加剧中国贸易品与非贸易品的产业结构扭曲，造成工资下降与利润率上升的收入分配恶化，以及阻碍农村劳动力向城市的进一步转移。鄂永健、丁剑平（2007）通过引入在不同国家的消费集[①]内部贸易品与非贸易品的比重及本国可贸易品与进口可贸易品的比重可能有差别的假定，对巴萨效应进行了扩展，得出的结论包括：本国可贸易部门劳动生产率上升未必会导致本币实际汇率升值，且两国相对可贸易品部门的生产率差异可能通过影响贸易条件对实际汇率产生影响。唐翔（2008）在国内劳动力市场上引入了异质性，提出了一个与巴萨效应相对应的"富人社区效应"，认为如果一个国家拥有一个"富有居民"群体，该群体在国际市场上获得的硬通货收入相对于该国总人口较高的话，其需求将提高该国非贸易品价格。更重要的是，作者随即指出，目前关于巴萨效应实证文献所广泛采用的基本统计检验，实际上无法区分巴萨效应与富人社区效应。上述三篇文献均是从巴萨模型本身出发的有益扩展，其

---

① 消费集：商品空间的子集，代表消费者所有可能的消费全体。

人民币汇率改革：升值周期与贬值周期下的复杂改革尝试

解释力并不仅限于中国。

如图 3.12 所示，由于 1981 年至 2008 年的绝大多数时间内，中国的劳动生产率增速均高于美国，中国持续面临实际汇率升值的压力。但在 2001 年至 2010 年，中国政府既避免了人民币对美元的大幅升值，又成功地控制住了通货膨胀，这似乎证明巴萨效应没有发挥作用。然而，正如 Zhang（2012）所指出的，中国政府同时控制住人民币升值与通货膨胀的关键在于，前者在央行、商业银行与家庭部门之间建立了一种冲销成本分担机制，从而提高了冲销的效率和可持续性。然而，随着中国经济增长模式由出口与外需导向向内需导向的转型，利率的市场化不可避免，因此，央行的冲销行为最终将变得难以为继。这意味着只要中国的劳动生产率增速依然高于美国，中国政府在未来将依然面临着名义汇率升值与更高的通货膨胀之间的权衡。

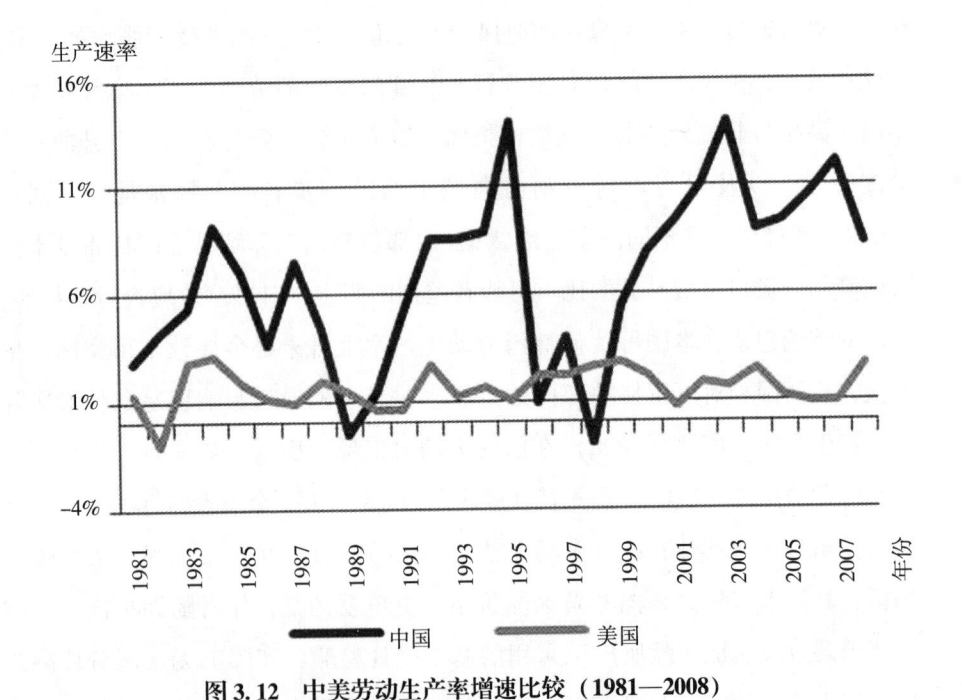

图 3.12 中美劳动生产率增速比较（1981—2008）

资料来源：CEIC、世界银行及作者计算。
注释：作者用世界银行数据库中的 GDP 规模除以劳动力数量来得到对劳动生产率的粗略估计。

四、新挑战：未来人民币对美元继续升值的可能性

我们认为，未来人民币对美元能否继续升值，关键取决于国内汇率政策制定过程中有关各方的博弈。而影响各方博弈力量消长的，则是未来一段时间内贸易顺差、短期国际资本流动、输入性通胀压力与外部压力等指标的消长。

（一）人民币对美元继续升值的4个重要指标

正如谢丹阳（2012）认为的那样，中国货币政策的实际决策机构不是央行而是中央财经领导小组，人民币汇率政策的实际决策机构至少在国务院常务会议或中央财经领导小组的层面上，这意味着未来人民币汇率的变动实际上取决于有关各方的博弈。

一般认为，中国央行支持人民币汇率的进一步市场化（即在相应的人民币汇率波动中升值），因为在国际收支双顺差的背景下要干预外汇市场以抑制人民币升值，央行必须进一步积累外汇储备并进行冲销，这不但会加大央行管理外汇储备的压力，而且会加大央行冲销成本。此外，对进口依赖程度很高的部分资源性企业（如石油企业）也可能支持人民币升值。与之相反，由于人民币升值将对出口造成冲击，因此，出口企业、对出口拉动经济增长作用依赖较高的沿海地方政府，以及主管外贸的商务部，自然会成为反对人民币汇率继续升值的重要一方。至于国家发改委、国资委及财政部等一些重要部门，由于涉及的直接相关利益较少，因此可能在人民币汇率问题上保持中立。当然，如果这些部门认为人民币大幅升值会通过影响出口而导致经济增长速度显著下降，从而损害自身的相关利益，则其自然也会表示反对。

上述力量在国务院层面上的博弈，将会影响人民币汇率的市场化进展，以及相应而来的未来一段时期人民币对美元的升值幅度。然而我们认为，决定正反双方力量消长的，是以下几个重要指标：贸易顺差、短期国际资本流

人民币汇率改革：升值周期与贬值周期下的复杂改革尝试

动、输入性通胀压力与外部压力。如果贸易顺差扩大、短期国际资本持续流入、输入性通胀压力上升、来自外部的升值压力加大，则人民币对美元升值速度可能加快。反之，则人民币对美元升值速度可能放慢。

1. 贸易顺差

如图3.13所示，2005年至2008年人民币对美元快速升值的时期，恰好对应着中国贸易顺差显著扩大的时期。随着美国次债危机的爆发，中国贸易顺差显著下降，同期内人民币重新钉住美元。自2010年下半年以来，随着欧债危机的不断恶化，中国出口面临的外部需求明显萎缩，导致贸易顺差显著缩水。2012年2月甚至出现了自1994年以来最大的月度贸易逆差。2008年至2011年，中国的年度贸易顺差分别为2973亿美元、1982亿美元、1845亿美

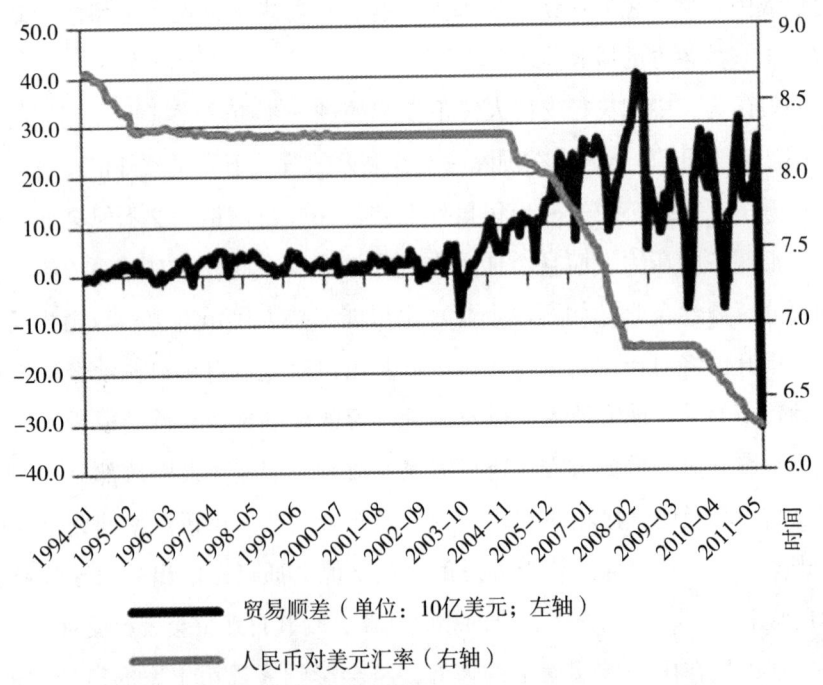

图3.13 贸易顺差与人民币对美元汇率（1994.01—2011.05）

资料来源：CEIC。

第三章
激荡八年：人民币汇率的升值之路（2005—2012）

元与 1579 亿美元，我们预计 2012 年中国的贸易顺差将继续收缩至 1000 亿~1200 亿美元。贸易顺差的下降意味着人民币对美元汇率的升值幅度可能趋缓。

2. 短期国际资本流动

如图 3.14 所示，2005 年至 2008 年人民币对美元快速升值的时期，也恰好对应着短期国际资本大规模流入中国的时期。美国次贷危机爆发之后，随着短期国际资本流入规模下降甚至逆转，人民币汇率重新钉住美元。自 2010 年下半年以来人民币对美元的重新升值，又对应着新一轮的大规模短期国际资本流入。然而，从 2011 年第四季度起，随着欧债危机再度恶化，短期国际

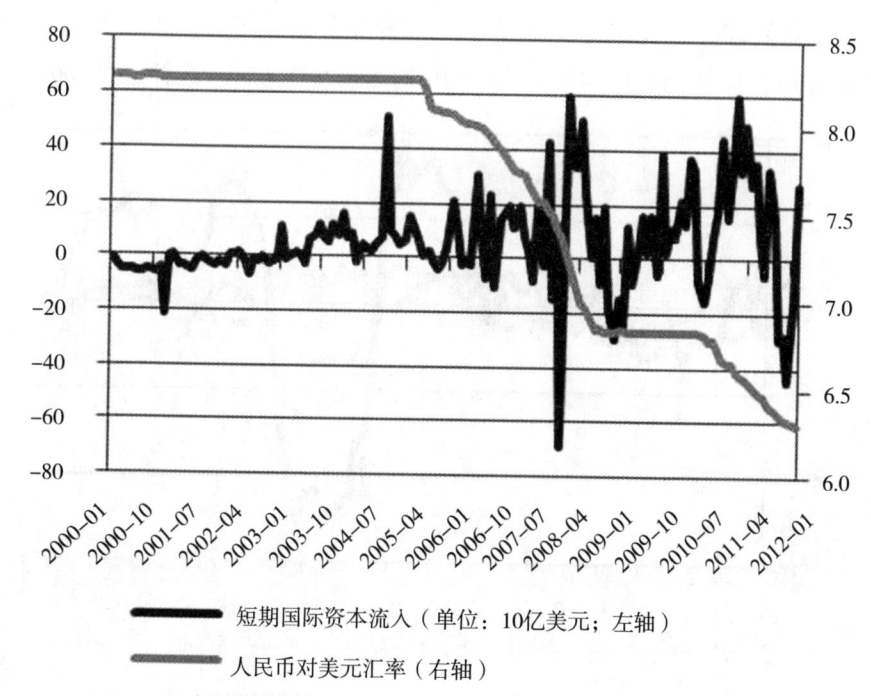

图 3.14　短期国际资本流入与人民币对美元汇率（2000.01—2012.01）*

资料来源：CEIC 及作者的计算。

*短期国际资本的计算方法为外汇占款增量减贸易顺差，再减去实际利用 FDI① 规模。

---

① FDI：Foreign Direct Investment 的缩写形式，即外商直接投资。

051

资本重新流出中国,如果这一趋势在 2012 年得以持续(2012 年 2 月短期国际资本的重新流入是否是新趋势仍有待观察),则未来人民币对美元升值幅度可能有所放缓。

3. 输入性通胀压力

从较长的周期来看,在中国的消费者物价指数(CPI)、工业品出厂价格指数(PPI)与进口价格指数之间存在显著的正相关关系(图 3.15)。人民币汇率升值能够有效地遏制由进口价格指数向 PPI 的传导,从而有助于央行更好地遏制输入性通货膨胀压力。

卜永祥(2001)指出,人民币汇率的变动会显著影响 CPI 与 RPI(零售物价指数),且对 CPI 的影响大于对 RPI 的影响。毕玉江、朱钟棣(2006)的

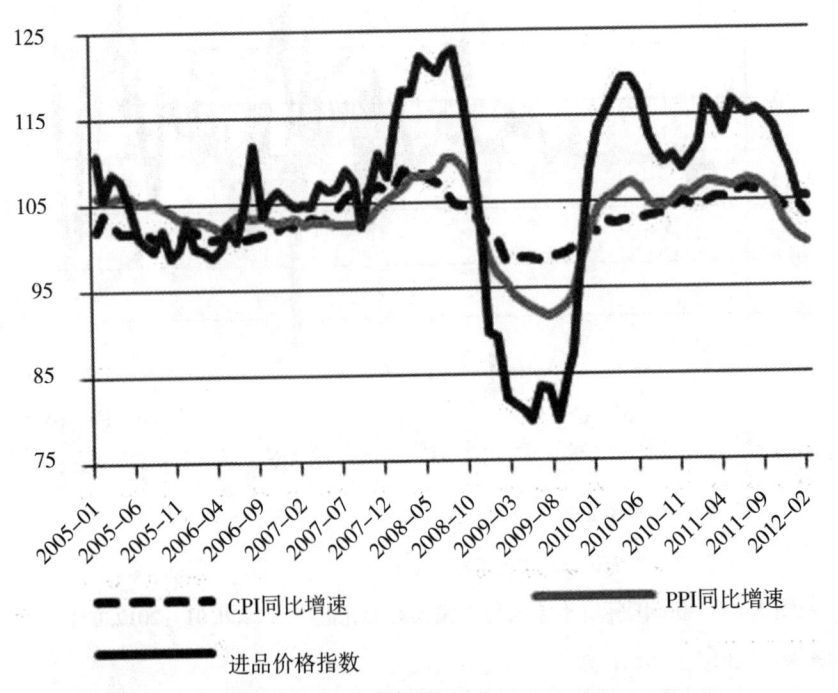

图 3.15 中国 CPI、PPI 与进口价格指数(2005.01—2012.02)

资料来源:CEIC。

估算表明，进口价格指数的人民币汇率弹性为-1.92，且进口价格指数的汇率弹性显著高于 CPI 的汇率弹性。吕剑（2007）的分析显示，长期内人民币汇率变动能够显著影响国内物价水平，且 CPI 的汇率弹性大于 RPI，RPI 的汇率弹性大于 PPI。此外，人民币汇率对国内物价的传递效应具有自我修正的动态机制。施建淮等（2008）的研究发现，人民币名义有效汇率升值1%，将导致6个季度后的进口价格及12个季度后的 PPI 与 CPI 分别下降0.52%、0.38%与0.20%；在1994年至2007年，人民币汇率变动对国内价格变动只有适度的解释力，但自2005年7月汇改以来，人民币升值对降低国内通货膨胀有比较显著的解释力；人民币名义有效汇率变动对食品、家庭设备类消费品的价格传递率明显高于对其他类消费品的价格传递率。王晋斌、李楠（2009）的研究表明，2001年1月至2008年3月，进口价格指数的汇率传递系数较高，但从进口价格指数到 CPI 的传递效应较低；从2005年汇改以来，汇率的短期与长期传递效应均显著上升。

但也有大量研究认为人民币汇率的价格传递效应并不明显。封北麟（2006）发现中国的汇率传递效应并不显著。陈六傅、刘厚俊（2007）及杜运苏、赵勇（2008）的计量分析均表明，尽管国内物价对人民币汇率变动的传递效应是显著的，但传递率相当低。刘亚等（2008）的研究结果指出，人民币汇率变动对国内 CPI 的短期与长期汇率传递效应都很低。白钦先、张志文（2011b）的计算表明，在其他条件不变的情况下，人民币名义有效汇率升值1%，CPI 下降幅度低于0.1%；即使考虑2005年7月的人民币汇改，上述结论依然成立。王家玮等（2011）使用投入产出表的研究指出，在进口产品本币价格对汇率变动反应完全的情况下，人民币升值1%将导致国内 CPI 下降0.20%，这与施建淮等（2008）的结论完全相同，但现实中进口产品本币价格对汇率变动的反应并不完全，因此，人民币汇率政策不应承担过多的反通胀职能。

如图3.16所示，2005年至2008年及2010年至今人民币对美元汇率的两次持续升值，的确都对应着进口价格指数的显著上升。然而，随着2011年下

上 篇
人民币汇率改革：升值周期与贬值周期下的复杂改革尝试

半年欧债危机的再度恶化及全球主要发达经济体经济增速的下滑，中国对全球能源与大宗商品价格的需求明显减弱，这导致中国的进口价格指数从2011年下半年至2012年1月持续下滑，这意味着中国经济面临的输入性通胀压力明显减轻。如果这一趋势持续下去，则未来人民币对美元升值幅度有望放缓。目前来看，唯一的不确定性在于伊朗危机是否会进一步恶化，从而导致全球油价飙升。

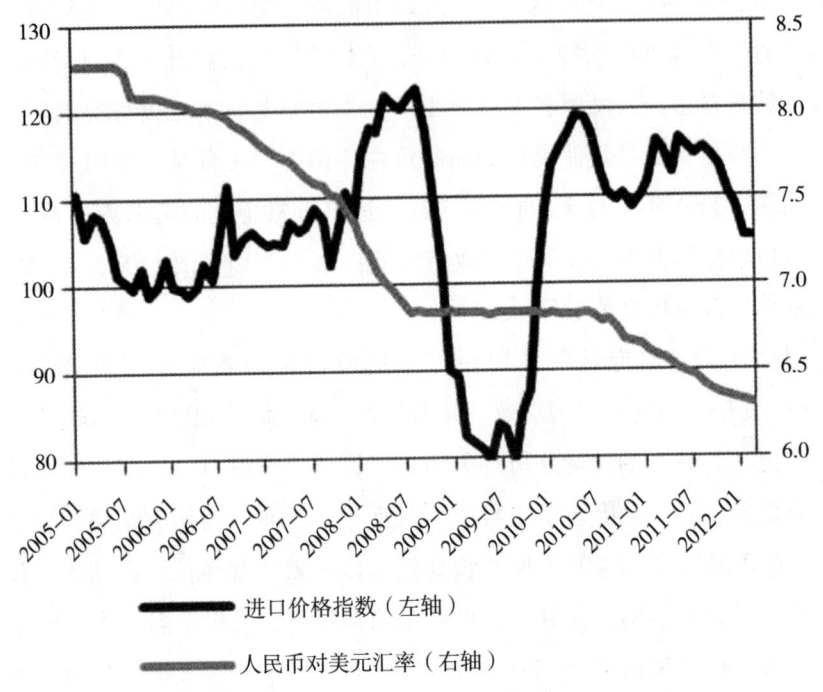

图3.16 进口价格指数与人民币对美元汇率（2005.01—2012.01）

资料来源：CEIC。

4. 外部压力

尽管中国政府一直对要求人民币升值的外部压力持抵制态度，但来自外汇市场高频数据的证据表明，在每次G20领导人峰会召开之前，以及每次中美战略经济对话举行之前，人民币对美元汇率均会呈现出短期内加速升值的特点。这意味着来自外部的人民币升值压力有时候的确会影响到人民币对美元汇率的升值进程。更重要的是，力图做好"负责任的发展中大国"角色的中国政府十分重视来自 G20、IMF 等国际多边组织，以及来自发达国家与新兴市场国家的多边集体压力，而非来自美国的双边压力，以至于美国皮德森国际经济研究所的 Williamson 就曾经向美国政府建议，要把中美汇率争端提交到 WTO 的框架下去解决。

尽管自美国次贷危机爆发以来，中国贸易顺差占 GDP 的比率已经显著下降，但考虑到目前美欧日等全球主要发达国家均增长乏力，它们都需要通过扩大净出口来刺激经济增长与解决就业问题。我们预计在未来较长的时期内，中国都将持续面临来自发达国家甚至部分新兴市场国家要求人民币升值的外部压力，而且这种压力将越来越由双边压力上升为多边压力。

（二）预测：未来人民币对美元升值将显著放缓

基于对贸易顺差、短期国际资本流动、输入性通胀压力与外部压力等诸因素的判断，我们认为，在未来一段时间内，人民币对美元汇率的升值幅度将显著放缓。2012 年人民币对美元升值幅度可能在 3% 上下，显著低于 2005 年至 2008 年的年均 7% 及 2010 年至 2011 年的年均 5%。与此同时，人民币对美元汇率的波动幅度有望明显放大。从 2012 年 4 月 16 日起，银行间即期外汇市场人民币对美元汇率波动幅度由 0.5% 扩大至 1%。尽管人民币对美元汇率波动幅度的扩大有利于增强人民币汇率形成机制的弹性，但由于每个交易日人民币对美元汇率的开盘价实际上依然是央行制定的，因此仅仅放宽汇率波幅的意义不大，关键在于央行能否保持前一个交易日收盘价格与下一个交易日开盘价格的连续性，以及央行向外明确其外汇市场的干预规则（张斌，2012）。

五、人民币升值：从高速路转向慢车道

1994年1月至2012年2月，人民币对美元名义汇率升值了38%，人民币名义有效汇率与实际有效汇率分别升值了42%与68%。2005年6月至2012年2月，人民币对美元名义汇率升值了31%，人民币名义有效汇率与实际有效汇率分别升值了20%与30%。这意味着无论是自1994年汇率市场并轨以来还是自2005年央行启动汇改以来，人民币对美元双边汇率以及人民币有效汇率均经历了显著的升值过程。

从人民币对美元升值的动力机制来看，由于中国的可比利率依然高于美国，人民币名义汇率依然低于均衡汇率，中国对美国依然具有持续的贸易顺差，以及中国的劳动生产率增速依然持续高于美国，人民币对美元汇率将依然面临升值的内在动力。以巴萨效应为例，一旦央行冲销行为不能持续，中国政府就必须在人民币名义汇率升值与更高的通货膨胀之间做出选择。

下一阶段人民币对美元的升值前景取决于国内汇率政策制定过程中的博弈，而决定博弈各方力量消长的经济性因素则包括贸易顺差、短期国际资本流动、输入性通胀压力与外部压力等。由于未来一段时间内中国的贸易顺差可能继续下降，短期国际资本有望持续流出，输入性通胀压力可能继续下降，外部压力仍将持续存在，我们预计下一阶段人民币对美元升值幅度有望显著放缓（由过去的年均5%~6%降至未来的年均2%~3%），并伴随着人民币对美元汇率波幅的逐渐扩大。

第四章

过河十年：人民币汇改的复杂探索
（2005—2014）[①]

  自2005年中国央行重启汇改，人民币对主要货币汇率已经显著升值，人民币汇率弹性明显增强，中国央行对外汇市场的干预程度有所下降。作为人民币汇率持续升值的结果，中国出口同比增速已经从全球金融危机爆发前的20%左右，下降至2012年至2014年的7%左右；中国的经常账户顺差占GDP的比率，已经由2007年峰值时期的10%，降至2011年至2014年的2%。然而，中国央行仍偏好于对每日汇率中间价进行持续干预，这抑制了人民币远期与外汇市场的发展。人民币对美元汇率的相对稳定，在美元指数疾升的背景下造成人民币有效汇率升值过快，对出口增长形成了不必要的负面冲击。市场上流行的通过维持强势人民币来推进人民币国际化的观点，存在本末倒置的问题。为进一步推动人民币国际化，中国央行应该减少对汇率中间价的干预，顺应市场供求压力，让人民币对美元汇率适当贬值；中国央行应该建立年度汇率宽幅目标区，来平衡汇率的灵活性与稳定性；中国央行应该避免过快开放资本账户，以避免短期资本大进大出可能造成的汇率超调。

[①] 本章内容发表于《学术研究》2015年第6期。

上 篇
人民币汇率改革：升值周期与贬值周期下的复杂改革尝试

一、一波三折的汇改历程

从1994年至2014年，人民币汇率形成机制改革已经持续了整整20年时间，但改革进程可谓一波三折（表4.1）。1993年12月，中国政府将官方外汇市场与外汇调剂市场并轨（如图4.1所示，此举导致人民币对美元官方汇率水平由1∶5.8贬值至1∶8.7，贬值幅度接近50%），宣布实施以市场供求为基础的、单一的、有管理的浮动汇率制。1994年至1997年，人民币对美元汇率由1∶8.7升值至1∶（8.27~8.28）。1997年东南亚金融危机爆发后，中国央行将人民币钉住美元，导致1997年至2004年期间人民币对美元汇率一直固定在1∶（8.27~8.28）区间。2005年7月，中国央行宣布重启人民币汇率形成机制改革。2005年至2008年，人民币对美元汇率由1∶（8.27~8.28）升值至1∶（6.7~6.8）。2008年全球金融危机爆发后，中国央行再次将人民币钉住美元，导致2008年至2010年人民币对美元汇率固定在1∶（6.7~6.8）区间。2010年6月，中国央行宣布再次重启汇改。2010年至2014年，人民币对美元汇率由1∶（6.7~6.8）升值至1∶（6.1~6.2）。

表4.1 人民币汇率形成机制改革的主要步骤

时间	事件
1993年12月	官方外汇市场与外汇调剂市场并轨，实施以市场供求为基础的、单一的、有管理的浮动汇率制
2005年7月	人民币对美元汇率一次性升值2%；实行以市场供求为基础的、单一的、有管理的浮动汇率制；人民币对美元汇率每日浮动幅度为上下千分之三；每日汇率收盘价作为下一日汇率中间价
2006年1月	央行授权中国外汇交易中心在每个工作日上午9点15分公布当日人民币对主要货币汇率中间价，作为当日汇率交易中间价
2007年5月	人民币对美元汇率每日浮动幅度由上下千分之三扩大至上下千分之五
2010年6月	进一步推进人民币汇率形成机制改革，增强人民币汇率形成机制弹性
2012年4月	人民币对美元汇率每日浮动幅度由上下千分之五扩大至上下百分之一
2014年3月	人民币对美元汇率每日浮动幅度由上下百分之一扩大至上下百分之二

注：本表系作者总结而成。

图 4.1 人民币对美元汇率的年度变动

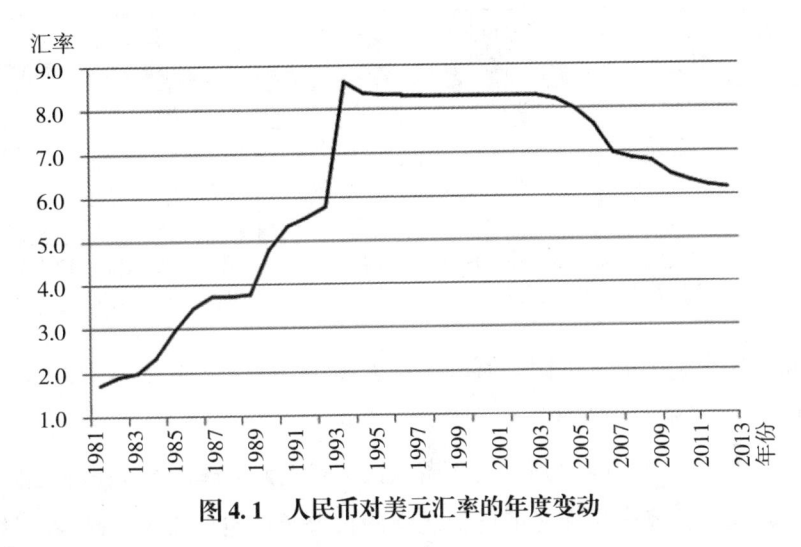

资料来源：CEIC。

自 2005 年 7 月中国政府重新启动人民币汇率形成机制改革以来，无论是人民币对主要国际货币汇率，还是人民币对一篮子货币的有效汇率，均经历了较大幅度的升值。见表 4.2，2005 年至 2014 年这 10 年间，人民币对美元、欧元与日元累计升值的幅度分别为 26.0%、32.1% 与 35.7%，人民币的名义有效汇率与实际有效汇率的累计升值幅度更是分别达到了 44.5% 与 54.3%。

表 4.2 2005 年至 2014 年期间人民币对主要货币汇率升值幅度

年份	人民币对 美元 26.0%	人民币对 欧元 32.1%	人民币对 日元 35.7%	人民币名义 有效汇率	人民币实际 有效汇率
2005	2.4%	13.7%	14.4%	8.0%	7.1%
2006	3.1%	-7.8%	2.4%	-1.8%	-1.2%
2007	5.8%	-3.7%	1.7%	1.4%	4.5%
2008	7.1%	13.8%	-14.6%	14.6%	13.4%
2009	0.2%	-7.8%	-1.2%	-5.7%	-5.3%
2010	2.6%	11.7%	-5.1%	2.1%	4.4%
2011	4.9%	5.4%	-1.9%	4.9%	6.2%

(续表)

年份	人民币对美元 26.0%	人民币对欧元 32.1%	人民币对日元 35.7%	人民币名义有效汇率	人民币实际有效汇率
2012	0.6%	0.8%	7.7%	1.7%	2.2%
2013	2.8%	-1.5%	21.3%	7.2%	7.9%
2014	-0.1%	10.1%	13.1%	6.4%	6.4%
10年累计	26.0%	32.1%	35.7%	44.5%	54.3%

资料来源：笔者根据外管局公布的外汇月度数据计算而成，每年升值幅度为当年12月汇率平均价对上一年12月汇率平均价的变动率。

从人民币汇率形成机制来看，每日人民币兑美元汇率的日均波幅，已经由2005年7月汇改初期的正负千分之三，扩大至2014年3月以来的正负百分之二（表4.1）。如图4.2所示，**随着人民币对美元汇率日均波幅的逐渐放开，人民币对美元汇率中间价与市场价之间的价差幅度也变得越来越大，这说明近年来人民币汇率形成机制的弹性已经显著增强。**

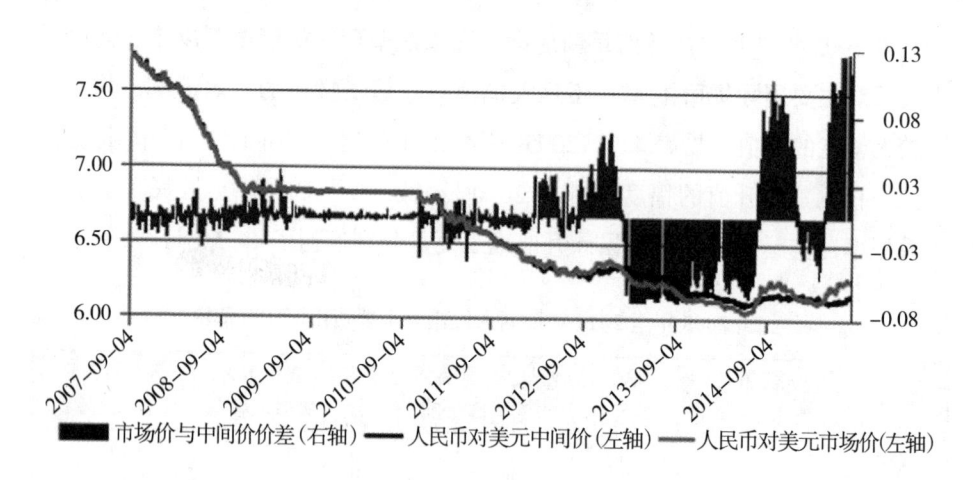

图4.2 人民币汇率每日中间价与市场价之间的差别

资料来源：CEIC及作者的计算。
注释：阴影部分向下，表示人民币汇率市场价高于中间价，市场上存在人民币升值压力。反之，阴影部分向上，表示市场上存在人民币贬值压力。

第四章 过河十年：人民币汇改的复杂探索（2005—2014）

如图4.3所示，作为央行干预外汇市场证据的外汇占款增速，其月均增量已经由2005年至2011年的2400亿元人民币左右，下降至2012年至2014年的1130亿元人民币左右。2014年的月均外汇占款增量更是下降至650亿元人民币。**这表明中国央行干预外汇市场的程度已经显著减弱。**

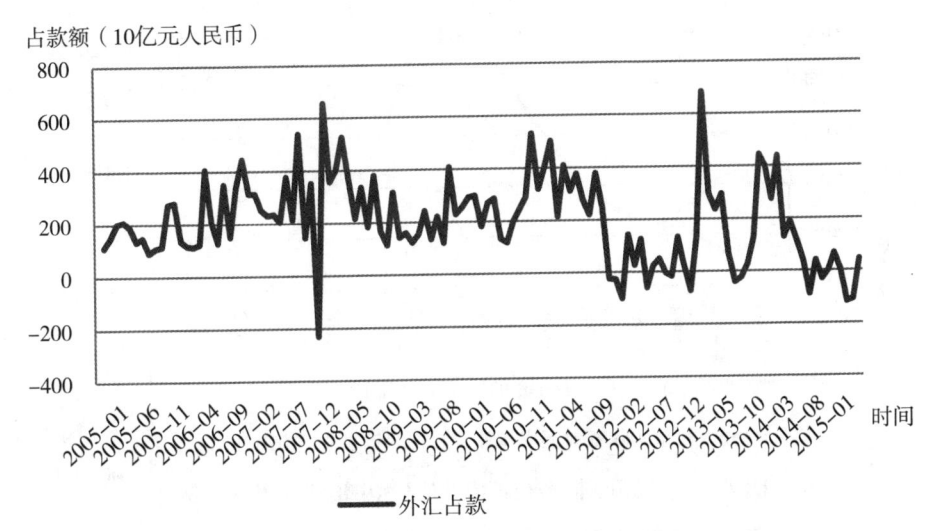

图4.3　金融机构外汇占款月度增量的变化

资料来源：CEIC。

如图4.4所示，中国经常账户顺差占当年GDP的比率，在2001年至2007年不断上升，并在2007年达到10.0%的峰值。这意味着在此期间，人民币市场汇率显著低于其均衡汇率水平，因为中国经常账户失衡加剧是人民币汇率持续低估的结果。然而，**随着人民币汇率自2005年汇改以来的持续升值，中国经常账户顺差占GDP的比率，在2007年至2011年显著下降，并在2011年至2014年这四年间持续保持在2%左右的水平上。**用经常账户余额占GDP比率持续低于3%~4%就意味着外部失衡显著缓解的标准来衡量，2014年人民币市场汇率已经相当接近均衡汇率的水平。人民币汇率低估已经得到明显纠正。如图4.5所示，在人民币实际有效汇率指数与中国出口同比增速之间，的确存在显著的负相关关系。中国的出口月度同比增速已经由2005年

上 篇
人民币汇率改革：升值周期与贬值周期下的复杂改革尝试

至 2007 年期间平均 28% 的增长，下降为 2012 年至 2014 年期间平均 7% 的增长。出口增速的显著下滑固然与全球金融危机爆发后外部需求持续低迷有关，但也与人民币实际有效汇率升值密切相关。

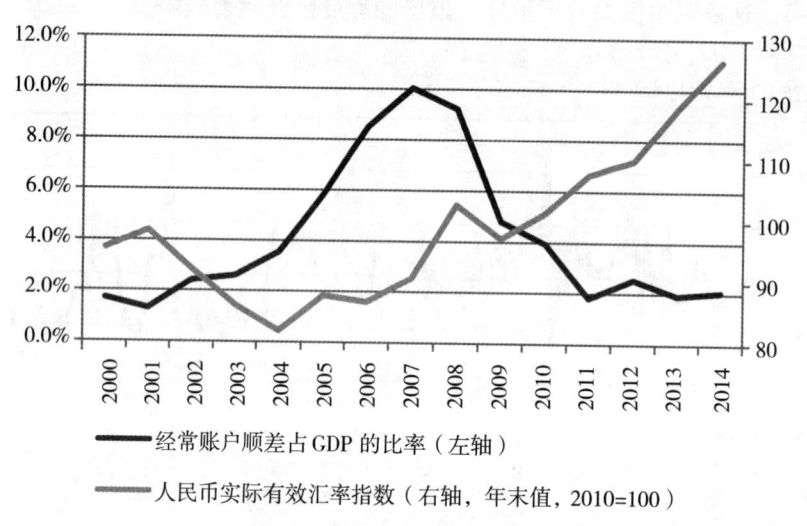

图 4.4 人民币实际有效汇率升值与中国经常账户再平衡

资料来源：IMF 世界经济展望数据库、BIS，以及作者的计算。

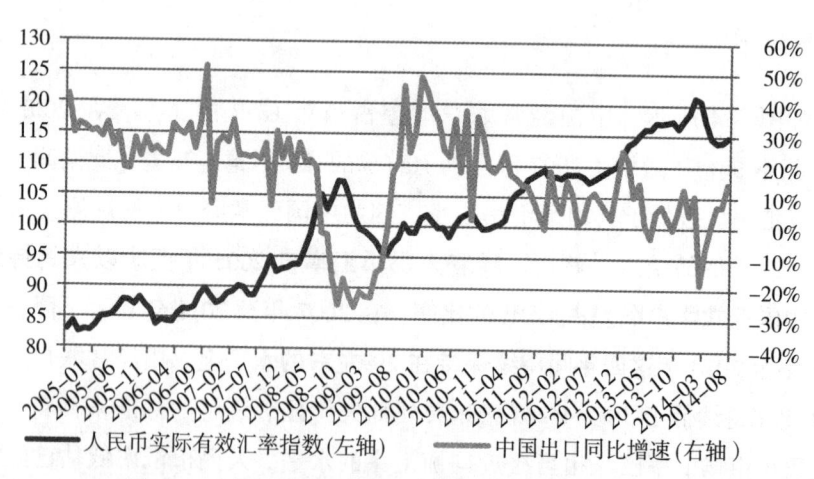

图 4.5 人民币实际有效汇率升值与中国出口增速下降

资料来源：CEIC。

二、直面人民币汇改的四个问题

问题之一，在于央行对人民币汇率中间价的持续干预降低了外汇市场的透明度与可预测性，不利于外汇远期市场与期货市场的发展。 到 2015 年，央行还在显著干预每日人民币兑美元汇率的中间价（开盘价）。一方面，和通过在市场上影响供求来直接干预外汇市场相比，对中间价的干预更加便捷、成本更低。因为干预中间价不需要央行在外汇市场上买卖外汇，这样既不会造成央行外汇储备的显著波动，也不需要央行冲销在外汇市场上操作所造成的对基础货币发行的影响。相关研究表明，央行持续对外汇市场干预进行冲销的成本不但很高，而且对冲销成本的分摊加剧了中国的金融市场抑制程度（Zhang，2012）。但另一方面，对中间价的干预破坏了外汇市场上每日交易价格之间的连续性（使得每日汇率开盘价与前一日汇率收盘价之间存在持续的价差，而且价差较难预测），这降低了外汇市场的透明度与可预测性，不利于外汇远期市场与期货市场的发展。

问题之二，在美元有效汇率强劲升值的背景下，维持人民币对美元汇率的大致稳定，将会造成人民币有效汇率过快升值，从而对出口增长造成显著的负面影响。 很大程度上央行还在试图维持人民币兑美元汇率的大致稳定。近年来，在美联储退出量化宽松及预期进入新的加息周期的背景下，美元指数大幅升值，带动人民币对欧元、日元等货币的汇率显著升值（图 4.6）。仅仅在 2014 年下半年，人民币对欧元与日元就分别升值了 11.2% 与 15.5%。过快升值的人民币有效汇率已经对中国出口增长造成了显著的负面影响。例如，根据姚枝仲等（2010）的估算，在 1992 年至 2006 年，中国的出口价格弹性为 -0.65，而出口收入弹性为 2.34。这表明如果人民币汇率升值造成出口价格上升 1%，那么中国的出口额会下降 0.65%。然而，根据王宇哲等（2014）的最新估算，在 2005 年至 2012 年，中国的出口价格弹性上升至 -1.70，而出口

上 篇
人民币汇率改革：升值周期与贬值周期下的复杂改革尝试

收入弹性下降至1.39。这表明如果人民币汇率升值造成出口价格上升1%，那么中国的出口额会下降1.70%。也就是说，自2005年7月人民币重启汇改以来，人民币有效汇率升值对出口行业的负面影响与汇改前相比，已经显著上升。

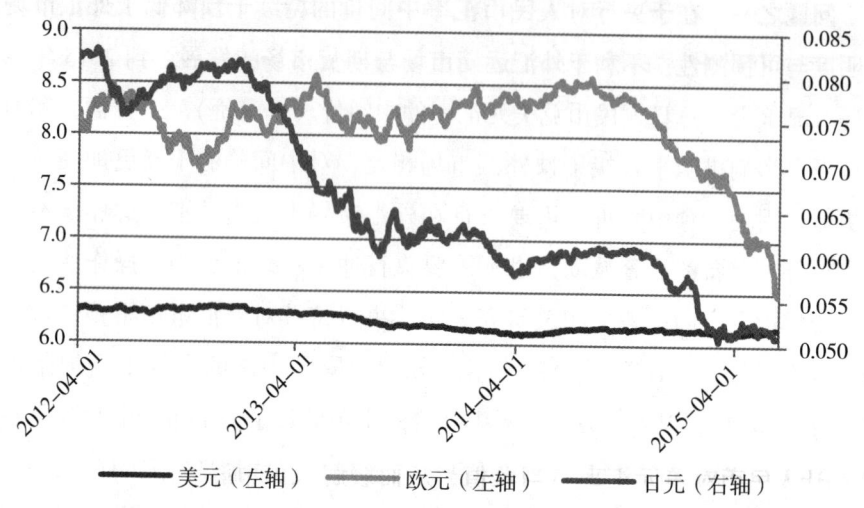

图4.6 人民币对三大国际货币的汇率中间价走势（2012.04.01—2015.04.01）

资料来源：CEIC。

问题之三，通过维持人民币汇率强劲来推动人民币国际化的观点目前较为流行，而这种观点存在本末倒置的问题。 目前央行正在大力推进以上海自贸区为标志的资本账户开放及海外离岸人民币市场建设，因此，有观点认为，为进一步推进人民币国际化与资本账户开放，中国政府应该继续维持人民币汇率的相对强势。这种观点存在本末倒置的问题，人民币究竟能否成为国际化的货币，归根结底取决于未来10年中国经济能否继续维持持续较快增长，中国金融市场能否发展壮大，以及中国政府能否避免系统性金融危机的爆发。从这一视角来看，过于强势的人民币汇率可能与中国经济基本面相背离，造成人民币汇率显著高估，这不仅可能损害中国经济增长，还可能为系统性金融危机的爆发埋下隐患。

问题之四，即使中国政府有让人民币对美元汇率适度贬值的意愿，但来自美国方面要求人民币汇率继续升值的压力将会卷土重来，这会限制中国央行未来的汇率调整空间。美元汇率的强劲升值已经开始影响到美国出口增速。预计在2015年，美国方面要求人民币升值的压力将会卷土重来。近期美国国会通过对中国光伏产品征收惩罚性关税就是明证。而一旦美国政府开始通过双边渠道（如中美战略经济谈判）与多边渠道（如G20会议）对人民币汇率问题施压，那么中国央行还有多大的空间让人民币汇率贬值，就得打个大大的问号了。

三、三个建议：汇改的收益平衡

首先，中国央行应该降低对人民币汇率中间价的干预，顺应市场供求压力，让人民币对美元汇率适当贬值，从而缓解人民币有效汇率的过快升值。近年国际金融局势动荡，整个新兴市场面临短期资本外流压力，中国也不例外。如图4.7所示，2014年中国国际收支表中的资本与金融账户逆差达到创纪录的960亿美元，显著超过2012年的318亿美元（欧债危机爆发期间）与1998年的63亿美元（东南亚金融危机爆发期间）。从外汇市场供求情况来看，人民币兑美元汇率面临贬值压力。如图4.8所示，自2014年11月下旬以来，人民币对美元汇率市场价就持续低于人民币对美元汇率中间价，且市场价与中间价之间的价差越拉越大，已经逼近每日2%的下限，这意味着市场上存在人民币贬值压力，而央行在通过持续拉高中间价的方式干预外汇市场，以避免人民币对美元汇率的显著贬值。我们认为，在2015年中国经济潜在增速显著走低，消费、投资、出口这三大引擎增速均保持低迷开始降息时，中国货币政策仍有较大放松空间；美国经济持续复苏，美联储即将步入新的加息周期的内外部经济环境下，中国央行应顺应形势，降低对每日汇率中间价的干预，让人民币兑美元汇率在市场供求驱动下适当贬值。人民币对美元汇

上 篇
人民币汇率改革：升值周期与贬值周期下的复杂改革尝试

率的适当贬值，既是顺应市场供求关系、深化人民币汇率形成机制改革的明智之举，也能缓解汇率过快升值对出口增长的负面影响，有利于增长与就业保持在合理区间。

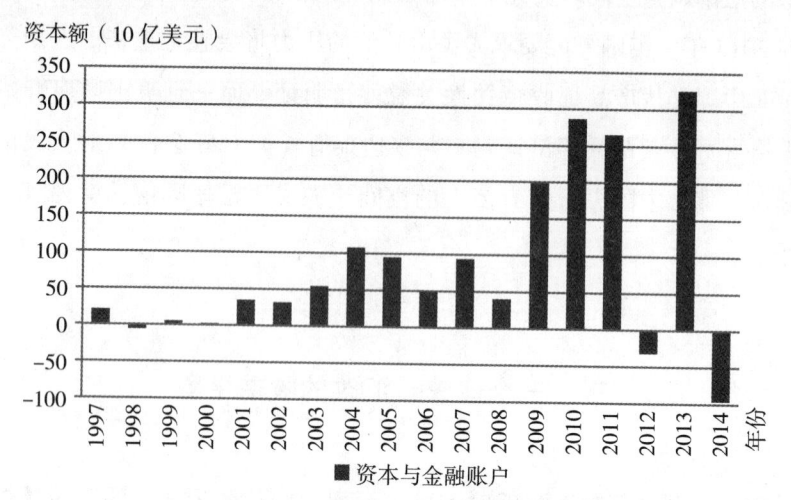

图4.7 中国年度国际收支表中的资本与金融账户

资料来源：CEIC。

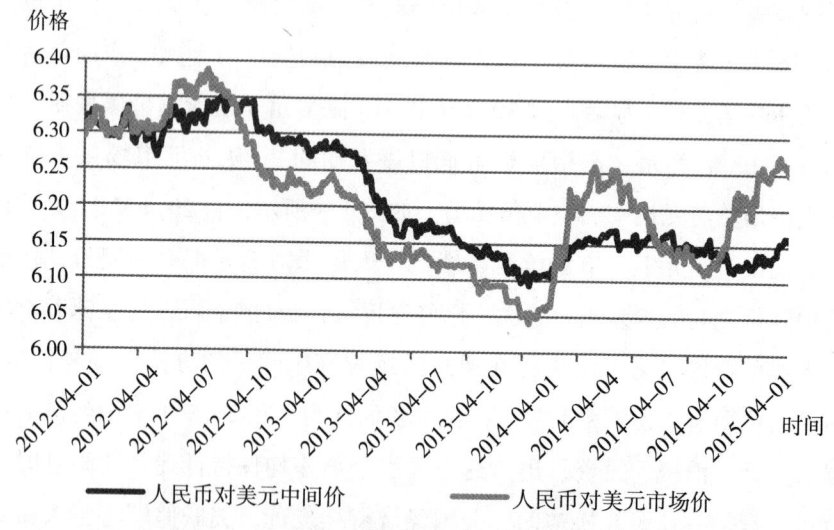

图4.8 当前人民币兑美元汇率面临贬值压力

资料来源：CEIC。

其次，中国央行应通过建立年度宽幅汇率目标区，来平衡增强人民币汇率波动弹性与避免人民币汇率大起大落的需要。为在市场上建立稳定预期，保持央行对汇率的最终控制力，以及避免给美国以指责中国政府干预人民币汇率的口实，下阶段中国央行应建立人民币汇率的宽幅目标区机制。例如，设定每年上下10%的年度总波幅，在波幅内，人民币汇率波动由市场决定。而当汇率波动接近总波幅时，央行入市进行强力干预。这样能够同时兼顾汇率的灵活性与稳定性，并提高汇率形成机制的市场化与透明度。

最后，为了保持央行货币政策的独立性及对人民币汇率的掌控力，中国央行在资本账户开放的问题上应该更加谨慎。关于全球金融周期的最新研究表明，一旦开放资本账户，哪怕实施完全浮动的汇率制度，一国央行也不能保证货币政策的独立性，在一定程度上依然不得不输入美国的货币政策（Rey，2013）。最近俄罗斯金融市场的大幅动荡表明，一旦放弃资本管制这一有力工具，为避免汇率大幅动荡，一国央行不得不使用加息这种对国内经济增长具有显著负面影响的工具。因此，作为人民币汇率形成机制进一步改革的前提，中国政府仍应保持对短期资本流动的有力管制，不要自毁长城。

第五章

811汇改前后：改革步入深水区

一、新汇改带来新争议

从1994年至2015年，人民币汇率形成机制改革已经持续了21年时间，延续之前的改革，2015年8月，中国央行宣布进一步改革人民币汇率形成机制，从而使得每日人民币兑美元汇率的中间价在更大程度上参考前一日收盘价。8月11日汇改后几日内，人民币兑美元汇率中间价贬值3.5%，此举引发了全球范围内的广泛关注。①

自2005年7月中国央行重启人民币汇率形成机制改革以来，人民币兑主要货币已经显著升值，从而纠正了过去人民币汇率持续低估的现象。此外，人民币兑主要货币汇率的弹性也显著增强。自2009年央行启动人民币国际化进程以来，在强势人民币汇率推动下，人民币国际化在在岸与离岸市场上均取得了显著进展。

然而，从2014年以来，当前的人民币汇率形成机制已经越来越难以应对新的国内外宏观经济形势。从国内来看，中国经济潜在增速正在下行，消费、

---

① 以上数据引自国家外汇管理局。

投资与出口三驾马车均增长乏力，中国金融市场的潜在风险正在上升，中国开始面临持续的短期资本流出；从国外来看，美联储货币政策正常化导致美元汇率强劲升值，而欧元区与日本均在通过量化宽松有意压低本币汇率。在这一背景下，由于人民币兑美元汇率基本上保持稳定，导致人民币兑一篮子货币的有效汇率在 2014 年以来升值过快，以至于形成了一定程度的人民币汇率高估，这既不利于中国经济增长，也不利于金融市场稳定。因此，在更大程度上让人民币兑美元汇率反映市场供求形势，进一步增强人民币汇率弹性，就成为 2015 年 8 月 11 日央行人民币汇改的初衷。

然而，尽管 811 汇改的方向是值得赞赏的，但汇改的时机选择值得商榷。811 汇改与中国股市大跌、美联储加息预期重叠在一起，形成了较强的共振，一度引发了全球金融市场震荡，因此，国内外市场高度关注人民币未来的汇改方向。我们认为，为了进一步巩固 811 汇改取得的成果，中国央行在未来应该追求人民币汇率弹性与稳定性的平衡。一方面，建议中国央行建立一个人民币汇率的年度宽幅目标区，以此来稳定人民币汇率波动预期；另一方面，建议中国央行加强对短期跨境资本流动的监测与管理，以避免形成资本持续外流与人民币贬值预期之间的恶性循环。只要管理得当，人民币兑美元汇率有望在 1∶6.5 至 1∶7 的区间内保持相当程度的稳定，因为当前中国经济的基本面并不支持人民币兑美元的持续大幅贬值。

二、十年汇改与三大成就

（一）成果一：人民币汇率低估得以纠正、汇率弹性显著增强

自 2005 年 7 月 21 日人民币汇率形成机制重启汇改以来，人民币兑主要国际货币汇率均显著升值。如图 5.1 所示，2005 年 6 月至 2015 年 11 月，人民币兑美元、欧元与日元的升值幅度分别为 21%、28% 与 24%。相比之下，人民币兑全球一篮子货币的有效汇率的升值幅度更大。如图 5.2 所示，2005 年

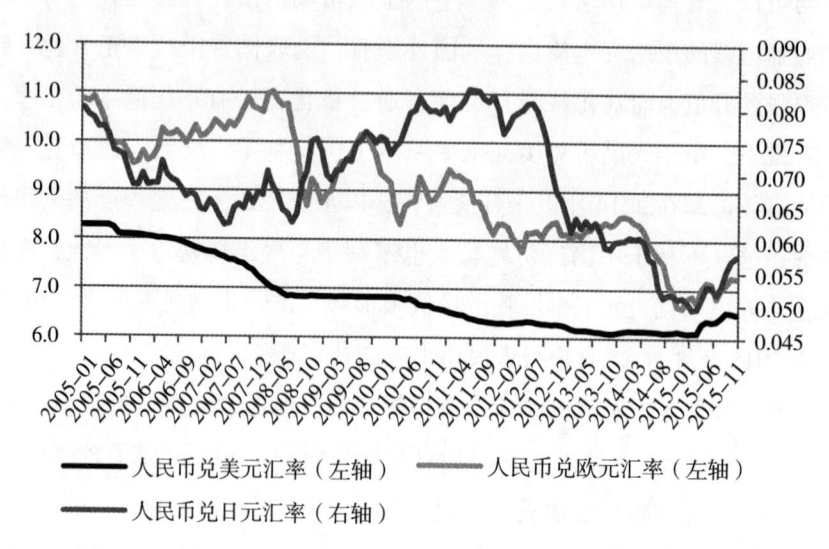

上 篇
人民币汇率改革：升值周期与贬值周期下的复杂改革尝试

图 5.1　2005 年 7 月汇改以来人民币兑三大国际货币汇率的变动

资料来源：CEIC。

注释：向下均代表人民币升值。

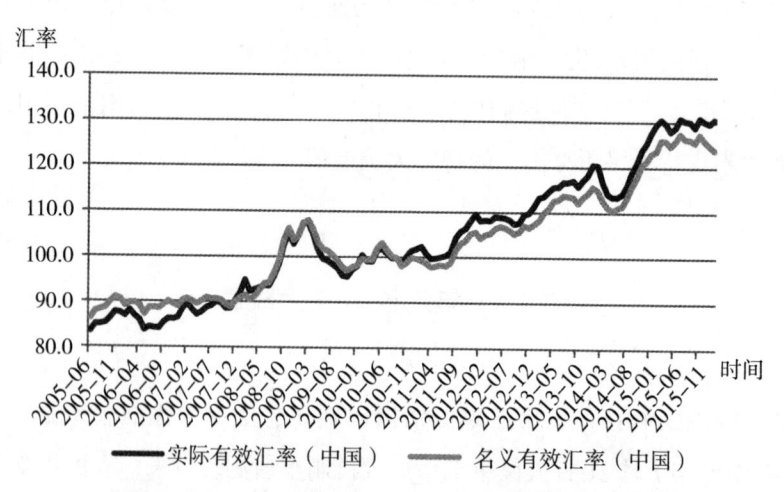

图 5.2　2005 年 7 月汇改以来人民币有效汇率的变动

资料来源：BIS。

注释：基期为 2010 年，指数在基期等于 100。

6月至2015年11月，人民币的名义有效汇率与实际有效汇率的升值幅度分别达到44%与57%（后者考虑了中国与其他国家的通货膨胀率差异）。如此大幅的升值已经显著改善了过去人民币汇率被低估的状态。如图5.3所示，在2014年3月之前，人民币兑美元汇率的中间价持续低于市场价，这表明市场上存在持续的人民币升值预期，而央行在通过遏制人民币升值来维持人民币汇率稳定。而从2014年8月至2015年8月汇改之前，人民币兑美元汇率的中间价持续高于市场价，这表明市场上存在持续的人民币贬值预期，而央行在通过遏制人民币贬值来维持人民币汇率稳定。

图5.3 人民币兑美元汇率中间价与市场价的比较

资料来源：CEIC。

除人民币汇率水平的显著升值外，过去10年以来，人民币汇率的弹性也明显增强。在2007年5月、2012年4月与2014年3月，中国央行三度扩大人民币兑美元汇率的日度波动区间，该区间已经由±3‰扩大至±2%。如图5.3所示，每日人民币汇率市场价与中间价之间的差距的确明显扩大。

（二）成果二：中国经济的内外平衡改善

在过去，由于人民币汇率的持续低估，中国经济面临显著的内外失衡。所谓外部失衡，是指中国经常账户余额占 GDP 的比率过高（2007 年高达 10%，显著高于国际公认的 3%~4%）；所谓内部失衡，是指人民币汇率持续低估压低了国内服务品相对于制造品的价格，造成资源从服务业大量流入制造业，进而形成制造业发展过度而服务业发展不足的局面。

随着过去 10 年人民币汇率的显著升值，中国经济面临的内外失衡已经显著改善。如图 5.4 所示，由于在人民币实际有效汇率与中国出口同比增速之间存在明显的负相关，因此过去 10 年人民币实际有效汇率超过 50% 的升值已经显著降低了中国的出口同比增速。如图 5.5 所示，由于全球金融危机爆发以来全球外需疲软，以及人民币有效汇率的强劲升值，中国经常账户顺差占 GDP 的比率，在 2011 年至 2015 年这五年间已经持续低于 3%。这一方面表明中国的外部失衡已经显著改善，另一方面也表明当前的人民币汇率水平已经相当接近均衡汇率水平。如图 5.6 所示，由于人民币汇率显著升值在相当大程度上纠正了服务品相对于制造品的价格低估，近年来中国服务业的发展速

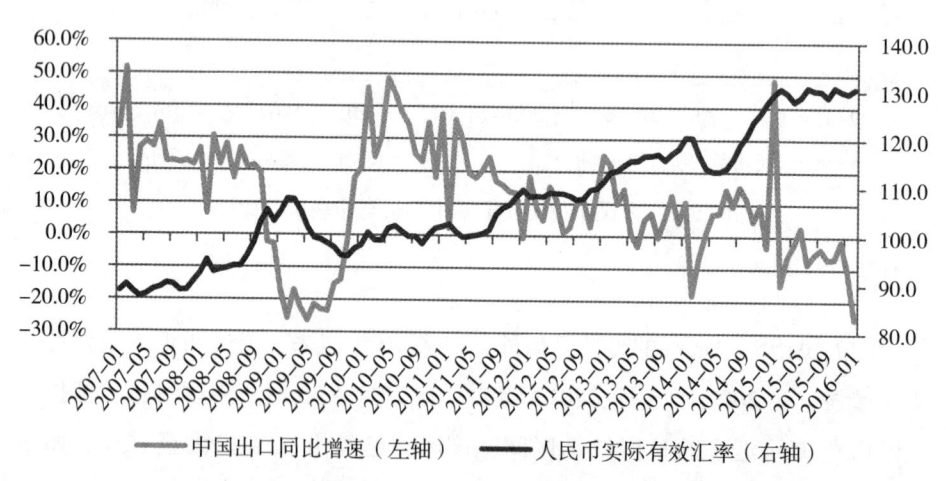

图 5.4　人民币实际有效汇率与中国出口同比增速之间存在显著负相关关系

资料来源：CEIC。

度已经显著超过制造业。事实上，从 2012 年起，中国第三产业产值占 GDP 的比重，已经持续超过第二产业产值占 GDP 的比重，这意味着中国的内部产业结构失衡也得到了一定程度的纠正。

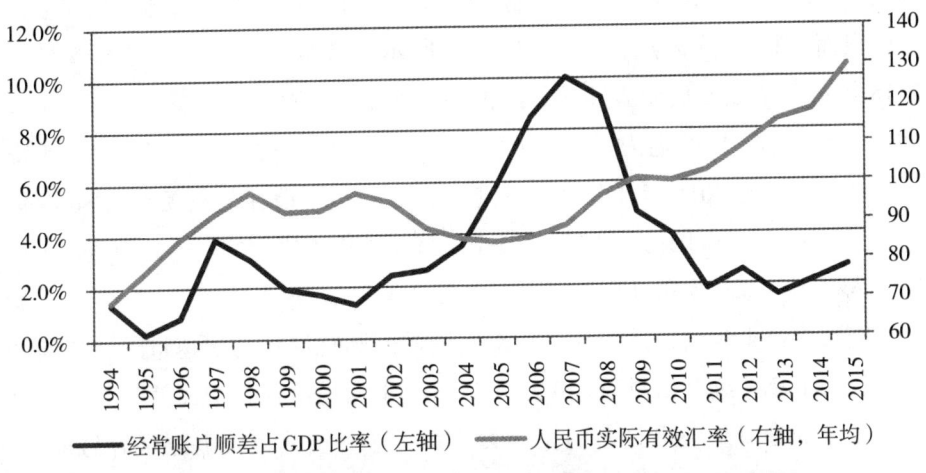

图 5.5 人民币实际有效汇率与中国经常账户失衡之间的关系

资料来源：CEIC 及作者的计算。

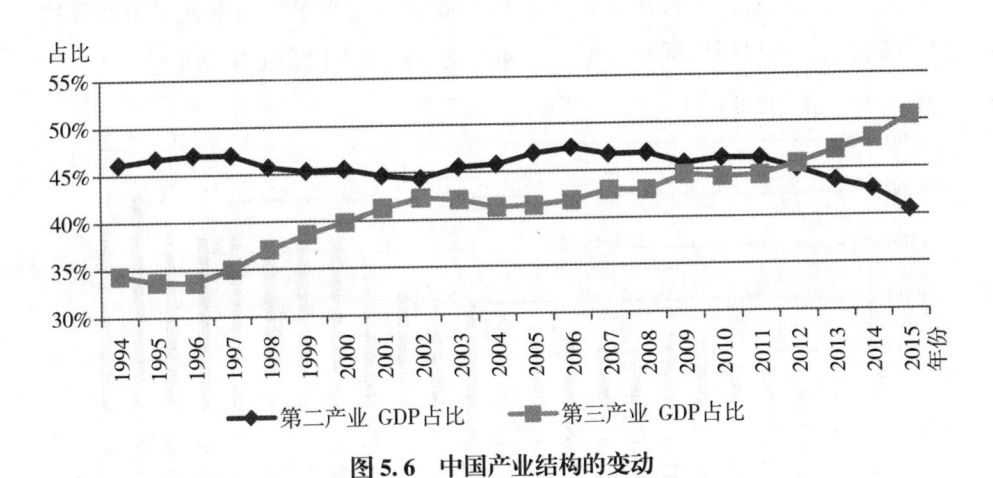

图 5.6 中国产业结构的变动

资料来源：CEIC 及作者的计算。

(三)成果三:人民币国际化取得快速进展

从 2009 年起,中国央行"三管齐下"大力推动人民币国际化:一是推进跨境贸易与投资的人民币计价与结算,二是发展离岸人民币金融市场,三是与其他经济体央行签署双边本币互换协议。到 2016 年,人民币国际化在上述三个层面均取得了显著进展。如图 5.7 所示,跨境贸易人民币结算规模在 2015 年达到 7.2 万亿元人民币,约占到同期中国对外贸易结算总额的 30%。如图 5.8 所示,以香港为代表的人民币离岸金融中心的人民币流动性近年来显著增长。截至 2016 年 2 月底,香港市场上的人民币存款规模约为 8000 亿元。至 2016 年,中国已经与接近 30 个经济体的中央银行签署了总额超过 3 万亿元人民币的双边本币互换协议。

有很多证据表明,过去五六年来人民币国际化取得的快速进展,与同期内人民币汇率持续升值显著相关。例如,离岸人民币存款增速就与人民币兑美元汇率的升值呈现出显著的正相关关系。这一点从直观上也很容易理解,即当人民币兑美元汇率呈现出持续升值态势(或人民币兑美元汇率稳中有升时),境外居民与企业自然更愿意持有人民币资产,这会导致更多的人民币资金通过贸易与投资渠道输出至离岸市场,最终造成离岸市场上人民币数量增加。换言之,人民币国际化在很大程度上受到强势人民币汇率的推动。

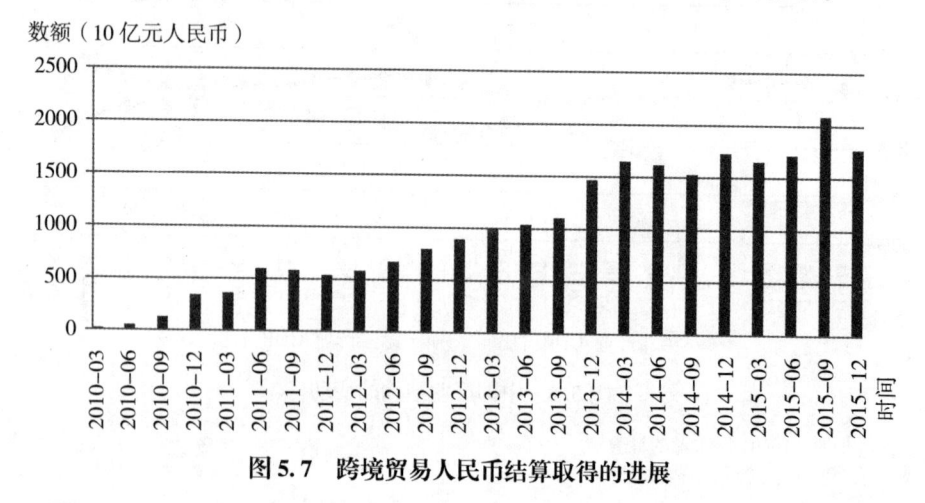

图 5.7 跨境贸易人民币结算取得的进展

资料来源:CEIC。

存款数额（10亿元人民币）

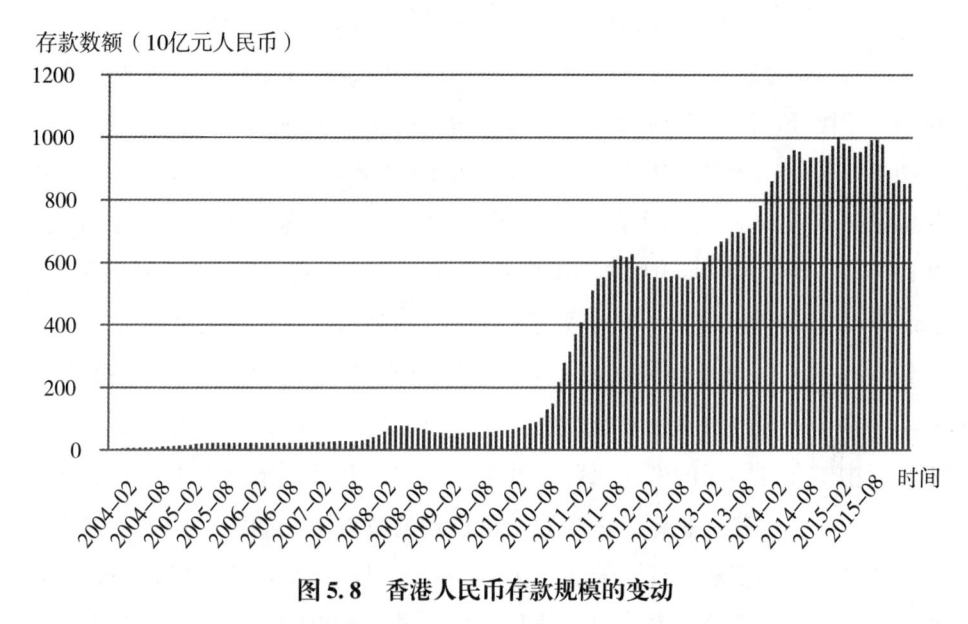

图 5.8　香港人民币存款规模的变动

资料来源：HKMA。

三、再回首：探究 811 汇改的国内外形势

尽管汇改 10 年来，人民币汇率形成机制改革已经取得显著进展，但如第 70 页图 5.1 所示，2013 年初至 2015 年 8 月人民币新一轮汇改前，人民币兑美元汇率大致维持稳定。而在此期间，受美联储退出量化宽松及加息预期的影响，美元兑全球主要货币显著升值。由此造成的结果就是，人民币兑一篮子货币的有效汇率在 2013 年至 2015 年期间升值过快（第 70 页图 5.2），最终造成人民币兑美元汇率出现高估，以致从 2014 年 3 月以来，市场上形成持续的人民币兑美元汇率贬值预期。而无论从当前国内形势还是国际形势来看，人民币有效汇率升值过快都不利于中国经济的可持续增长与金融市场稳定。

人民币汇率改革：升值周期与贬值周期下的复杂改革尝试

（一）国内形势：潜在增速下行、增长动力换挡、金融风险显性化

尽管目前经济学界对中国经济潜在增速的估算存在争议，但大多数观点认为，中国经济潜在增速已经由过去的9%～10%，下降至目前的6%～7%。如图5.9所示，消费、固定资产投资与出口的同比增速，从2012年至2016年，已经呈现出显著的下降态势。其中出口同比增速下降最大。事实上，2015年的12个月中，中国有10个月面临出口同比负增长，这种情况是自2009年以后未曾出现的。出口表现不佳，既与外需低迷、国内劳动力成本上升较快有关，也与近年来人民币实际有效汇率升值过快有关（第72页图5.4）。随着中国经济潜在增速的趋势性下行，以及人民币利率市场化的加速推进，中国金融体系的潜在风险正在加大，并且开始逐渐浮出水面。尤其值得担心的是，随着企业部门在产能严重过剩的背景下开始去杠杆化，以及中国房地产市场的不断下行，未来几年中国商业银行体系可能出现新一轮的坏账浪潮。而随着中国资本账户开放程度的上升，如果中国居民与企业对国内

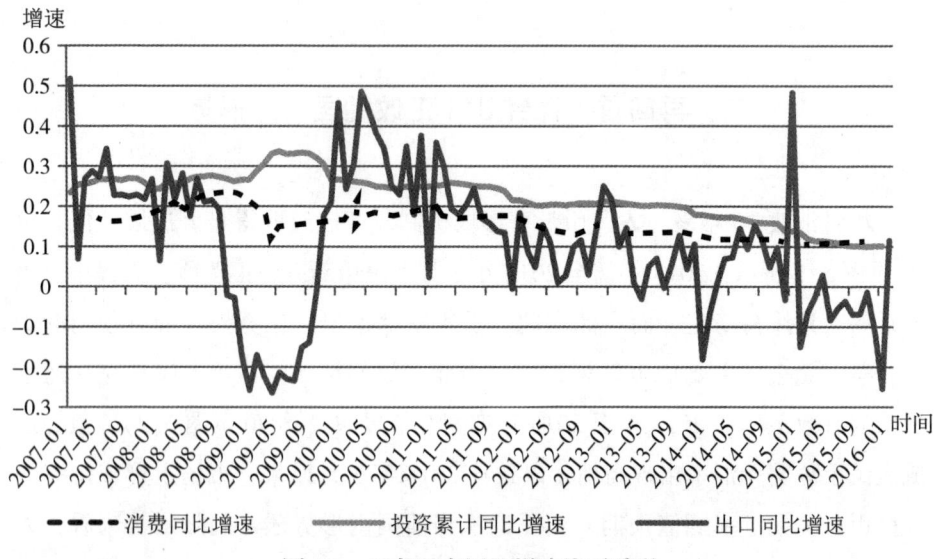

图5.9 三驾马车同比增速均不乐观

资料来源：CEIC。

金融体系的信心下降，以及如果美联储不断加息造成境外市场的资金吸引力上升，中国就可能出现持续的资本外流。事实上，如图5.10所示，自2014年第二季度至2015年第四季度，中国已经出现连续7个季度的资本账户逆差。我们的研究表明，引起中国本轮短期资本外流的最重要原因，恰恰是自2014年第二季度开始形成的人民币贬值预期。换言之，如果人民币贬值预期不能得到及时纠正，中国面临的短期资本外流压力可能加大。反过来，短期资本持续外流，又会通过相应渠道影响中国经济增长与金融稳定。

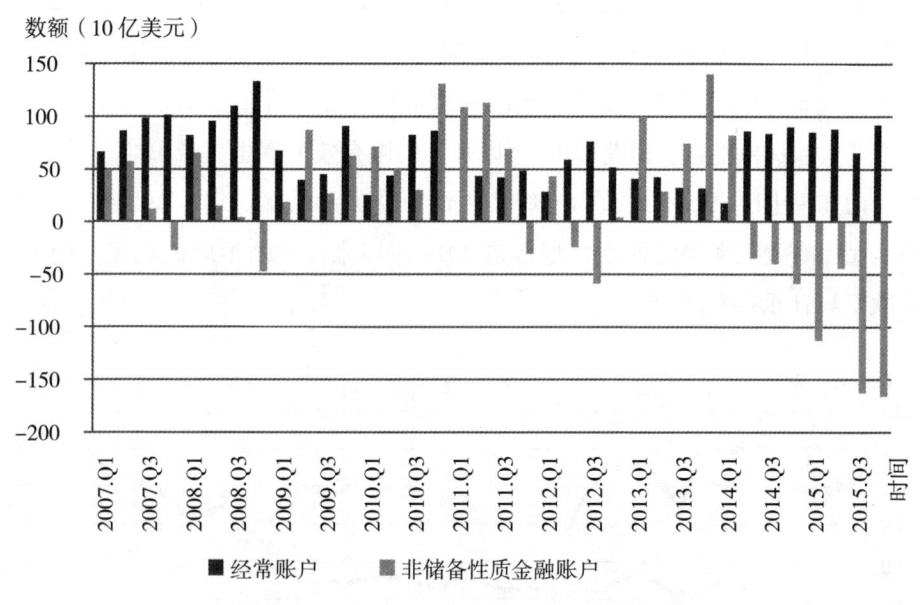

图 5.10　中国正面临持续的资本流出压力

资料来源：CEIC。

（二）国外形势：分化与停滞格局依旧、美元强势升值、欧日主动贬值

尽管自美国次贷危机爆发已经有很长时间了，但全球经济依然增长乏力，仍处于分化与停滞的困局中。一方面，无论在发达国家内部还是新兴市场经

人民币汇率改革：升值周期与贬值周期下的复杂改革尝试

济体内部，均存在增长率的显著差异。其中，发达国家中以美国的境况最好，而欧元区的境况最差；新兴市场经济体中以印度的境况最好，而以巴西与俄罗斯的境况最差。另一方面，2015年全球经济的增速仅为3%左右，依然显著低于美国次贷危机爆发前5年大约5%的平均增速，全球经济有面临"长期性停滞"的风险。

美、欧、日经济复苏的差异，造成当前美联储、欧洲央行与日本央行货币政策的严重分化。当前美联储正在收紧货币政策，而欧洲央行与日本央行仍在显著放松货币政策。由此造成的结果是，美元兑欧元、日元汇率自2014年来显著升值。如图5.11所示，自2014年以来，欧盟与日本的实际有效汇率均呈现显著贬值趋势，而美元实际有效汇率则显著升值。由于人民币兑美元汇率大致保持稳定，因此2014年以来人民币有效汇率也呈现出快速升值趋势。而如果中国央行不是致力于维持人民币兑美元汇率稳定，而是致力于维持人民币有效汇率稳定的话，那么自2014年以来，人民币应该兑美元贬值，兑欧元与日元升值。

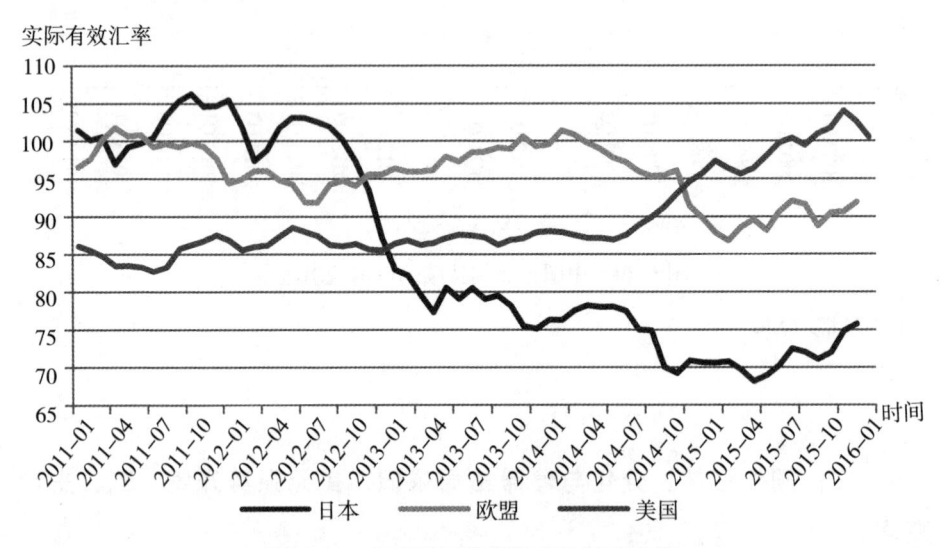

图5.11 主要经济体实际有效汇率走势

资料来源：CEIC。

（三）国际政治经济博弈加剧：贸易战与汇率战风险上升、贸易保护主义风险抬头

在全球经济增长低迷，特别是近期全球贸易增速低于全球经济增速的背景下，2015 年至 2016 年这两年国际政治经济博弈已经加剧，全球经济面临贸易战与汇率战的风险正在上升。一方面，在国内消费、投资增长乏力的情况下，各国政府均有通过提振出口增长来刺激经济增长与缓解失业压力的诉求。因此，各国政府均有动力来刺激出口、抑制进口，这造成全球范围内爆发贸易战的风险正在上升。另一方面，与公开的贸易保护主义措施相比，通过汇率贬值来刺激出口、抑制进口更为隐蔽，也更为有效。因此，在此时期除美元与人民币汇率保持强劲外，包括欧元区与日本在内的发达国家，以及包括其余的金砖大国在内的新兴市场国家，都在维持本币兑美元的相对弱势。尽管全球的汇率战不是一个零和游戏，但结果还是能区分出明确的赢家与输家的。

在全球汇率博弈方面，主要大国的态度已经较为明显。欧元区与日本为刺激区内或国内经济增长，均在通过量化宽松政策压低本币兑美元汇率。由于国内经济周期与全球经济周期相反，在此时期美联储不得不收紧货币政策，从而不得不接受美元有效汇率的强劲升值。然而，由于认识到本币汇率过强对出口部门的损害，美联储也有很强的动机来遏制美元有效汇率的过快升值。在这一前提下，敦促中国央行维持人民币兑美元汇率的相对稳定，让美元拉着人民币一起对其他货币升值，就成为美联储目前遏制本币过快升值的战略重点。为实现这一目标，美国政府可能采取如下举措：一是由美国国会重新发起对中国政府操纵人民币汇率的指控，进而威胁对中国出口商品征收惩罚性关税；二是美国政府以支持人民币加入特别提款权（Special Drawing Right, SDR）为诱饵，要求中国政府维持人民币兑美元汇率的大致稳定。

四、重新认识 811 汇改：宏观与微观的得失

如第 71 页图 5.3 所示，在 811 汇改三天之内，人民币兑美元中间价由 6.1 左右迅速贬值至 6.4 左右。在各方面压力下，中国央行被迫入市干预，通过在外汇市场上卖美元、买人民币的公开市场操作，稳定人民币兑美元汇率。这一举措使得人民币兑美元汇率由 6.4 左右一度反弹至 6.3 左右。然而，在人民币成功加入 SDR 之后，人民币兑美元汇率中间价再度由 6.3 左右显著贬值至 6.6 左右。随之，一方面由于央行持续公开市场干预发挥了效力，另一方面由于美元指数在 2016 年第一季度有所走弱，人民币兑美元汇率反弹至 6.4 至 6.5。换言之，由于 811 汇改的实质是取消了央行对每日人民币兑美元汇率中间价的干预，所以在 811 汇改之后，央行要抑制人民币兑美元贬值，只能借助出售美元、买入人民币的公开市场操作，而这样做将会导致央行外汇储备的流失。

回头看 811 汇改，我们对 811 汇改的主要评价如下。

（一）汇改的方向是正确的

我们非常赞同 2015 年 8 月 11 日央行汇改的方向。一方面，正如我们之前反复指出的，±2% 的日度汇率波幅已经相当大了，因此，下一步央行汇改的方向应该是，让每日汇率中间价在更大程度上由市场供求来决定（张明，2015）。而 811 汇改的重点恰好是让每日中间价的制定在更大程度上参考前一日市场收盘价，这一点毫无疑问值得肯定。另一方面，如前所述，由于自 2014 年 3 月以来人民币兑美元汇率已经有所高估，因此如果汇率更多地由市场供求来决定，人民币兑美元中间价无疑会有所贬值，而这种贬值有助于抑制人民币有效汇率的过快升值，因此既有利于避免人民币有效汇率升值过快对出口增速的冲击，也有利于消除人民币持续贬值预期，增强中国金融市场

的稳定。

（二）汇改的时机选择值得商榷

然而，虽然811汇改的方向值得肯定，但央行选择在这一时点进行汇改，时机选择是值得商榷的。毕竟，从国内来看，中国股市在2015年7月刚刚经历过指数崩盘式下行，投资者信心仍处于恢复过程中；从国际来看，美联储加息预期正在发酵，全球投资者避险情绪仍在上升。因此，811汇改造成的人民币兑美元汇率贬值，与中国股市下行、美联储加息预期重叠在一起，引发了全球股市、债市与汇市的新一轮动荡。国际社会对中国央行的指责此起彼伏。可能正是因为没想到811汇改会造成如此之大的国内外影响，在汇改三天造成人民币兑美元中间价贬值3.5%之后，央行开始通过在在岸与离岸市场上卖出美元、买入人民币的方式进行干预，试图以此稳定住人民币兑美元汇率。

（三）央行对离岸市场进行持续干预的做法不妥

我们认为，目前央行在离岸市场上大规模进行外汇干预以稳定离岸人民币汇率的做法是欠妥的。其一，如果我们认为未来人民币兑美元贬值的方向是确定的，那么在离岸市场上抛售美元来稳定人民币汇率的做法实质上是国民福利向非居民部门的转移，这与在岸市场公开市场操作是国民福利由央行转移至居民部门，从而属于"还汇于民""肉烂在锅里"的做法大不相同。其二，离岸市场持续干预扭曲了离岸市场的价格信号。过去我们本来可以通过比较人民币在岸市场与离岸市场的汇率来判断人民币究竟存在高估还是低估，在进行离岸市场持续干预后，离岸市场价格也不再是市场供求的良好指示器了。其三，其他新兴市场经济体的经验表明，与干预在岸市场相比，一国央行干预离岸市场的能力是有限的，离岸市场可能成为中国央行消耗外汇储备的无底洞。

五、未来汇改的四个走向

我们认为，中国政府自1993年年底以来的人民币汇率形成机制改革是一脉相承的，方向也是正确的，即以市场供求为主导、参考一篮子货币汇率的管理浮动汇率制。无论是2005年7月、2010年6月还是2015年8月的汇改，均坚持了上述方向。央行的努力固然值得赞赏，然而要保住汇改的成果，不让汇改再走回头路，那么在未来一段时期内，央行必须做到如下几点：一是要让人民币汇率充分反映经济的基本面，在更大程度上由市场供求决定，不要出现人民币汇率的持续高估或低估；二是要避免人民币汇率的大起大落，即出现破坏性的超调，这是因为汇率超调可能造成新的不确定性；三是在当前背景下，要稳定人民币兑美元的汇率预期，避免出现持续的人民币兑美元贬值预期。

在当前形势下，央行有四种潜在选择。

选择之一，是维持现状不变。换言之，继续让每日人民币汇率中间价等于前一日收盘价，但央行通过公开市场干预来稳定汇率。这种做法的优点是不需要进一步的改革，然而缺点也是显而易见的。在当前国内外经济形势下，市场上可能存在持续的贬值预期，这意味着央行可能需要持续出售外汇储备来稳定汇率。2014年6月底至2016年3月底，中国外汇储备规模已经由3.99万亿美元下降至3.21万亿美元，其中绝大部分用于公开市场干预。一方面，如前所述，央行通过持续出售美元来稳定汇率将会面临持续的福利损失；另一方面，如果外汇储备下降过快，可能强化市场上的人民币贬值预期，从而形成"贬值预期出现—公开市场干预—外汇储备下降过快—贬值预期增强"的恶性循环。

选择之二，是退回到811汇改之前央行持续干预人民币汇率中间价的老路上去。与通过出售外汇储备干预汇率相比，干预人民币汇率中间价的好处在于央行的干预成本较低。然而，这种选择的缺点在于，它与人民币汇率形成机制市场化改革的方向背道而驰，不仅会使811汇改的成果毁于一旦，而且可能继续造成人民币汇率市场价与中间价的偏离，从而再度形成人民币兑美元汇率的高估，最终对中国经济增长与金融稳定造成损害。2016年"两会"期间，央行网站文章指出，未来的人民币中间价选择将会同时参考前一日收盘价与篮子汇率，但又未公布二者的相应权重，我们认为这反映了央行再度干预汇率中间价的意图，人民币汇率形成机制的确有回到老路上的风险（李远芳、张斌，2016）。

选择之三，是放弃央行对人民币兑美元汇率的市场干预，让汇率完全由市场供求来决定，即实现人民币汇率的完全自由浮动。在当前形势下，这样做的可能结果是，出现人民币兑美元汇率的一次性较大幅度贬值。这种选择的好处在于，在一次性贬值之后，市场对人民币汇率波动的预期将会分化，不会再出现持续的升值或贬值预期。此外，人民币汇率的自由浮动也是未来人民币汇率制度演进的长期趋势。毕竟，美国、日本等经济大国，本币汇率形成机制也均是自由浮动。然而，这种选择的坏处在于，人民币兑美元汇率的一次性大幅贬值可能造成一些新的金融风险，如过去借了大量美元债务的企业倒闭破产等。在中国当前的政治经济环境下，实施这一选择的可能性并不大。

选择之四，是央行创建一个人民币汇率的年度宽幅目标区，例如每年±10%的目标区。只要人民币兑美元汇率或人民币有效汇率的升贬值幅度在一年10%以内，央行就不进行任何干预，让汇率完全由市场来决定（余永定等，2016）。只有当人民币兑美元汇率或人民币有效汇率触及±10%的上下限时，央行才入市进行强力干预，不让汇率突破±10%的底线。我们认为，这一选择不但兼顾综合考虑了人民币汇率形成机制的灵活性与人民币汇率波动的稳定性，而且有助于稳定人民币汇率波动预期，因此是当前央行最恰当的政策选项。此外，建立汇率目标区是国际通行做法，符合人民币汇率形成机制进一步市场化的改革方向，也不容易引起美国等其他国家的强烈抵制。

最后需要指出的是，在当前形势下，不论央行做出上述哪种选择，都应将加强对跨境资本流动的监测与管理作为配套措施，必要时还应通过价格措施与数量措施来抑制短期资本流动的大起大落。这是因为，短期资本的大进大出不仅可能造成汇率发生超调，还可能造成资产价格大起大落，从而加剧系统性金融风险。因此，我们反对在当前环境下加快资本账户开放，中国的资本账户开放仍应采取渐进、可控与审慎的策略。

六、结论：汇改助力功不可没

自2005年中国央行重启汇改以来，无论是人民币兑主要货币汇率还是人民币有效汇率均经历了较大幅度的升值，这已经纠正了过去人民币汇率持续低估的局面。人民币兑美元汇率的日度波幅已经由±3‰扩大至±2%，人民币汇率形成机制的弹性明显增强。作为人民币汇率持续升值的结果，中国经济的内外失衡已经显著改善。一方面，中国经常账户顺差对GDP的比率，已经连续5年低于3%的国际标准；另一方面，几年来中国服务业发展速度已经超过制造业，产业结构失衡已经明显改善。此外，在2009年以来人民币国际化取得的显著进展中，强势的人民币汇率功不可没。

然而，2013年至2016年，受美联储退出量化宽松及加息预期的影响，美元对国际主要货币显著升值，而在此期间人民币兑美元汇率大致稳定，造成人民币兑一篮子货币的有效汇率升值过快，以致从2014年3月起，市场上形成持续的人民币贬值预期。过强的人民币汇率，在当前国内外形势下不利于中国经济增长与金融稳定。从国内来看，中国经济正经历增长动力换挡与潜在增速下行的过程，国内金融风险正在显性化，短期资本正在持续外流；从国际来看，全球经济面临分化与停滞局面，货币政策分化导致美元兑欧元、日元大幅升值，全球经济陷入贸易战与汇率战的风险正在加大。而为了遏制本币的过快升值，目前美国政府有很大动力敦促人民币兑美元汇率保持稳定。

第五章
811汇改前后：改革步入深水区

中国央行在2015年8月11日的汇改举措，在方向上值得赞赏。其让人民币兑美元汇率中间价在更大程度上参考前一日收盘价，符合汇率市场化的改革方向。然而，由于汇改的时点选择与中国股市剧烈调整、美联储加息预期滥觞等因素相互重叠、相互加强，以致汇改引发了全球市场震荡。在国内外压力下，中国央行被迫通过在离岸与在岸市场上进行干预来稳定人民币兑美元汇率。然而，持续的离岸市场干预既不可持续又扭曲了价格信号，此外还造成了中国的福利漏损，因此是欠妥的策略。

未来的人民币汇率改革方向有四种潜在选择：一是维持现状，但会面临外汇储备持续下降与人民币贬值预期强化的风险；二是回到干预人民币汇率中间价的做法，但这既违背了汇改的方向，又可能再度造成人民币汇率高估与资本持续外流；三是让人民币汇率自由浮动，但会引起一次性较大幅度的贬值，这产生的不确定性可能限制央行采取这一选项；四是建立年度宽幅汇率目标区，这种做法能够兼顾人民币汇率形成机制的灵活性与稳定性，因此是最适宜的选择。最后，不论采取何种汇改选择，在下一阶段中国政府都应加强对短期资本流动的监测与管理。中国政府在资本账户开放方面仍应坚持渐进、可控与审慎的原则。

第六章

811汇改一周年：自由浮动的艰难尝试[①]

一、一年后的汇改观察

人民币汇改已经有一年左右的时间，应该说，811汇改由于改变了市场对于央行管理人民币汇率的方式与风格的预期，从而深刻地影响了汇率预期、资本流动与货币政策。此外，811汇改初期也的确加剧了全球金融市场震荡，这凸显了中国作为全球最大新兴市场经济体的溢出效应。自811汇改之后，中国央行可谓动作频频，在推出了CFETS货币篮之后，又引入了"收盘价+篮子汇率"的中间价报价机制。2015年8月5日至2016年8月5日，人民币兑美元收盘价由6.1186下降至6.6406，贬值了8.5%。2016年6月与2015年7月相比，人民币名义有效汇率与实际有效汇率分别贬值了6.2%与6.0%。[②]在没有引发市场持续震荡的前提下，人民币汇率实现了渐进有序的贬值。然而，尽管811汇改已经过去一年，市场上依然存在显著的人民币兑美元贬值预期。央行干预市场的结果之一是，中国外汇储备存量与最高峰相比已经缩水了8000亿美元左右。此外，由于担心加剧贬值压力，中国央行在降息与降准的问题上畏首畏尾，这意

[①] 本章内容发表于《金融评论》2016年第10期。合作者为肖立晟。
[②] 资料来源：作者根据CEIC数据库中的相关数据计算得到。

味着汇率维稳已经影响到货币政策的独立性。

在811汇改一周年之际,回顾811汇改以来的政策变化与市场反应,展望未来的汇率变动与汇率形成机制改革方向,具有重要的现实意义。事实上,中国社会科学院世界经济与政治研究所国际金融中心的宏观团队,在811汇改的一年中针对人民币汇率问题开展了持续的研究［如余永定等（2016）、李远芳与张斌（2016）、张明（2016）等］。本章试图在这些研究的基础上,进一步开展研究。

二、国内外宏观视角下的中国经济新形势

（一）国际宏观经济形势及其对中国经济的影响

当前国际宏观经济形势的主要特征,可以用停滞、分化、动荡与冲突四个关键词来概括。

所谓停滞,是指尽管距离全球金融危机爆发已经有很长时间了,但全球经济增长依然乏力。在本轮全球金融危机爆发的前5年（2003年至2007年）,全球经济年均增速为5.1%,而在2011年至2015年期间,全球经济年均增速仅为3.5%。2015年全球经济增速仅为3.1%,而根据世界银行对2016年的预测,2016年全球经济增速可能继续回落至2.4%。"长期性停滞"（Persistent Stagnation）的风险正在凸显。所谓长期性停滞,是指全球储蓄远超过全球投资,只有实际利率降到显著为负的水平,才能重新实现全球储蓄与投资的平衡。然而,一方面全球范围内通货膨胀水平很低,另一方面名义利率下调面临零利率下限,因此全球实际利率降不下来,这就使得全球投资持续低于充分就业投资水平,最终可能导致全球经济长期低迷。

所谓分化,是指目前无论在发达国家内部还是新兴市场国家内部,都存在着经济增长不平均的现象。在发达国家内部,目前美国经济的复苏态势较好,而欧元区与日本的复苏势头较弱。在新兴市场内部,目前"一中两印"（中国、印度、印度尼西亚）的增长态势较好,而巴西、俄罗斯、南非等资源

上 篇
人民币汇率改革：升值周期与贬值周期下的复杂改革尝试

出口国的增长态势较差。经济增长的分化，将会导致货币政策取向的分化，进而导致汇率预期与资本流动的分化。2016年美国央行在收紧货币政策，欧洲央行、日本央行与中国央行在放松货币政策，这种货币政策的分化已经深刻影响汇率的变动与资本的流动。

所谓动荡，是指全球宏观经济与金融市场正持续受到某些因素的扰动。2016年全球范围内至少有三个扰动因素：第一是美联储加息的不确定性。与美联储加息的时机与节奏相关的不确定性，将在未来相当长时间内对全球金融市场产生冲击。尤其是如果美联储未来加息曲线较为陡峭，这可能造成新兴市场国家面临持续资本外流、新兴市场国家货币贬值、全球大宗商品价格继续下跌、个别国家爆发金融危机等问题。第二是英国脱欧的后续影响。英国脱欧已经促使投资者重新审视欧盟银行业的风险。不仅意大利银行业风雨飘摇，部分银行已经处于破产边缘，而且德意志银行、瑞信银行也遭遇了越来越多的质疑与越来越大的抛售压力。第三是全球地缘政治冲突此起彼伏。韩国部署萨德导弹防御体系、中国南海的潜在冲突、土耳其与亚美尼亚的政变、沙特阿拉伯与伊朗之间的冲突加剧等，这些地缘政治冲突未来可能对全球宏观经济与金融市场产生意外冲击。

所谓冲突，在短期内是指汇率战与贸易战正愈演愈烈，在中长期内是指中美之间的重塑全球或区域贸易投资规则方面的博弈。在全球经济增长低迷、全球贸易增速低于全球经济增速的前提下，出口国大多都在压低本币汇率以提振出口竞争力，进口国大多都在出台贸易保护主义措施来捍卫本国市场，这意味着全球范围内汇率战与贸易战正在轮番上演。此外，在WTO等全球贸易投资规则之外，目前有关国家正在积极构建区域化的贸易投资体系，而这些体系之间可能形成新的竞争，从而使得全球贸易与投资自由化遭遇挑战。例如，美国目前正在积极构建以TTIP[①]、TISA[②]为代表的新一轮贸易投资规

---

① TTIP：Transatlantic Trade and Investment Partnership 的缩写，即跨大西洋贸易与投资伙伴协议。

② TISA：Trade in Service Agreement 的缩写，即国际服务贸易协定。

则，而中国也在以积极推动 RCEP① 及"一带一路"倡议来加以应对。这种区域性贸易投资体系竞争加剧的格局，使得未来国际贸易或投资冲突爆发的可能性明显上升。

面临上述国际宏观经济形势，当前中国经济面临的外部挑战显著大于外部机遇。我们认为，按照重要性由高至低排序，当前中国经济面临的主要外部冲击有如下五个方面。

第一，当前中国经济正在面临持续的短期资本外流，而未来如果资本账户加快开放，资本外流的规模可能显著扩大，进而对中国的经济增长与金融安全造成冲击。而短期资本的持续外流又会对中国经济造成如下影响：①造成相应的资本账户逆差可能超过经常账户顺差，从而导致中国外汇储备规模的下降。这一方面将使得央行改变过去依赖外汇占款来发放基础货币的方式，另一方面可能使得人民币在外汇市场上面临下行压力。②短期资本外流可能与人民币贬值预期相互作用、相互加强，以致形成"贬值—资本外流—贬值预期增强—资本外流加剧"的恶性循环。③持续的资本外流可能造成国内流动性水平下降，从而央行不得不通过降准等方式来补充流动性。

第二，人民币汇率形成机制改革不到位，导致市场上形成持续的贬值预期，这不仅可能造成宝贵的外汇储备资源的不断流失，而且可能造成更大规模的、持续的短期资本外流。而如果市场上的贬值预期没有消失，而且市场意识到央行的逆市干预很难持续，那么短期资本外流的局面就不会得到根本性的改变。

第三，全球经济增长越低迷，长期性停滞的风险凸显，意味着中国经济面临的外需状况不容乐观，未来出口的表现可能持续低迷。2015 年全年，中国出口同比增速有 10 个月出现负增长，这是除次贷危机爆发后的 2009 年之外的其他时间未曾出现的现象。而导致出口增速低迷的原因，最重要的就是全球经济增长缓慢。此外，2014 年至 2015 年人民币跟随美元兑全球其他货币

---

① RCEP：Regional Comprehensive Economic Partnership 的缩写，即区域全面经济伙伴关系。

的过快升值，也是影响出口增长的重要原因。

第四，全球大宗商品价格持续下行，加剧了中国经济面临的通货紧缩压力，也加大了"债务—通缩"恶性循环的威胁。截至2016年6月，中国已经连续52个月面临PPI同比负增长的局面。PPI负增长显著增加了中国企业的实际融资成本。考虑到中国企业负债占GDP的比率已经达到130%以上，且在内外需萎缩的背景下必将进入去杠杆化阶段，那么PPI持续负增长就可能引发"债务—通缩"的恶性循环，甚至可能导致银行业系统性风险的爆发。

第五，国际范围内爆发贸易与投资冲突的概率正在上升，可能影响到中国跨境贸易与投资增长。从国际经验来看，全球经济增长越低迷，国际范围内爆发贸易战、货币战与投资冲突的概率越会上升。而作为全球的贸易投资大国，中国的跨境贸易与投资可能因此而受到负面冲击。

（二）国内宏观经济形势

当前中国国内宏观经济形势的主要特征，可以用潜在增速下降、负向产出缺口与金融风险显性化三个方面来概括。

所谓潜在增速下降，是指随着人口老龄化的加速（人口红利的终结）、资本边际产出的下降及技术进步的放缓，中国经济的潜在增速，已经由改革开放前30年的9%~10%，下降至2016年的7%左右。

所谓负向产出缺口，是指尽管目前中国经济的潜在增速正在下降，但中国经济的实际增速下降得更快，以致当前中国经济的实际增速低于潜在增速，从而出现了负向的产出缺口。当然，要判断当前中国经济的潜在增速，面临很多困难与争议。但从价格方面来看，当前中国经济存在负向产出缺口的概率很高：首先，中国的GDP缩减指数（同比）在过去六个季度（2015年第一季度至2016年第二季度）中有三个季度为负；其次，中国的PPI同比增速已经连续52个月持续负增长（截至2016年6月）；最后，尽管目前中国的CPI同比增速为正，但2016年6月的CPI与核心CPI同比增速都低于2%。要消除负向产出缺口，需要中国政府进一步放松宏观经济政策。在财政政策方面，需要进一步减税与增加支出。在货币政策方面，则需要进一步降准与降息。①然而，在美联储加息的背景下，如果中国央行进一步放松货币政策，可能加剧人民币兑美元汇率的贬值压力。

所谓金融风险显性化，是随着利率市场化打破金融抑制的环境，过去很多潜在水下的隐性金融风险正在快速浮出水面。近年来，"刚性兑付"的格局正在逐渐被打破，各种违约事件正接踵而来。例如，违约事件正在由最初的P2P理财（如汇亚与e租宝事件）传递至银行理财与信托产品，再传递至2016年上半年的企业债市场。在2015年年底，中国政府取消了金融机构一年期存款利率上限，这意味着狭义的利率市场化基本上实现。存款利率上限的取消未来将会导致金融机构的存款竞争行为，从而导致利差收窄，这会使得银行面临更大的盈利压力。而随着违约现象由银行表外传递至表内，未来商业银行的资产质量将会显著恶化。此外，近年来的地方债置换试验，也在以牺牲银行资产质量的方式来保全地方政府利益，这会导致银行资产质量的加剧恶化。综上所述，未来几年，中国商业银行体系的不良资产率将会显著上行，盈利能力将会显著恶化，这会降低国内居民与企业对金融体系的信心，进而引发更大规模的资本外流，加剧人民币汇率贬值压力。

三、811汇改一周年的那些显著变化

811汇改以前的人民币汇率变化很有规律，每年大概保持2%的升值或者贬值幅度。811汇改颠覆了这种简单的适应性预期框架。人民币汇率形成机制从爬行钉住美元一次性过渡到浮动汇率制度。人民币汇率暂时缺乏锚定方向，贬值预期飙升。

---

① 考虑到2016年一年期存款基准利率（1.5%）已经低于CPI同比增速（2016年6月为1.9%），进一步降息的空间已经不大。但考虑到2016年中国大型存款类金融机构的法定存款准备金率还高达17%，且中国正在面临持续的资本外流，则进一步降准的空间与必要性都很大。

上 篇
人民币汇率改革：升值周期与贬值周期下的复杂改革尝试

在人民币汇率连续两个工作日触及浮动区间下限后，8月13日央行开始入市干预，动用大量外汇储备维持汇率稳定，中止了一次性过渡到浮动汇率的实验。2015年12月11日，中国人民银行在中间价中进一步引入了"篮子货币"，并在2016年5月8日正式公布以"收盘价+篮子货币"为基础的人民币汇率形成机制。

与811汇改之前的中间价定价机制相比，"收盘价+篮子货币"相对透明，扮演了一个短期锚的作用，成功稳定了市场预期，缓解了资本外流压力。然而，在当前的汇率形成机制下，人民币汇率依然缺乏弹性，而且收盘价和篮子货币的组合并非长久之计，未来需要继续推动人民币汇率形成机制改革。本部分回顾811汇改一年境内外外汇市场的动态变化，"收盘价+篮子货币"稳定汇率预期的作用及其存在的缺陷。

（一）变化一：811汇改后贬值预期飙升，汇率缺乏锚定方向

2015年8月11日，央行公布对中间价报价机制的改革。做市商在每日银行间外汇市场开盘前，参考上日银行间外汇市场收盘汇率，综合考虑外汇供求情况及国际主要货币汇率变化向中国外汇交易中心提供中间价报价。

消息公布后，人民币汇率连续三日贬值，幅度接近3%，创20年来最大跌幅。随后，人民币汇率贬值预期逐渐开始发酵。离岸人民币（CNH）汇率与在岸人民币（CNY）汇率的汇差一度达到1500个基点。针对市场陡然增加的人民币贬值压力，央行加强了对汇市的干预，提高了资本管制的强度，并且对远期结售汇实施了宏观审慎管理政策。然而在很长的一段时间内，人民币汇率贬值预期并没有得到有效控制。

私人部门的跨境资本流出逐渐脱离经济基本面。贬值预期引发的主要风险是跨境资本迅速外流。从过去的经验来看，资本流出与投资者对中国基本面的预期密切相关。在2008年次贷危机和2012年的欧债危机期间，人民币汇率也曾经出现贬值预期，并且引发了资本大幅流出。811汇改后，**跨境资本流出已经脱离了基本面，投资者对人民币看空的情绪有些过度悲观**。这主要

第六章
811汇改一周年：自由浮动的艰难尝试

是因为市场不相信货币当局采取既定行动方针的承诺，人民币汇率缺乏锚定方向，贬值预期和资本流之间形成恶性循环。

理论上，在浮动汇率下，宏观经济基本面即是一国的货币锚。在汇率制度调整的过程中，短期汇率一般都会出现超调，这也是外汇市场必须承受的阵痛。 例如，瑞士法郎与欧元脱钩，哈萨克斯坦货币与美元脱钩。汇改后中国央行并不打算承受汇率超调的代价，在改革过程中过早实施了外汇市场干预。这实际上破坏了央行的市场信誉，改变了市场对货币锚的信心。因为短期内汇率调整未达预期，投资者对汇率走势越来越悲观。境外离岸市场的看空行为进一步加剧了人民币汇率的贬值预期。

总体而言，811汇改没有达到目标的主要原因是当时国内外形势比较复杂，毫无征兆的汇改让市场措手不及，引发强烈的贬值预期。具体而言，包括以下原因。

第一，境内部分企业外债较高，美元平仓需求引发在岸人民币汇率贬值。根据外管局公布的数据，截至2015年第三季度，我国外债余额是1.52万亿美元，其中，短期外债约占外债余额的67%，人民币约占外债余额的47%。短期外币外债约为5300亿美元。由于人民币汇率长期保持稳定，大多数国内企业并没有对冲外债风险。而且，在2015年上半年汇率相对稳定的环境下，很多境内外贸公司大量增持港币债务。人民币汇改增加了外贸企业的汇率风险，对人民币汇率形成下行压力。

第二，离岸市场出现的美元平仓和投机行为，导致离岸人民币汇率贬值速度较在岸人民币更快。境外资本与央行对人民币汇率未来走势判断并不一致。海外投资者总是倾向于接受关于中国经济的盲目悲观的消息，一有风吹草动，就会降低对人民币资产的需求，从而导致离岸汇率贬值。当中国经济出现坏消息时，离岸人民币汇率的贬值幅度一般要高于在岸人民币汇率。

在汇改之前，投资者普遍预期人民币汇率会维持稳定，投资者以较低融资成本借入美元，积累了大量的美元负债。由于缺乏监管，香港离岸市场的美元敞口比内地企业规模更大。汇改后，美元买盘需求强烈，引发了离岸人

人民币汇率改革：升值周期与贬值周期下的复杂改革尝试

民币快速贬值。离岸市场汇率的动荡让某些机构开始看空人民币，通过借入离岸人民币来做空，人民币贬值预期继续上升，这更加大了其他投资者美元平仓的压力，从而导致人民币贬值预期一路飙升。

第三，美元处于强势周期，国际炒家投机人民币贬值氛围浓厚。美国经济率先从全球衰退的泥潭中走出来，通胀率和失业率逐渐达到美联储加息的门槛值。2014年7月，美元进入强势周期，美元指数从80开始逐步上升，在2015年11月达到100。811汇改期间，美元指数正出现新一轮上涨，这给境外投机者营造了投机人民币贬值的国际氛围。而且，由于美元指数中57%是新兴市场国家货币，人民币汇率的贬值预期带动其他新兴市场货币贬值反而助推美元指数进一步上涨。

第四，在人民币国际化背景下，资本管制力度较弱，短期资本加速外流。在人民币国际化背景下，我国外贸企业可以对照在岸和离岸人民币外汇市场价格，选择收益更高的价格进行结售汇。这实际上相当于给资本自由流动开了个口子。从公布的外贸和结售汇数据来看，企业普遍在境外结汇，然后将人民币汇回境内。而境外银行则利用人民币资本项下的流出途径，将人民币运出境外，给做空人民币投机商提供弹药。随着人民币贬值预期上升，短期资本流出规模接近每月1000亿美元。2015年11月，当采购经理指数（Purchasing Managers' Index，PMI）等基本面数据逐步反弹时，跨境资本依然出现大幅流出。这表明跨境资本流出已经脱离了基本面，投资者对人民币看空的情绪有些过度悲观。

第五，刚刚经历股灾冲击，境外市场开始怀疑中国政府稳定金融市场的能力。2015年6—7月中国金融市场的股灾和救市政策无效，动摇了国内外市场对中国经济的信心。境外短期资本会对中国经济和中国市场的风险提高警惕，导致相当一部分资本流出中国。股灾及救市政策无效，也暴露出中国金融政策部门缺少应对重大金融冲击的能力，部分救市做法违背市场原则，打击了市场对中国管理金融体系能力的信心。随之而来的811汇改则让市场投资者成为惊弓之鸟，纷纷持币观望，担心资产遭受进一步损失。

第六，央行持续干预外汇市场延缓了外汇市场出清的速度。央行改革中间价报价机制时定的规则，是参考市场供求和一篮子货币汇率。市场在给人民币汇率定价时，除了考虑市场供求外，还会根据央行制定的规则来判断央行干预的时点和数量。因此，规则的透明度很重要，央行是否遵守规则也很重要。2015年8月，代表基本面形势的PMI数据急剧恶化，新兴市场货币也大幅贬值。按照规则，人民币应该对美元贬值。然而，央行却加强了外汇市场干预，这显然既不符合市场供求，又和一篮子货币汇率规则不一致。强行抑制境内外金融机构对美元的需求，只会导致贬值预期高企。

在上述背景下，811汇改导致人民币兑美元汇率出现超调。由于人民币即期汇率与中间价之间日波幅只有2%，而且央行在第三天就入市干预维稳，所以投资者难以确定究竟会出现多大程度的超调。市场一度猜测超调的幅度可能达到20%~50%。

（二）变化二："收盘价+篮子货币"作为短期货币锚，稳定汇率预期

2016年春节后，人民币汇率走势出现逆转。 春节期间美元指数下跌，在岸市场开盘时，人民银行调高了人民币中间价。CNY和CNH迅速向中间价收敛。

值得注意的是，春节期间（2016年2月6日—14日）内地在岸市场没有开盘，但是离岸市场比在岸市场早两天开盘（2月11日开盘）。开盘后，CNH从6.57升值到6.54。这反映境外投资者的报价开始向在岸市场中间价收敛（境外投资者预计央行的中间价会有大幅升值的调整）。否则全球市场恐慌时，CNH应该是出现贬值。

从现象解读来看，这反映出央行中间价的调整基本是以CFETS篮子货币为基准。市场也开始认识到央行短期用篮子货币维稳的决心。篮子货币对市场预期有较强的引导作用。

人民币汇率贬值预期真正的拐点出现在2016年1月11日。 2015年12月11日，央行发布了货币篮子及其货币权重，由于当时并没有明确指出货币篮子与中间价形成机制的关系，市场对央行汇率政策的理解非常混乱，贬值预期依然甚嚣尘上。随后央行向市场做了一系列的解释沟通工作。

1月11日，央行马骏发文明确指出"中间价报价机制将会加大参考一篮子货币的力度，即保持一篮子汇率的基本稳定"，这使得市场情绪迅速稳定下来。1月26日，时任央行副行长的易纲强调，"我们增加了篮子的权重，要传达的信息是保持人民币汇率对一篮子货币的基本稳定"。2月13日，时任央行行长的周小川明确指出，"在可预见的未来……保持一篮子汇率的基本稳定，是人民币汇率形成机制的主基调"。

1月11日后，境内外投资者已经开始重新认识新的人民币汇率形成机制。 如图6.1所示，2015年12月11日，央行公布CFETS指数对贬值预期的影响非常有限。但是，在2016年1月11日，当央行明确表示要着重参考一篮子货币后，市场反应非常迅速，境内外汇差开始逐渐收窄。春节后，境内外汇差趋近于零。

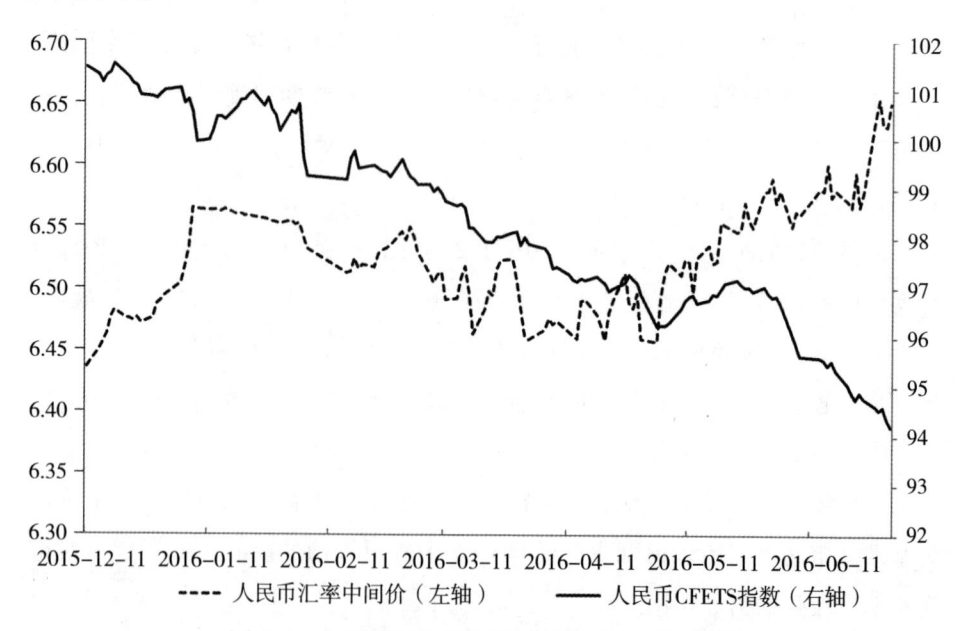

图6.1 人民币汇率中间价与人民币CFETS指数

资料来源：Wind。

第六章
811汇改一周年：自由浮动的艰难尝试

建立一个比较透明、有市场公信力的汇率形成机制，的确有助于稳定市场预期。根据最近的表态，央行希望把参考篮子汇率作为中间价主要定价规则。现实情况也表明，央行始终以稳定一篮子汇率为主要目标，并且容忍利率等其他变量随之变化。市场参与者逐渐相信新的汇率政策。人民币汇率贬值预期出现拐点。

（三）一个问题："收盘价+货币篮子"定价机制的缺陷

与811汇改之前的中间价定价机制相比，"收盘价+篮子货币"相对透明，扮演了一个短期锚的作用，暂时稳定了市场预期，缓解了资本外流压力。但是，也不能片面夸大甚至依赖"收盘价+篮子货币"机制的作用。回顾过去的改革进程可以发现，央行在2015年12月11日就已经提出篮子货币政策，而直到2016年1月人民币汇率预期才逐步恢复稳定。对比人民币与其他新兴市场货币走势会发现，2016年1月正是大多数新兴市场货币由弱走强的转折点。事实上，2016年1月美联储加息预期显著下降，外部环境好转，以及央行严厉的资本管制才是人民币汇率恢复稳定的重要基础。因此，在美联储可能重启加息的国际形势下，不应过度依赖收盘价和篮子货币的组合，未来应继续推动人民币汇率形成机制改革。

理论上，收盘价和篮子货币是两种汇率形成机制。一种是参考收盘价的浮动汇率，人民币汇率与资本流动的方向一致，有很强的顺周期性。另一种是参考篮子货币汇率制度，人民币汇率由其他货币相对价格决定，主要目标是稳定贸易余额。

单独来看，两种机制都有其合理性，但是合在一起就会出现一些问题。比如说，在浮动汇率机制下，人民币对美元汇率走势由经济基本面决定，经济指标好转会带动人民币汇率走强。而篮子货币则是由其他货币的相对走势决定，汇率目标是稳定贸易增速。央行需要通过调整贸易权重来稳定贸易。

人民币对美元双边汇率与资本流动密切相关，篮子货币与稳定贸易余额相关。显然，汇率对资本流动的反应速度远远高于贸易余额，**所以，篮子货**

币经常被收盘价牵引着往下走。

如图 6.1 所示，2015 年 12 月 11 日至 2016 年 6 月 30 日，人民币 CFETS 指数贬值幅度达到 7%，但人民币对美元双边汇率仅贬值 3%。篮子货币反而比双边汇率波动性更大。目前，CFETS 篮子货币指数已经跌破 95，而且还看不到底部。回顾 2016 年上半年三波外部冲击，可以发现"收盘价+篮子货币"汇率形成机制中存在的一些问题。

第一，在 3—4 月弱势美元阶段，篮子货币指数从 99 跌至 97。当时由于美联储再度爽约加息预期，美元指数下探至 94，篮子货币要求人民币兑美元升值。然而，由于大多数持汇投机者不愿意在高位结汇，境内人民币对美元汇率并未明显升值。在此期间，由于日元和欧元对美元大幅升值，人民币对欧元和日元明显贬值，CFETS 跌至 97。面对弱势美元，人民币对美元收盘价升值幅度不足，会带动篮子货币贬值。

第二，在 5 月强势美元阶段，篮子货币指数跌破 97。当时美联储鹰派人物频繁发话，加息预期再度升温，人民币对美元的贬值压力开始释放，但是人民币对美元的贬值幅度低于欧元和日元（其间人民币贬值 1.8%，欧元贬值 2.7%，日元贬值 4.2%），CFETS 跌破 97。面对强势美元，篮子货币作为缓冲器，降低了收盘价贬值幅度。篮子货币和人民币对美元汇率同时贬值，一起消化贬值压力。

第三，英国脱欧，全球金融风险上升阶段，篮子货币指数跌破 95。英国脱欧事件引发英镑和欧元贬值，避险资金涌入美国和日本，美元和日元被动升值。短短 8 个交易日，美元指数上升 2.6%，日元升值了 3.7%，最终导致篮子货币跌破 95，人民币对美元的贬值幅度则达到 1.2%。英国脱欧造成的冲击，实际上破坏了美联储的加息预期，跨境资本回流至新兴市场，所以新兴市场货币币值有显著提升。然而，由于英镑和欧元贬值（占篮子货币权重 25%），人民币汇率反而出现了较大幅度贬值。

从上述三个阶段可以清楚地发现，无论美元是升是贬，篮子货币都在持续贬值。应该说，面对强势美元，篮子货币可以缓解人民币对美元的贬值压力，但是面对其他冲击，人民币对美元和篮子货币之间反而彼此增加贬值压力。

出现这种情况的主要原因是，"收盘价+篮子货币"机制并没有解决过去中间价定价机制中的核心矛盾——外汇市场出清问题。对比人民币汇率波动率与外汇市场交易量可以发现，近期市场供需之间存在较大缺口。人民币隐含波动率是反映货币风险溢价的重要指标，波动率上升代表投机人民币的风险增加。一般而言，汇率波动率上升，对冲外汇风险的需求也会上升。正常情况下，人民币对美元交易量应该随之增加。如图6.2所示，2016年1月以来，人民币隐含波动率基本保持在4.0~4.5，人民币风险溢价较高，但在岸外汇市场人民币-美元交易量却从上年末接近400亿美元下降至200亿美元左右。个别工作日交易量跌至100亿美元的低点，基本回到了811汇改前水平。外汇市场交易量相对低迷，说明当前市场量价并不匹配，市场美元供需存在较大缺口，美元供给不足。市场交易量受美元供给的短边约束。有一部分投资者仍然在持汇观望。

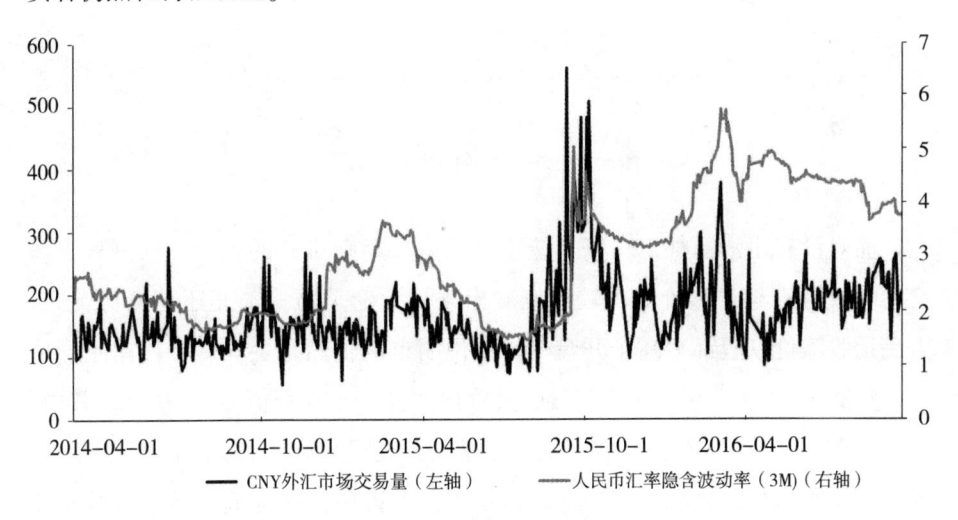

图6.2 人民币汇率隐含波动率与交易量比较

资料来源：Wind，Bloomberg。

人民币汇率改革：升值周期与贬值周期下的复杂改革尝试

外汇市场无法出清的原因在于资本管制和价格管理。如图 6.3 所示，当前的资本管制政策不允许一部分有购汇意愿的机构和投资者购买外汇，减少了外汇需求，外汇需求曲线从 D 下移到 D'。同时，央行运用篮子货币缓解了人民币汇率贬值幅度，将美元价格定在投资者心理价位之下，最终导致外汇市场美元处于供不应求的状态。

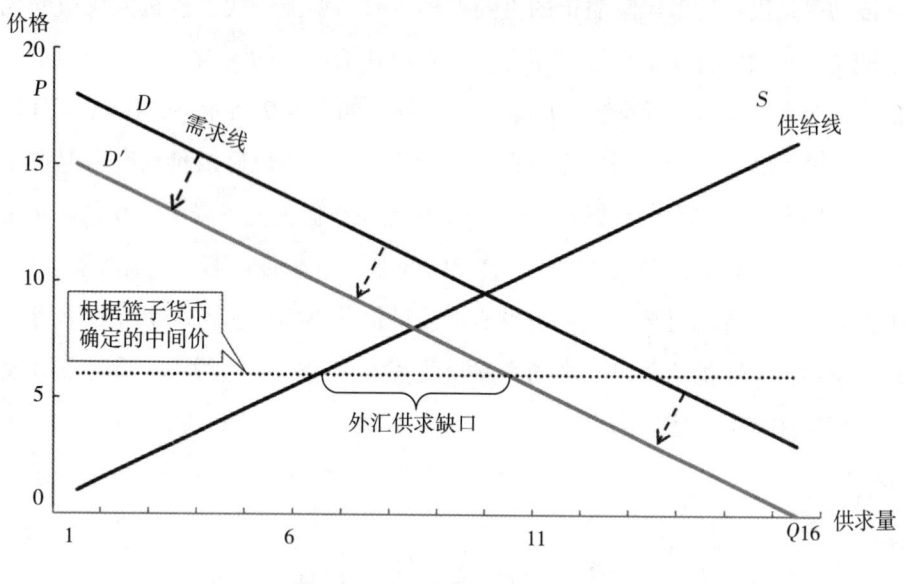

图 6.3 外汇市场的供给与需求

面对没有出清的外汇市场，篮子货币陷入易贬难升的困境。从每日市场交易的收盘价与开盘价的比较可以看出来，无论是弱势美元还是强势美元，人民币收盘价一般都会高于开盘价，这说明市场仍然是美元多头占据主导地位。从 2016 年 3 月至 6 月，每日收盘价比开盘价平均贬值 24 个基点。其中，3—4 月平均 14 个基点，5 月平均 31 个基点，英国脱欧后平均达到 99 个基点，如图 6.4 所示。在没有出清的外汇市场下，人民币汇率与篮子货币指数相互作用、螺旋贬值。

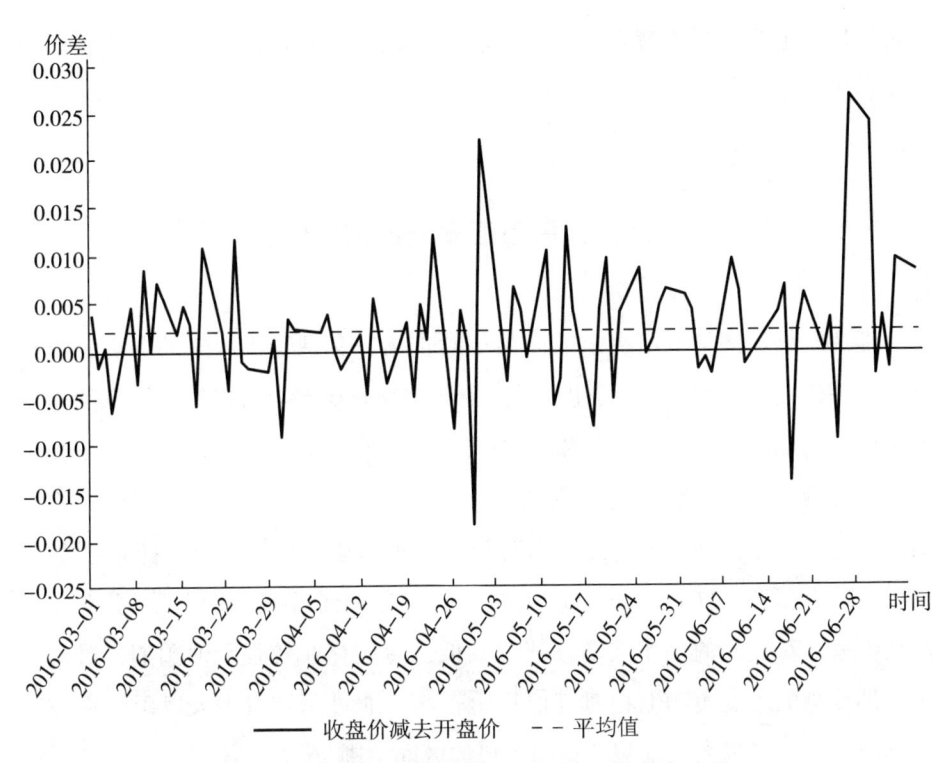

图 6.4　人民币汇率中间价与人民币 CFETS 指数

资料来源：Wind。

在当前的汇率形成机制中，篮子货币的功能是作为调节器缓解市场供需对外汇市场的冲击。然而，人民币汇率的短期决定因素，已经从贸易顺差转向资本流动。资本流动与经济周期密切相关，导致人民币汇率顺周期性越来越强。篮子货币价格，并不一定与我国经济周期走势吻合。所以，根据篮子货币决定的人民币价格，与市场出清的价格之间经常会相互冲突。

当前的人民币汇率形成机制虽然解决了短期锚定问题，但是在中长期却丢失了锚。市场已经陆续出现运用篮子货币做空人民币的衍生品工具。如果仍然抑制美元需求，那么篮子货币还会继续下降。人民币对美元双边汇率与篮子货币将会相互交织贬值。当前人民币汇率之所以相对稳定，最重要的原因还是在于美元指数处于相对低迷的状态。人民币对美元仍然有一次性调整的可能性，汇改宜早不宜迟。一旦美联储进入加息轨道，人民币贬值预期会再度卷土重来。

四、人民币汇率走向何方？

汇率既是经济基本面决定的商品相对价格，又是受资本流动影响的资产价格。理论上，购买力平价、巴拉萨-萨缪尔森效应等都可以解释汇率的中长期走势（张斌，2004；王泽填和姚洋，2008）。在中长期，人民币作为新兴市场国家的货币仍然有较大的升值潜力。另外，汇率的短期预测模型一直饱受诟病。迄今为止，理论上仍然难以解释为何汇率模型的预测能力不能明显胜过随机游走模型（Meese and Rogoff, 1983）。考虑到当前人民币汇率并非完全浮动汇率，对美元的汇率波动性依然较低，短期存在较强贬值预期，对人民币短期预测的难度实际上相对其他货币较小。通过总结过去人民币汇率波动的基本特征，可以大致预测其短期走势的区间范围。

本部分从中国外汇市场微观结构和出口竞争力出发，探讨人民币短期和中长期的基本走势，以及未来人民币汇率与新兴市场货币之间的关系。

（一）人民币汇率的一体两面：短期波动与中长期升值

1. 中国的外汇市场的"实需原则"容易受到离岸市场冲击

外汇市场的微观结构及其交易规则是央行实施中间价策略最重要的基础。观察外汇市场微观结构，可以更清楚地判断中长期汇率走势和短期汇率波动。

中国外汇市场有两个重要特征：第一，中国外汇市场受实需原则限制，外汇交易必须具备相应的真实贸易业务背景；第二，交易主体有限。中国当前的外汇市场是一个封闭的、以银行间市场为中心，进行结售汇头寸平补的市场。市场主体主要是银行等金融机构。

在这种特殊的外汇市场结构下,人民币汇率的形成机制非常依赖贸易顺差,因为只有跟贸易相关的市场主体才能够进入外汇市场交易。而且,我国对资本项目一直保持宽进严出的管制,资本项目的市场供求并不能完全反映在外汇市场中。

在2005—2013年的大多数年份中,中国经济贸易顺差较高,外汇市场一直供过于求,造成人民币汇率持续升值、外汇占款居高不下、外汇储备不断刷新纪录的局面。

中国外汇市场的微观结构在规避金融风险的同时,也抑制了外汇市场的价格发现功能。由于缺乏风险偏好较高的投机者,外汇市场很容易出现单边市场格局。

另外,离岸人民币外汇市场没有"实需"限制,交易主体也更加多元化。离岸外汇市场的交易行为主要侧重对冲和投机,交易主体多为境外银行和对冲基金,遇到外生冲击时的反应与在岸市场并不完全相同。如果是进出口的正常波动,在岸市场和离岸市场的反应基本一致。但是,如果遇到金融市场冲击,离岸市场的反应速度会远远高于在岸市场。

从外汇市场结构来看,在岸市场重视实需,容易形成单边价格;离岸市场重视金融风险,汇率波动性更大。在岸和离岸外汇市场结构的差异,引发了在岸市场人民币汇率的短期波动。

2. 从国际经验和中国的贸易结构来看,人民币在中长期依然有升值基础

贸易是影响汇率最重要的基本面。跨境贸易是居民储蓄的跨期优化的结果,可以决定一国汇率的长期变动趋势。从中国外贸出口的竞争力来看,人民币在中长期仍然有升值空间。

其一,中国外贸出口份额持续上升,出口竞争力不断提高。从2000年开始,中国外贸出口占全球出口贸易的比重,以每年1个百分点的速度递增。2015年年底,中国外贸出口占国际份额已经升至13%,超过日本和德国份额之和,如图6.5所示。这一方面反映出近期中国出口下降主要原因是海外需

求放缓,而非人民币汇率高估;另一方面也反映出国内出口企业的竞争力在不断提高。

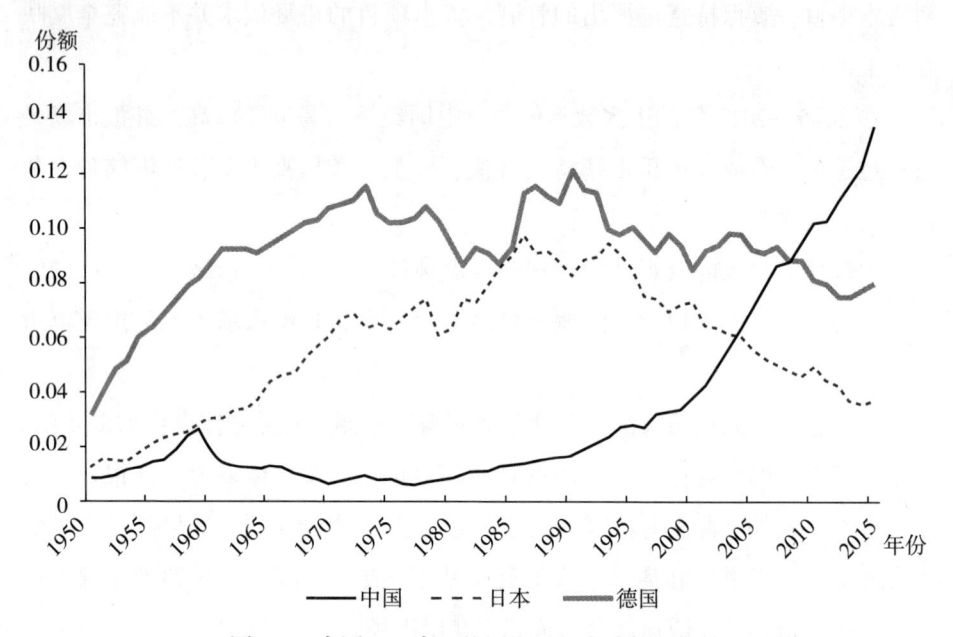

图 6.5 中国、日本、德国出口的全球份额变动

资料来源:Wind。

在 20 世纪 70—90 年代,日本和德国出口市场份额不断上升时,日元和德国马克一直在持续升值。中国现在占据全球最大出口市场份额,没有理由通过贬值进一步抢占其他新兴市场国家份额。

其二,高附加值贸易超过加工贸易比重,境内美元供给增加。从 2010 年开始,中国出口占全球比重增长速度显著高于进口占全球比重增长速度。而且中国出口正在转向高附加值型。来料加工、进料加工等低端贸易逐渐从中国转移至其他新兴市场国家。在 2010 年,中国出口贸易中一般贸易的比重首次超过了加工贸易,如图 6.6 所示。

随着贸易结构的优化,企业出口创汇的能力也会逐渐上升。相同规模的出口量可以获取更多的外汇流入。进口增速下降一方面是因为大宗商品价格的下降,

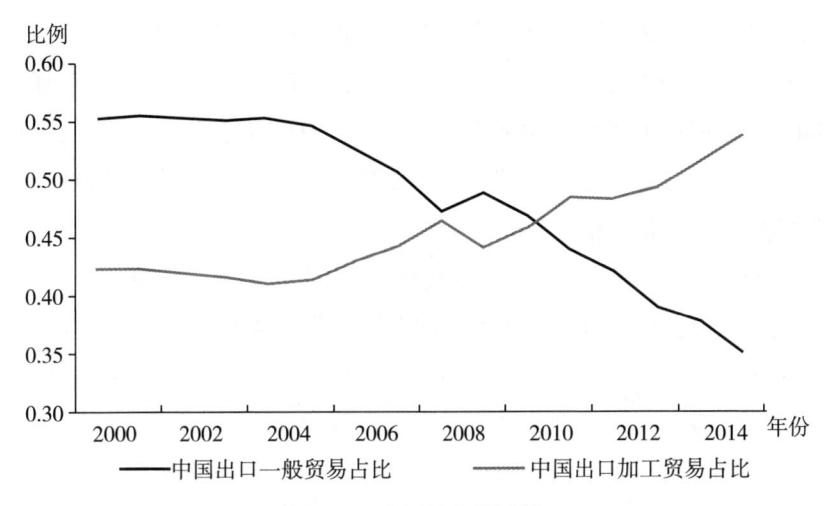

第六章
811汇改一周年：自由浮动的艰难尝试

比例

图6.6 中国的贸易结构

资料来源：Wind。

另一方面也反映出中国出口的供给链条更多在国内完成，出口创汇能力增强。

无论是从出口贸易占全球份额的角度，还是从贸易结构优化的角度，都可以看出我国出口部门有较强的竞争力，这说明人民币在中长期仍然有一定的升值空间。

3. 汇率预期引发的资产配置需求是短期人民币汇率波动的主要原因

如何看待短期人民币汇率波动？一般而言，长期趋势中必然有短期波动。遗憾的是，由于缺乏足够的交易主体，人民币汇率的波动一直较低。居民和投资者的资产配置需求无法进入外汇市场，并不能在境内人民币汇率价格上得到反映。

811汇改后，中国出现了一波短期资本流出。从2015年全年数据来看，金融账户逆差达到4856亿美元，错误与遗漏账户流出1882亿美元。此外，粗略估计有1000亿美元的服务贸易可以归入资本流动范畴。资本流出共计达到7738亿美元。尽管我国贸易顺差接近5700亿美元，我国央行仍然消耗了3500亿美元外汇储备用于维持汇率稳定。

虽然资本流出的规模惊人，但是由于我国外汇市场的特殊结构，普通的

上 篇
人民币汇率改革：升值周期与贬值周期下的复杂改革尝试

投资者很难进入，短期资本流动的主体依然是贸易商和国有企业。BIS 的研究及我们过去一系列的研究报告都表明，进出口商持汇、国有企业偿还外债、个人购汇是近期资本流出的主要渠道。时至今日，企业的美元去杠杆过程已经基本完成，进口部分的美元债务也基本都已偿还，对美元的刚性需求在上一轮贬值中基本消化完毕。

资产配置主要由利差和汇率预期决定。在美联储加息、境内金融资产风险上升的情况下，境内投资者对美元资产的需求会越来越旺盛。

图 6.7 显示的是贸易顺差和境内 M2 存量的变动。尽管我国每个季度有 1200 亿美元外贸顺差，但是同期 M2 增量达到 3000 亿美元，而且 M2 存量已经高达 21 万亿美元。如果这部分资产有非常迫切的海外资产配置需求，汇率就会存在超调风险。

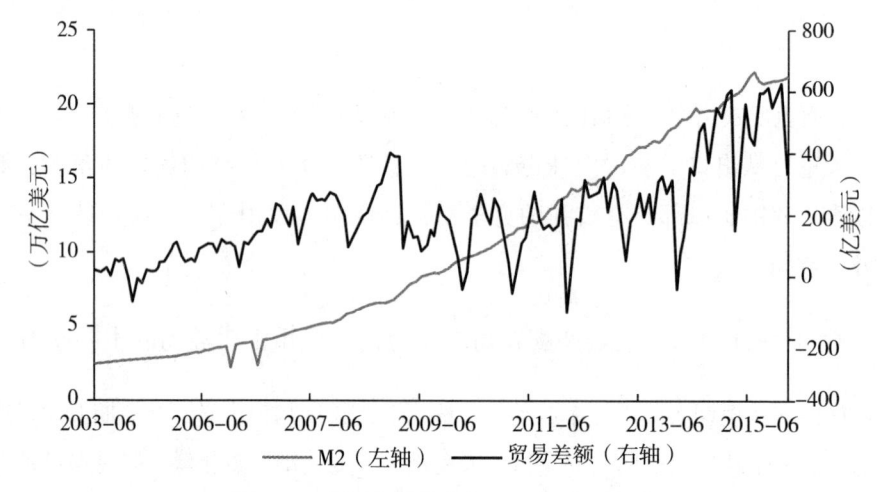

图 6.7 中国贸易差额与 M2 存量的变动

资料来源：Wind。

对这个问题需要从两个方面来分析。

第一，在正常情况下，M2 对汇率没有传导渠道。M2 代表的是居民的存量财富，在正常情况下，这部分财富对汇率的影响非常小。因为根据外汇市场的"实需规则"，央行释放的流动性形成 M2 的过程中，只要通胀平稳，没有改变实际汇率，那么这部分流动性不会影响外汇市场。

第二，有一定贬值预期时，M2 对汇率存在较大压力。M2 同时也反映了境内金融市场的深度。由于中国货币市场的深度远远超过外汇市场，一旦汇率出现贬值预期，不仅贸易商和企业会降低结汇，有一部分资金也会伪装成"实需"进入外汇市场套利。境内金融市场的流动性越多，对外汇市场的压力就越大。从 2015 年第三、第四季度错误和遗漏账户的 1000 亿美元可窥一斑。

换言之，只要存在贬值预期，就会有资金从货币市场流向外汇市场，区别只是规模大小而已。当货币市场的深度不断增加，外汇市场发展却相对停滞时，短期资本流出和汇率超调的压力会越来越大。

管理预期是管理人民币汇率短期波动的关键。"收盘价+篮子货币"机制在一定程度上降低了人民币贬值预期，缓解了资本外流的压力。

"收盘价+篮子货币"机制让"实需"重新占据主导地位。央行最近公布了"收盘价+篮子货币"中间价定价方法。根据 2016 年 1 月以来的数据分析，中间价与收盘价关系密切程度远远高于篮子货币。这实际反映出央行对中间价改革的态度仍然是以收盘价为主，同时以"篮子货币"的名义降低了汇率的波动性。

这种操作模式虽然和过去相比更加透明，但外汇市场仍然是以中间价作为指导价格，市场参与者唯央行马首是瞻，汇率依然缺乏连续性。这跟过去的人民币中间价机制没有本质的区别。

4. 人民币在短期会有波动，中长期有望重新升值

从短期来看，如果美联储加息导致资产配置需求上升，引发人民币收盘价贬值，新兴市场货币贬值导致篮子货币走低，此时人民币汇率可能会加速贬值。如果央行进一步干预，可能会引发贬值预期，加剧资本外流。

如果将视野拉长至 3~10 年，人民币对美元仍然有较大的升值空间。但是，要迎来健康而有深度的外汇市场，仍然需要释放市场主体的资产配置需求。

比人民币升值更重要的是健康而有深度的外汇市场。除了中间价定价规则之外，中国当前的外汇市场的"实需规则"和交易主体有限，是人民币汇率出现单边行情、波动率较低的重要原因。未来应该逐步放宽实需原则，增加风险

偏好较高的市场主体，同时扩大汇率弹性，增加现有主体决策的异质性。

（二）重新看待人民币本质：新兴市场货币的特征

本质上，人民币仍然是新兴市场货币，而非避险货币。对于避险货币而言，在国际金融市场风险较高时，跨境资本从风险较高的货币资产转向流动性较高的货币资产。美元和日元是典型的避险货币。中国经济虽然总量较大，但是金融市场并不发达，外汇市场和国债市场容量较小，无法容纳海外资本大量流入。至少在目前，人民币更像是新兴市场货币。

从历史经验来看，人民币与其他新兴市场货币走势存在较大的相关性。图6.8所示是2005年7月至2015年7月人民币对美元汇率，以及11个新兴市场国家货币相对美元的走势（均以2005年7月22日为基期）。相比较而言，有两个特征值得注意。

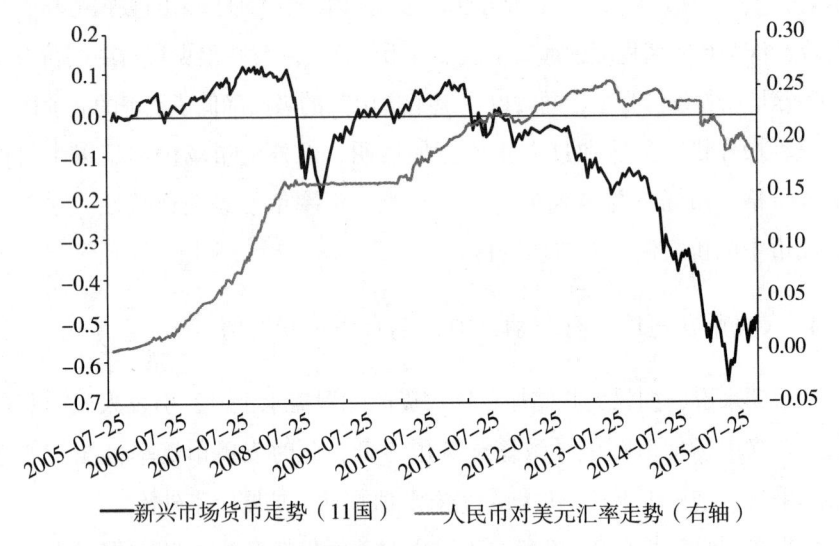

图6.8 人民币汇率与新兴市场货币走势（2005—2015）

资料来源：Wind。

注释：以2005年7月22日为基期，人民币对美元汇率走势是指人民币相对美元升值幅度，新兴市场货币贬值幅度是指11个主要新兴市场国家货币相对美元加权平均升值幅度。新兴市场货币包括马来西亚林吉特、韩元、印尼卢比、泰国泰铢、菲律宾比索、印度卢比、俄罗斯卢布、土耳其里拉、南非兰特、墨西哥比索及巴西雷亚尔。

第一，2005—2016年，人民币汇率走势与其他新兴市场国家货币走势基本一致。

2005—2008年，人民币与其他新兴市场货币均对美元升值。升值速度和幅度基本一致，三年升值了10%~15%。2008—2010年，人民币汇率重新钉住美元。2010年7月—2011年7月，人民币和新兴市场货币均对美元升值。2013年7月—2014年7月，二者走势出现较大偏离。新兴市场货币大幅贬值，人民币对美元反而升值。这也是人民币汇率贬值预期发酵期。

第二，2014年7月—2016年，人民币汇率比其他新兴市场货币更稳定。

2014年7月—2016年，人民币汇率比其他新兴市场货币更稳定。从2014年7月—2016年，美元指数升值17%，新兴市场货币贬值35%，人民币对美元仅贬值7%。这说明中国央行一直在控制人民币的贬值节奏。811汇改后，人民币贬值的相对速度略有提高，新兴市场货币每贬值10%，人民币汇率贬值约2.2%。

2016年1月，引入"收盘价+篮子货币"机制之后，人民币贬值压力仍然无法释放。在3—4月新兴市场货币相对美元升值时，人民币升值动力非常微弱。而在6月英国脱欧引发英镑贬值时，尽管当时中国的资本外流在迅速放缓，中国经济的基本面也不支持加速贬值，但篮子货币仍然带动人民币汇率加速贬值，如图6.9所示。

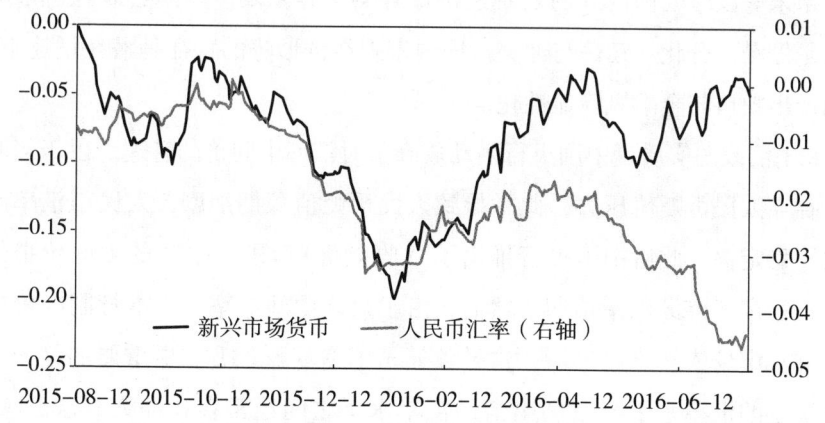

图6.9 人民币汇率与新兴市场货币走势（811汇改之后）

资料来源：Wind。

注释：以2015年8月12日为基期。

根据上述人民币与新兴市场货币的对比，可以得出以下三个基本规律。

（1）美元指数走强时，与新兴市场货币相比，人民币汇率贬值较小。新兴市场货币相对美元贬值10%，人民币贬值2.2%。

（2）美元指数走弱时，与新兴市场货币相比，人民币汇率升值更小。新兴市场货币相对美元升值10%，人民币升值0.8%。

（3）从技术层面，日元和欧元走势的变化也会改变人民币汇率。此次英国脱欧后，实际上对冲了美联储的加息预期，跨境资本回流至新兴市场，所以新兴市场货币币值有显著提升。尽管中国没有出现大规模资本外流，但由于英镑和欧元贬值（占篮子货币的25%），人民币汇率也出现了顺势贬值。

随着央行逐步增强人民币汇率弹性，人民币汇率将会进一步体现出新兴市场货币特征。未来需因势利导，尽可能释放人民币汇率的贬值压力，避免对境内金融市场形成负反馈压力。

五、结论：把握汇改过渡阶段的机会

未来一段时间国内外的宏观经济形势均不容乐观。国际宏观经济形势的特征是停滞、分化、动荡与冲突。国内宏观经济形势的特征是潜在增速下降、负向产出缺口与金融风险显性化。

811汇改的实质是中国央行主动放弃了对汇率中间价的管理。由于当时市场上存在人民币贬值压力，此举导致人民币贬值预期加剧，人民币汇率一度丧失了稳定锚。此后中国央行推出了"收盘价+篮子汇率"的中间价报价机制，这稳定了市场汇率预期。然而，由于缺乏中间汇率、资本管制与价格管制，外汇市场依然难以出清，这导致篮子汇率易贬难升。更重要的是，篮子汇率决定的汇率水平与市场出清的汇率水平之间经常存在冲突。这意味着，"收盘价+篮子汇率"机制不是一个适合长期实施的汇率机制，而只是过渡时期的权宜之计。

第六章
811汇改一周年：自由浮动的艰难尝试

从短期来看，随着美元指数重新走强以及中国金融风险的显性化，人民币兑美元汇率仍有贬值压力。从中长期来看，考虑到中国出口占全球出口市场份额的上升、中国出口结构的优化及结构性改革的推进，人民币兑美元汇率有望重新升值。

目前中国央行"中间价管理+有序贬值+资本管制"的组合拳收到了一定效果，但依然没有从根本上消除人民币贬值预期。对中国这样的大型经济体而言，自由浮动是长期来看最适宜的汇率形成机制。在过渡阶段，应考虑实现人民币有效汇率的宽幅波动。在当前形势下，中国央行应进一步克服浮动恐惧、增强汇率弹性，唯有这样才能稳定汇率预期与资本外流，以及增强货币政策的独立性。

第七章

811汇改两周年：慎言升值新周期[①]

一、升值新周期真来了吗？

与2016年年底相比，截至2017年7月底，人民币兑美元汇率升值了3.0%，人民币兑欧元、日元、英镑汇率却分别贬值了8.2%、3.9%与2.2%。同期内，人民币兑CFETS货币篮指数由94.8贬值至92.9，人民币兑BIS货币篮指数则由96.2贬值至93.6。不难看出，2017年1—7月，人民币只是相对于美元强势，相对于全球一篮子货币仍在贬值。但如图7.1所示，人民币兑美元汇率在经历了2015年811汇改至2016年年底大约13.4%的持续显著贬值之后，2017年1—7月期间出现3.0%的升值，这的确是令人振奋与关注的新变化。有分析人士甚至乐观地认为，从2017年年初起，人民币兑美元汇率事实上已经进入了新一轮升值周期。本章试图分析2017年年初以来人民币兑美元汇率转跌为升的原因，并在此基础上预测下一阶段人民币汇率的可能走势。

[①] 本章内容发表于《国际金融》2017年第10期，合作者为杨杨。

图 7.1 人民币兑美元日度汇率的变动

资料来源：CEIC。

二、转跌为升：人民币对美元汇率新变化的背后

我们认为，导致 2017 年年初以来人民币兑美元汇率转跌为升的主要原因包括以下几点。

首先，美元汇率自身走软，是导致人民币兑美元汇率转跌为升的重要原因。事实上，2016 年年底至 2017 年 7 月底，美元兑欧元、英镑、日元与人民币的汇率分别贬值了 12.1%、7.0%、5.5% 与 3.0%。不难看出，美元兑人民币的贬值幅度，远低于美元兑其他主要国际货币的贬值幅度。导致美元在 2017 年 1 月至 9 月对主要国际货币显著贬值的主要原因包括：第一，在 2017 年上半年，欧元区、英国、日本等经济体的经济增长都比较强劲，以至于这些经济体的央行相继释放出将在未来收紧货币政策的信号。发达经济体的经济走势由分化转为趋同，发达经济体的货币政策由分化转为共振，这削弱了强势美元的基础。第二，2016 年下半年的美元走强，与市场对于特朗普承诺的经济政策（如减税、扩大基建开支等）持有乐观的预期有关，而2017年以来，随着特朗普各种国内政策的不断受挫，市场开始修正对特朗普政策的相关预期，所谓"特朗普证伪"的交易正如火如荼。第三，2017年年初以来，欧元区荷兰、法国国内大选均顺利过关，并没有出现之前市场担忧的黑天鹅事件，这缓解了投资者的风险规避情绪，投资者开始由避险资产（主要是美元资产）转向风险资产，而投资者风险偏好的增强也会打压美元汇率。

其次，受中国央行显著收紧资本流出管理的举措影响，中国经济面临的资本流出压力已经显著缓解，这通过外汇市场供求疏解了人民币兑美元的贬值压力。自2015年811汇改以来，为缓解国内资本持续大幅外流对人民币汇率造成的贬值压力，中国央行逐渐收紧了对各种渠道的资本外流的管制，这一收紧管制的努力取得了明显的成效。如图7.2所示，中国经济在经历了持续11个季度（2014年第二季度至2016年第四季度）的资本净流出之后，终于在2017年第一季度重新迎来资本净流入。资本外流压力的缓解自然会缓解国内外汇市场上美元供不应求的状况，从而缓解人民币兑美元的贬值压力。

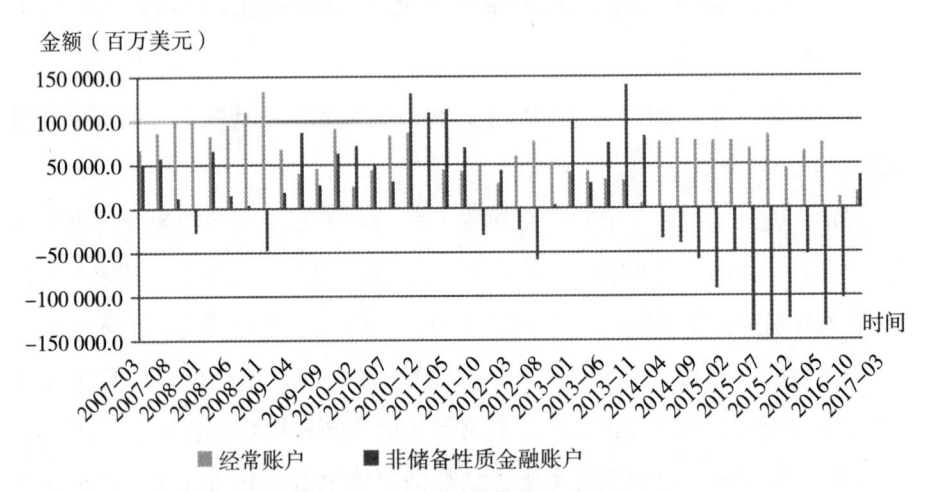

图7.2 中国的季度国际收支的变动

资料来源：CEIC。

再次，中国政府从 2016 年年底起显著增强了对国内金融市场的监管，这造成货币市场与债券市场利率的上升，中美利差的重新拉大提振了人民币兑美元汇率。从 2016 年年底开始，为了抑制国内系统性金融风险的上升，改变国内金融空转与资金脱实入虚的局面，中国"一行三会"开始了轰轰烈烈的金融业去杠杆、控风险、强监管运动，此举引发了金融市场的震荡与金融机构的调整，造成货币市场与债券市场利率显著上升。尽管自 2016 年年底至 2017 年 7 月底，受到美联储加息等因素影响，美国国内利率也在上升，但这段时期内，中国国内利率的上升幅度显著超过了美国可比利率的升幅（图 7.3）。中美利差的重新拉大，缓解了人民币兑美元的贬值压力，甚至推动人民币兑美元重新升值。

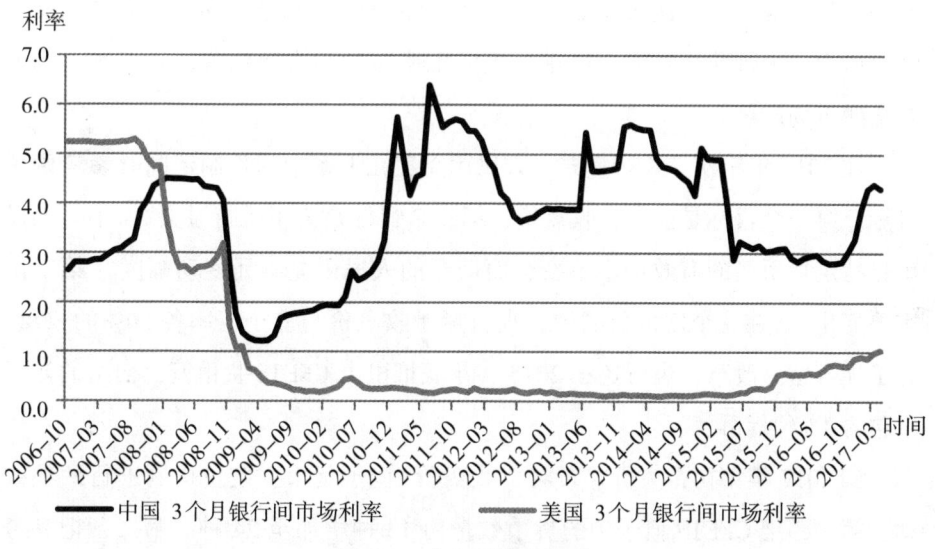

图 7.3 中美利差的变动

资料来源：CEIC。

最后，中国央行频繁改变人民币兑美元汇率中间价的定价机制，削弱了市场供求对汇率中间价的影响力，而重新增强了央行对汇率中间价的控制能力。

上 篇
人民币汇率改革：升值周期与贬值周期下的复杂改革尝试

事实上，从 2015 年 811 汇改之前到 2017 年，人民币兑美元中间价定制机制已经经历了四次重要变化。

在 811 汇改之前，央行对人民币兑美元汇率中间价具有较强的干预能力。事实上，中间价管理成为央行维持人民币兑美元汇率的主要工具。当市场上存在人民币升值压力时，央行通过低开人民币兑美元开盘价来避免人民币汇率过快升值。反之，当市场上存在人民币贬值压力时，央行通过高开人民币兑美元开盘价来避免人民币汇率过快贬值（第 113 页图 7.1）。

为了促进人民币在 2015 年年底加入 IMF[①] 的 SDR 货币篮，央行在 2015 年 8 月 11 日进行了汇改，其核心是主动放弃对每日人民币兑美元中间价的管理。在 811 汇改后的一段时间内，央行曾经让人民币兑美元汇率中间价直接等于前一日收盘价（第一次重要变化）。然而，由于当时市场上存在较大的人民币贬值压力，央行此举导致人民币兑美元汇率短期内大幅贬值，并引发了国内外金融市场震荡。

在 2016 年年初，央行宣布，人民币兑美元汇率中间价制定同时参考两个目标。第一个目标是前一日收盘价，第二个目标是为了维持过去 24 小时人民币兑特定货币篮的有效汇率不变，而需要的人民币兑美元变动幅度（第二次重要变化）。在这个定价公式中，央行赋予收盘价与篮子汇率各 50% 的权重。为了配合这一改革，央行还在 2015 年年底推出了 CFETS 货币篮，初始的篮子中包含 13 种货币。

到 2017 年年初，央行宣布对"收盘价+篮子货币"定价机制进行两项改动。第一，把 CFETS 篮子中的货币数量由 13 种增加至 24 种。第二，把参考一篮子货币的时间由过去 24 小时缩短为过去 15 小时（第三次重要变化）。第一项改动的直接后果是将美元与港币占篮子的权重分别由 26.40% 与 6.55% 下调至 22.40% 与 4.28%，这意味着显著下调了美元占篮子的权重。第二项改动是为了避免对国内外汇市场开市期间，全球外汇市场波动的相关影响进行重

---

① IMF 是 International Monetary Fund 的简称，即国际货币基金组织。

复计算。

2017年5月下旬，中国央行宣布引入逆周期调节因子，把"收盘价+一篮子"的中间价定价机制，转变为"收盘价+一篮子+逆周期调节因子"的定价机制（第四次重要变化）。事实上，引入逆周期调节因子的做法，本质上是进一步削弱了市场供求（收盘价）对汇率中间价的影响程度，而重新增强了中国央行对汇率中间价的控制能力（引入逆周期调节因子之后的汇率中间价形成过程更加不透明，也更难进行预测）。

简而言之，与2015年811汇改后初期阶段汇率中间价直接等于前一日收盘价（第一次重要变化）相比，人民币汇率形成机制的后续变化，都是在削弱市场供求（收盘价）对汇率中间价的影响，而在持续增强央行对汇率中间价的控制能力。这自然有助于遏制人民币兑美元汇率的贬值压力，维持人民币兑美元汇率在当前水平上保持稳定，甚至稳中有升的格局。

三、五个原因判断人民币仍将贬值

我们认为，基于以下五个方面的原因，2017年人民币兑美元汇率的贬值压力可能尚未充分释放，尽管短期内人民币兑美元汇率可能企稳，但中期内人民币兑美元汇率仍将面临贬值压力。

第一，中美利差重新缩小是大概率事件，这将通过利率平价再度打压人民币兑美元汇率。2017年年初至2017年7月底，受中国国内金融强监管的影响，中美利差再度拉大，从而提振了人民币兑美元汇率。然而，此时美国经济正处于持续复苏的过程中，而中国经济仍在筑底。从中美经济所处的经济周期阶段来看，很难想象未来中国利率的上升速度会超过美国利率。此外，随着第五届中央金融工作会议的召开，新成立的国务院金融稳定发展委员会有望加强"一行三会"之间的监管协调，避免缺乏协调的运动式监管给国内金融市场造成不必要的冲击。因此，我们认为，未来中美利差重新缩小是大概率事件，而这意味着人民币兑美元汇率将重新面临下行压力。

第二，中国通胀率持续高于美国通胀率是大概率事件，这将通过购买力平价来压低人民币兑美元汇率。如图7.4所示，在过去十余年内的绝大多数时候，中国CPI同比增速都显著超过美国CPI同比增速。更高的通胀水平意味着本币国内购买力水平更快速度地下降，从购买力平价角度来看，这意味着更大的本币贬值压力。尽管近期美国CPI同比增速超过了中国，但考虑到如下因素，未来中国CPI同比增速超过美国仍是大概率事件：当前中国M2/GDP超过200%，而美国M2/GDP仅为90%上下。这意味着，在其他条件不变的情况下，中国央行管理通货膨胀与资产价格泡沫的压力更大。而如果未来中国CPI同比增速持续高于美国，那么人民币兑美元汇率将在购买力平价方面继续面临贬值压力。

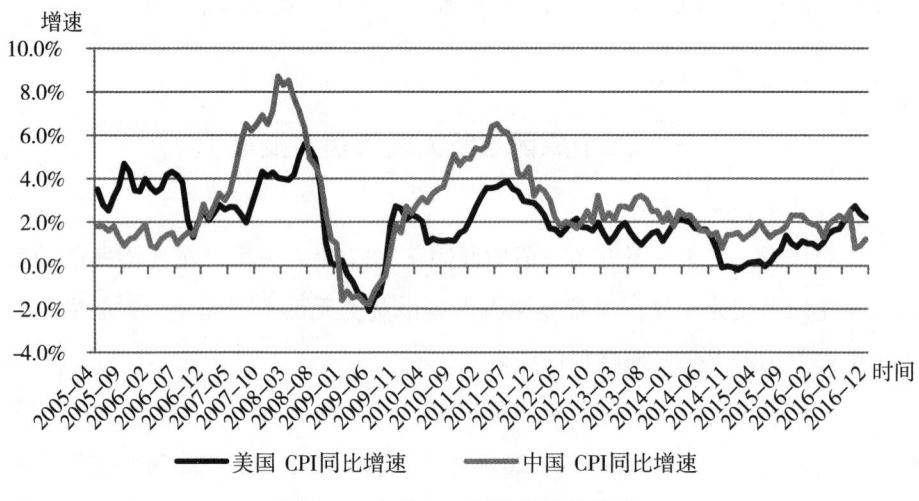

图7.4 中美CPI同比增速的变动

资料来源：CEIC。

第三，除非中国政府在近期推出重大国内结构性改革举措，否则中美劳动生产率增速的差距的持续缩小也将打压人民币兑美元汇率。如图7.5所示，过去二十余年，中国劳动生产率增速持续超过美国劳动生产率增速。更强的竞争力是推动人民币兑美元汇率持续升值的长期性变量。然而，中美劳动生产率增速的差距，从2008年起正在快速缩小。从图7.5中可以看出，中美劳动生产率增速差距缩小的主要原因，是中国劳动生产率增速近年来的快速下滑，而这又是近年来随着人口老龄化的加剧及农民工从农村向城市流动进程的放缓，劳动力成本显著上升所致。中美劳动生产率增速差距的缩小，将会削弱长期内人民币兑美元汇率的升值基础。因此，未来中美劳动生产率增速差距的变动将会深刻影响人民币兑美元汇率的中长期走势：如果中国政府能够及时出台实体经济的重大结构性改革政策，那么这将有助于提振中国劳动生产率增速，重新拉开中美劳动生产率差距，人民币兑美元汇率也将重新开始升值；如果中国没有及时进行结构性改革，那么中美劳动生产率增速的差距可能继续缩小，人民币兑美元汇率可能面临贬值压力。

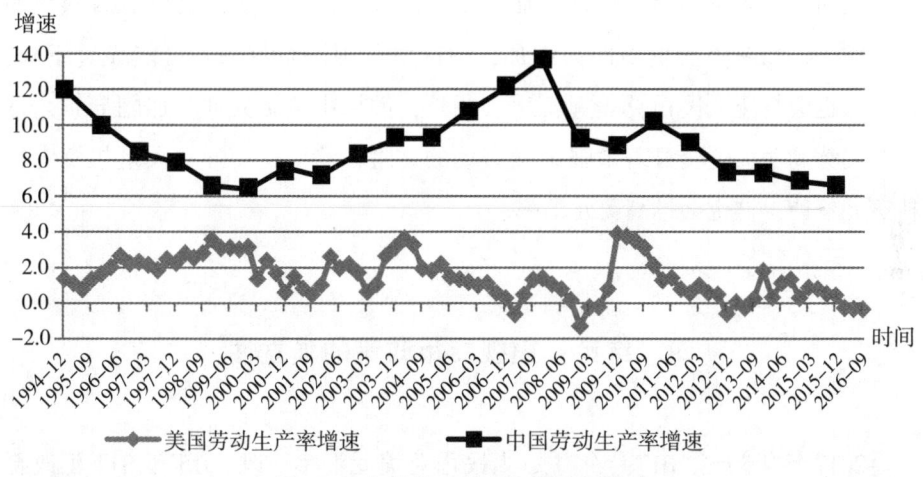

图7.5 中美劳动生产率增速的变动

资料来源：CEIC。

第四，中国国内系统性金融风险的上升将会增强国内居民与企业配置海外资产的动机，进而导致持续大规模的资本外流，强化的资本管制只能缓解而不能扭转这一趋势。自2008年全球金融危机爆发以来，中国国内杠杆率快速上升，这意味着中国金融市场系统性风险的上升。例如，当前中国私人部门信贷余额占 GDP 比率已经超过 200%，国内房地产市场存在泡沫化风险，国有企业与地方政府债务压力居高不下，银行同业业务之间也隐藏着各种金融风险。国内系统性风险的上升自然会显著增强国内居民与企业到海外进行多元化资产配置的动机。尽管当前中国央行已经显著收紧了资本外流管制，然而通过各种地下渠道与灰色渠道（如国际收支表的错误与遗漏项、服务贸易项等）的资本外流规模依然庞大。这种持续的资本外流自然意味着人民币兑美元汇率的贬值压力。

第五，潜在的中美贸易冲突也可能构成对人民币汇率的负面冲击。进入 2017 年下半年以来，特朗普政府在经历了各种政策困境之后，重启贸易冲突。一些美国官员表态要对中国企业与产品进行知识产权方面的调查，并启动超级 301 条款来对违反知识产权规则的中国产品进行惩罚。这意味着在未来一段时间内，中美贸易冲突有显著加剧的可能性。由于中国对美国有着很大的贸易顺差，如果中美贸易冲突增加，中国对美国的贸易顺差可能显著下降，这自然也会打压人民币兑美元汇率。此外，如果中美贸易冲突加剧导致全球经贸局势动荡，这会显著增强金融市场的避险情绪，从而导致大量投资者增持美元资产，这也会推高美元汇率。

四、结论：重视货币政策的独立性

2017 年年初至 2017 年年中，人民币兑美元汇率一改 2015 年 811 汇改至 2016 年年底跌跌不休的态势，转为升值了 3.0%。导致人民币兑美元汇率转跌为升的主要原因包括：美元汇率自身走软、中国央行显著加强资本流出管制、中国政府金融强监管重新拉大中美利差、中国央行重新增强了对每日汇率中间价的控制能力等。然而，考虑到未来中美利差可能重新缩小、中国通胀率可能持续高于美国、中美劳动生产率增速的差距可能继续缩小、国内金融风险上升增强国内居民与企业进行海外投资的动机、中美贸易冲突可能加剧等因素，未来人民币兑美元汇率可能重新面临贬值压力。

笔者对中国政府提出的政策建议包括以下几点。

第一，短期内仍应保持对资本账户的适当管制，这既可以防止短期资本大进大出对国内金融市场的冲击，也可以避免人民币汇率的过度波动。

第二，对于中国这样的开放大国经济体而言，货币政策的独立性要远比汇率的稳定性重要。因此，中国央行应该重新提高人民币汇率形成机制的市场化程度，尤其是应该重新增强中间价制定过程中前一日收盘价的作用。只有允许汇率波动，才能真正提高央行货币政策的独立性。

第三，中国政府应该努力抑制系统性金融风险的上升，避免系统性金融危机的爆发。如前所述，对国内风险上升的担忧是国内资本外流的重要诱因。只要中国政府能够通过加强金融监管、稳定金融市场发展来逐渐消化系统性风险，改变金融空转与脱实入虚，那么对中国金融体系信心的增强就有助于稳定资本外流，并进而稳定人民币汇率。

第四，中国政府应该加速国内实体经济结构性改革的步伐。如前所述，人民币兑美元汇率的中长期走强，取决于中美相对竞争力的变动。要提振实体经济竞争力或实体投资回报率，只能依赖重大的结构性改革。我们建议，中国政府应该努力推动国有企业混合所有制改革、风险可控的土地流转改革，加速服务业部门向民间资本开放。只要结构性改革能够重新提振中国经济竞争力，我们距离人民币的新一轮升值周期就不会太远。

下 篇

人民币国际化：
经历升降周期后的再出发

第八章

全球金融危机下的中国国际金融新战略[①]

一、人民币"脱美"

以美国次贷危机发端的全球金融危机给中国政府提供了丰富的教训与启示。一方面，由于美国政府采取极其宽松的财政货币政策来拯救金融体系，而不顾及这些政策的负外部性，从而埋下通货膨胀与美元贬值的种子。作为美国最大的官方债权人，中国政府发现，在国际贸易、国际资本流动与外汇储备管理方面过于依赖美元，其中蕴含着巨大风险。另一方面，尽管次贷危机重创了美国，但拜美元的核心货币地位及美国国债市场的"安全港"效应所赐，自2008年第三季度以来，美元对欧元汇率不降反升。目前廉价资金的流入为美国政府的救市政策提供了融资，而中长期内的美元贬值则将降低美国的实际债务。换句话说，在全球金融危机爆发后，处于国际货币体系外围的中国，与处于国际货币体系核心的美国相比，处于更加被动的地位。中国不仅要继续为美国提供融资，还不得不承受未来美元大幅贬值的潜在风险。

痛定思痛，从2008年年底开始，中国政府在国际金融领域内开展了一系

[①] 本章内容的英文版发表于 *China & World Economy*，2009年第5期。

列密集行动,这些行动由近及远可以分为人民币国际化、区域货币金融合作与国际货币体系重建三个层面。我们认为,这三个层面的举措,实则反映了全球金融危机下中国政府开始重新构筑国际金融战略,该战略的宗旨是在国际范围内全面提升人民币与其他种类货币的作用,降低中国、东亚区域与全球范围内对美元的依赖程度。

本章将从上述三个层面全面探讨中国政府在全球金融危机背景下新的国际金融战略。

二、人民币国际化启程

货币国际化(Currency Internationalization)是指特定货币由国别货币成长为国际货币的过程。而国际货币是指在全球贸易与投资中扮演着交易媒介、记账单位和价值储藏手段的货币,它既可能是国别货币(如美元),也可能是区域性货币(如欧元),或者是某种贵金属(如黄金)。Cooper(1986)指出,一种货币国际地位的变化在很大程度上取决于这种货币作为一种资产持有形式的币值稳定性。Williams(1968)与Kenen(1988)的研究先后声称,英镑与美元国际化的成功经验均表明,金融部门发展与金融市场自由化程度是决定货币国际化程度的关键因素。

钟伟(2002)提出应该将人民币资本项目可兑换与人民币国际化进程合二为一的建议。李晓等(2004)以人民币流通现状与特点为基础提出人民币亚洲化的观点。马策(2004)认为,人民币的自由兑换短期内可以由政府行为主导,由政府有意识地决定前进速度与方向,但人民币国际化基本上是一个市场需求推动下的自发过程。易纲(2006)指出,经济大国不能放弃货币主权,货币竞争与国家竞争密切相关,货币竞争乃是经济大国竞争的最高形式。他主张利用目前的贸易格局促进人民币的周边化与国际化。在人民币国际化具体策略的选择上,易纲主张采取渐进策略:首先,让人民币在文化相近、经贸关系密切的周边国家与地区成为主要结算货币后，再让人民币成为这些国家的储备货币；其次，应该发展以人民币计价的、开放的国际资本市场，为境外投资者提供更多的人民币资产选择。巴曙松（2007）指出，人民币国际化需要经历自由化、区域化与全球化三个发展阶段。货币自由化是指货币自由兑换及利率与汇率的市场化。人民币区域化可以选择以下四条路径：通过边境贸易促进人民币区域化、加强区域货币合作、加强人民币对外直接投资、利用香港人民币离岸中心的辐射作用。人民币全球化可以选择以下两条路径：一是发行以人民币计价的国际债券，二是加强人民币资产的对外直接投资。李稻葵、刘霖林（2008）提出了"双轨制"的构想。一方面，让中国香港成为境外人民币国际化的试验田；另一方面，在境内实行定向的、分步骤的、渐进的、与中国金融改革同步的资本项目可兑换措施，如 QFII、QDII 等。此外，也可邀请高质量的外国企业到中国 A 股市场发行股票，并允许部分资金兑换为美元后流出境外，从而改善中国公司的治理水平及资本市场的运行效率。

一直以来，有四个因素制约了人民币国际化的发展。第一，中国尚未全面开放资本项目，人民币也非完全自由兑换，这限制了中国通过资本项目向外输出人民币；第二，人民币汇率并非自由浮动，在很大程度上存在政府干预，这制约了境内外人民币远期汇率市场的培育，从而限制了境外居民与企业持有人民币的意愿（因为缺乏对冲持有人民币汇率风险的工具）；第三，除 B 股市场与 QFII 机制外，外国投资者不得直接投资中国资本市场，中国境外也缺乏以人民币计价的金融产品，这限制了人民币成长为国际储备货币的空间；第四，中国政府在人民币国际化方面也奉行韬光养晦的策略，没有推动本币国际化的强烈意愿。

然而，自 2008 年 9 月美国次贷危机演变为全球金融危机之后，中国政府对人民币国际化的态度明显由冷转热。2008 年年底至 2009 年 3 月，中国政府已经在两个方面取得重要进展。第一，中国已经与韩国、中国香港、马来西亚、白罗斯、印度尼西亚、阿根廷六个国家或地区签署了总额 6500 亿元人民币的双边本币互换协议（表8.1）；第二，中国开始加快人民币在跨境贸易结算中的试点工作。2008年12月，国务院常务会议明确表示，将对广东和长江三角洲地区与港澳地区、广西和云南与东盟的货物贸易进行人民币结算试点。2009年"两会"期间，央行官员透露，国务院已经确认人民币跨境结算将在香港展开试点，3月底可能出台珠三角与香港地区之间的人民币贸易结算制度。国务院常务会议4月8日推出了第一批跨境贸易人民币试点结算城市，包括上海市和广东省的广州、深圳、珠海、东莞四城市。

表8.1 截至2009年3月中国签署的双边本币互换协议

时间	参与国家或地区	规模（10亿元人民币）
2008年12月	中国—韩国	180
2009年1月	中国内地—香港特别行政区	200
2009年2月	中国—马来西亚	80
2009年3月	中国—白罗斯	20
2009年3月	中国—印度尼西亚	100
2009年3月	中国—阿根廷	70

双边本币互换与跨境贸易人民币结算具有相辅相成的关系。例如，如果阿根廷的进口商在进口中国商品时，需要以人民币计价并进行支付，进口商可以向商业银行提出人民币借款申请，商业银行可以向央行拆借人民币资金，而阿根廷央行则可以通过与中国央行的货币互换来解决人民币资金来源问题。因此，双边本币互换在很大程度上并非中国政府与其他国家政府合作应对危机冲击的举措，而是为人民币进行跨境贸易结算试点进行铺垫。其实，中国政府如果要帮助其他国家应对金融危机，最恰当的方式是与其他国家签署双边美元互换，因为人民币不能被其他国家用来干预外汇市场。

如果运用得当，双边本币互换也能够成为中国政府回收海外人民币的一种渠道。例如，当国外出口商通过向中国出口商品获得人民币货款后，该出口商可以向本国商业银行兑换本币，本国商业银行再与本国央行兑换本币，最终外国央行通过与中国央行的双边本币互换，把人民币返还给中国。

不难预测，中国政府将在未来一段时间内继续加速推进人民币国际化。一方面，中国将与更多的国家签署双边本币互换协议，尤其是与泰国、菲律宾、越南等东盟国家及中国台湾、俄罗斯等重要贸易伙伴；另一方面，中国将批准更多的跨境贸易人民币试点结算城市，尤其是与东盟各国联系紧密的昆明、南宁，以及中国重点发展的金融中心城市天津等。

中国香港地区可能成为人民币国际化进程中的重要赢家。首先，广东四个试点城市的推出在很大程度上是与香港配套的；其次，香港本身就是东南亚地区重要的自由港与贸易集散地；再次，目前香港地区是中国内地境外人民币流通最活跃的地点，也是东南亚地区人民币进出中国内地的端口；最后，在上述优势的基础上，香港可能建成人民币离岸清算中心、境外人民币远期外汇市场及境外人民币计价金融产品市场。人民币离岸清算中心的建立使得海外人民币可以自由地与其他任何货币进行兑换；境外人民币远期外汇市场的建立可以帮助人民币持有者规避与人民币汇率相关的风险；境外人民币计价金融产品市场的建立可以为人民币持有者提供更多的投资机会，从而极大地促进人民币成长为一种区域储备货币。事实上，2007年6月至2009年3月，已有5个中国内地金融机构在香港资本市场上发行了7批人民币债券，共募集资金220亿元人民币（表8.2）。这标志着香港地区有望成为中国内地以外人民币金融产品的主要发行地。而一旦上述三个市场正式建立起来，就意味着人民币国际化进入了一个新的阶段。

表8.2　中国内地金融机构在香港地区发行的人民币债券（截至2009年3月）

发债机构	发行日期	金额 （10亿元人民币）	期限	票面利率	认购倍数
国家开发银行	2007年6月	5	2	3.00	1.91
中国进出口银行	2007年8月	2	2	3.05	1.68
			3	3.20	

(续表)

发债机构	发行日期	金额（10亿元人民币）	期限	票面利率	认购倍数
中国银行	2007年9月	3	2	3.15	1.78
			3	3.35	
交通银行	2008年7月	3	2	3.25	6.80
中国进出口银行	2008年9月	3	3	3.40	2.75
中国建设银行	2008年9月	3	2	3.24	1.81
中国银行	2008年9月	3	2	3.25	4.16
			3	3.40	

当然，人民币国际化的一个更宏伟的目标是成为中国内地、香港、澳门、台湾组成的"大中华区"自由流通、共同使用的货币，这个目标的达成不但需要上述经济体更紧密地融合，也考验领导人的政治智慧，因此需要更长时间的积淀。

三、从区域货币金融合作开始："亚元"畅想曲

区域货币合作（Regional Currency Cooperation）或区域货币一体化（Regional Currency Integration）是指一定区域内的国家和地区在货币金融领域实施协调与合作，特别是联合实施货币政策与汇率政策。

李晓、丁一兵（2006）对东亚、欧元区与美洲南椎体三个区域内部实际供给、实际需求与货币冲击对称性进行了实证研究。结果表明，东亚地区实体经济冲击对称性总体上低于欧元区，但高于美洲南椎体国家；在东亚某些次区域集团中，实体经济冲击的对称性已经达到甚至超过欧元区水平；东亚地区经济冲击的调整速度明显快于欧元区与美洲南椎体国家。以上结论的自然推论是，东亚地区有足够的条件在现有基础上进一步推动制度化的区域经济合作与政策协调。韩民春、袁秀林（2007）采用最优货币区标准内生性模

型来验证中国同亚洲国家双边贸易关联度与经济相关程度的关系，发现从贸易的角度来看，人民币已经初步具备了实现区域化的某些前提条件。

楼继伟（2004）指出，亚洲各国在东亚区域货币金融合作的目标设计与阶段选择方面应贯彻如下原则：第一，贸易投资合作在先，货币金融合作随后，或两者并行、相互促进；第二，要广泛考虑区域内各经济体的经济与金融利益，保护各参与方改革与合作的积极性，愿意付出相当的转换成本；第三，由易到难，从建立区域资金自救机制，逐步走向比较高级的货币合作形式。他同时指出亚洲货币金融合作包含三个阶段：一是区域内流动性支持机制的形成；二是包括货币市场与资本市场在内的较发达的区域金融市场的形成；三是实现更高程度的区域汇率稳定性，最终走向单一货币区。沈国兵（2004）的研究发现，人民币与日元现阶段都无法成为区域内的锚货币，而从中日两国产业结构的差异性与贸易的互补性来看，两国货币没有竞争的必要，因此，推进日元与人民币进行区域货币合作（而非货币竞争）对中日双方都是有利的。高海红（2009）对区域货币金融合作的发展前景持谨慎乐观态度，她指出，认识到中国在制定区域金融路线图中的难点十分重要：一是中国应如何协调区域角色与全球角色，即如何平衡人民币的区域化与国际化；二是能否在亚洲目前的东盟10+3框架下建立联合的汇率机制，这是能否将亚洲金融合作由单纯的危机救助机制向货币合作机制推进的关键；三是如何认识现阶段亚洲区域金融合作存在的约束条件，如中国的资本项目管制及东亚国家普遍薄弱的金融体系。

相对于欧洲金融合作，亚洲国家的经济周期与经济结构差异更大，相互之间在历史、文化、宗教与政治问题上存在若干冲突，要在货币金融方面形成集体行动更加困难。因此，东亚货币金融合作向来具有危机推动的特征。只有面临共同的危机，东亚国家才能抛却各种成见，求同存异，达成共识。既然1997—1998年东南亚危机的爆发直接催生了清迈协议，我们有理由期待，2008—2009年的全球金融危机能够将东亚货币金融合作推上一个新台阶。

2000年5月签署的清迈协议是在东盟10+3框架下创建的一种双边美元互

换安排，其目的是管理区域内的短期流动性及协助其他全球性金融安排或机构的工作。清迈协议的主要内容包括：第一，扩展1997年7月签署的东盟互换协议（ASEAN Swap Agreement，ASA）的规模。将成员国范围由东盟5个大国扩展为东盟10国，将总体规模由2亿美元扩展到10亿美元。具体互换方式为，以本币为抵押，对方提供美元、欧元、日元中的任何一种货币，利率为LIBOR[①]平价，最大互换额度为出资额的2倍，期限为6个月，展期不超过1年。其目的是提供国际收支的短期流动性支持。第二，建立东盟成员国与中、日、韩之间的双边货币互换网络，这是清迈协议的核心机制。双边货币互换网络的最大互换额度由双方逐一磋商，共同出资确定。互换额度的20%可以自动拨付，而其余80%则与IMF的贷款条件性（Conditionality）相挂钩。贷款期限为90天，可展期7次，利率为LIBOR加150个基点，每展期两次加50个基点，最高不超过300个基点。第三，建立双边国债回购协议网络。一方可以用美国国债或本国政府债券作为抵押向另一方申请贷款，以增加短期流动性来源。表8.3总结了截至2009年3月中国政府在清迈协议框架下签署的双边货币互换协议，中国政府合计与其他东亚国家签署了总额235亿美元的双边货币互换协议。

表8.3 截至2009年3月中国在清迈协议框架下签署的双边货币互换协议

签署时间	参与国际与地区	单向或双向	规模（10亿美元）
2001年12月；2004年12月到期	中国—泰国	单边	2
2002年3月	中国—日本	双边	6
2002年6月	中国—韩国	双边	8
2002年10月	中国—马来西亚	单边	1.5
2003年8月；2007年4月修订	中国—菲律宾	单边	2
2003年12月；2006年10月修订	中国—印度尼西亚	单边	4

---

① LIBOR：London Interbank Offered Rate 的缩写，即伦敦同业拆借利率。

清迈协议尽管增强了区域内各国合作抵御金融危机的能力，但具有两个根本性缺陷：第一，货币互换机制是单边的而非多边的，这意味着货币互换的资金不能得到更有效的使用；第二，由于东亚地区缺乏一个独立的宏观经济监测机构，这意味着清迈协议下双边货币互换的使用有 80% 的资金必须与 IMF 的贷款条件性相挂钩。这在很大程度上限制了货币互换资金的独立使用。

在 2007 年 5 月日本京都举行的东盟 10+3 财长会议上，各成员国根据清迈协议多边化工作组的建议，原则上同意选择"自我管理的区域外汇储备库"（简称东亚储备库）作为区域多边资金救助机制的具体形式，这是东盟 10+3 在清迈协议多边化方面取得的突破性进展。所谓自我管理的区域外汇储备库，是指由各成员国央行分别划出一定数量的外汇储备汇集成区域储备基金，再由该基金签署协议委托各成员国在非危机时期分别管理各自的出资，在危机发生时将资金集中用于短期资金救助。由以上定义不难看出东亚储备库的几个特点：第一，它实际上并非一个真实的基金池，而是由成员国提供的一种资金承诺；第二，资金的管理权依然归属于各国外汇管理部门；第三，对于是否成立一个独立机构对各成员国宏观经济情况进行监测，以及管理危机时期资金的配置，仍无明确说法。

全球金融危机爆发以来，东亚货币金融合作进程明显加快。2009 年 2 月 22 日，东盟 10+3 财长会议在泰国普吉联合公布了《亚洲经济金融稳定行动计划》。根据该计划，清迈协议多边机制（东亚储备库）将规模由 800 亿美元扩展到 1200 亿美元，预计其中 80% 的资金将来自中、日、韩。此外，为保证共同储备基金得到有效管理与使用，提议建立独立的区域监控实体，以降低将资金使用与 IMF 贷款条件性相挂钩的比例。

在 2009 年 5 月 3 日于印度尼西亚巴厘岛召开的东盟 10+3 财长会议上，各方联合宣布，总值 1200 亿美元的区域外汇储备库将于 2009 年年底前完成筹建。中、日、韩三国财政部长就筹建东亚储备库的出资份额达成共识。根据这项共识，中国出资 384 亿美元，日本出资 384 亿美元，韩国出资 192 亿美元，分别占储备库总额的 32%、32% 和 16%。此外，在 2009 年 4 月 9 日于泰

下 篇
人民币国际化：经历升降周期后的再出发

国帕塔亚举行的第十三届东盟财政部长会议上，已就东盟国家在东亚储备库中的出资比例达成一致，即泰国、马来西亚、新加坡、印度尼西亚和菲律宾五国各出资不超过本国外汇储备的10%，即各约47亿美元，东盟另外五国——文莱、老挝、越南、柬埔寨和缅甸——各出资不超过本国外汇储备的5%，如文莱3400万美元、柬埔寨1.2亿美元、老挝3100万美元、越南10亿美元等。

无论是东亚储备库还是新的金融稳定行动计划，都是东亚国家针对清迈协议固有缺陷进行修补，以提高东亚区域应对金融危机冲击能力的阶段性制度化成果。事实上，尽管日本在东南亚金融危机期间提出的亚洲货币基金（Asian Monetary Fund，AMF）倡议因为遭到了IMF与美国的反对而归于失败，但"东亚储备库+独立区域监测实体"的新方案其实就是亚洲货币基金的雏形。如果新的金融稳定行动计划能够得到尽快落实，那么实施了多边化、具有独立的监测实体、资金动用与IMF贷款条件性脱钩的全新的清迈协议，将成为东亚区域货币合作的制度性成果与阶段性保障，并反过来继续推动东亚区域货币一体化的深入。

此外值得一提的是，在东亚区域金融合作的另一层面上，中国政府也积极参与了东亚债券市场的构建。一方面，中国央行是亚洲债券基金（Asian Bond Funds，ABF）一期与二期的重要出资者；另一方面，在东亚债券市场倡议（Asian Bond Market Initiatives，ABMI）方面，中国具体负责两个工作小组的运作，这两个工作小组分别关于信用担保与投资机制及多边开发银行、外国政府机构与亚洲跨国公司发行本币债券。此外，中国也在允许外国金融机构到中国国内发行人民币债券，以及允许中国金融机构到离岸金融市场发行以人民币计价的债券两个方面取得了重要进展。2005年10月，国际金融公司（International Finance Corporation，IFC）与亚洲开发银行（Asian Development Bank，ADB）分别在中国银行间债券市场上发行了11.3亿元与10亿元人民币的熊猫债券。如前文所述，2007年6月至2009年3月，已有5个中国内地金融机构在香港市场上发行7批人民币债券，共募集资金220亿元人民币，债券期限均为两到三年，票面利率在3%~3.4%，而且均获得超额认购。

毫无疑问，参与东亚货币金融合作是符合中国国家利益的。中国经济已经非常深入地融入东亚区域经济一体化的进程中。一方面，中国在全球经常项目失衡的地域分布中具有特殊位置：在对美国保持庞大的经常项目顺差的同时，对亚洲多数国家保持经常项目逆差；另一方面，中国在亚洲产业链中具有特殊地位：中国的加工贸易（Processing Trade）占中国总贸易的比重高达54.6%，同时东亚区域内贸易大约60%来自中国（高海红，2009）。深入参与东亚货币金融合作，有利于增强中国在东亚区域内的影响力，提高人民币在东亚区域内的地位，并进一步促进东亚区域朝着最优货币区的方向转变。

制约中国政府进一步参与东亚货币金融合作的重要因素之一，是中国与日本面临着领导权之争。例如，在东亚储备库的出资与表决权方面，中国与日本都有能力占据主导地位。如何设计东亚储备库及未来亚洲货币基金的份额与投票权机制，将成为决定东亚货币金融合作能否顺利推进的关键之一。

四、不可缺失的声音：重建新的国际货币体系

从20世纪70年代布雷顿森林体系崩溃至今，美元延续了国际货币体系中储备货币的角色，以至于牙买加体系也被称为美元本位制（Dollar Standard）。进入21世纪以来，美元本位制出现的最大问题是国际收支失衡。这一方面体现为美国出现持续的经常账户逆差，另一方面体现为东亚国家和资源出口国出现持续的经常账户顺差。由于持续的经常账户逆差将会导致一国净对外债务的上升，一旦净对外债务超过一定限度，那么该国货币就会面临显著的贬值压力，建立在该国货币基础上的国际货币体系就不可持续。

我们在2007年曾分析了国际收支失衡的三种潜在调整路径：一是由金融市场来主导调整（即作为外国投资者的东亚国家来主动调整美元资产比例）；二是顺差国在美国压力下实施集体升值，即达成新的广场协议；三是各国就

下 篇
人民币国际化：经历升降周期后的再出发

成本分担机制达成实质性协议，从而主动实施国内政策调整。其中第一种情景是最糟糕的，而第三种情景是最理想的。然而，自次贷危机爆发以来，我们并没有看到美国或中国积极地进行国内结构调整，全球国际收支失衡未必会随着金融危机的结束而得到实质性改善。未来全球国际收支失衡的格局演进仍具有相当的不确定性。

我们认为，与之前的国际货币体系（金本位制、布雷顿森林体系）相比，现行国际货币体系的最大缺陷在于，缺乏对储备货币发行国货币发行数量的纪律约束。在金本位制下，约束美元发行的纪律是，由于黄金与美元挂钩，一旦美元过度发行，其他国家政府与投资者会用美元向美联储兑换黄金。然而，这一约束在国别信用货币充当全球货币的牙买加体系中不复存在。在这一体系中，由于货币超发缺乏强制性约束，全球货币体系中的流动性过剩及资产价格的周期性膨胀与破灭就成为一种常态。

在过去十余年，全球国际收支失衡加剧。虽然美国持续的经常账户赤字造成净对外负债不断上升，但由于美元资产在全球投资者的资产组合中具有重要地位，全球外汇储备资金通过购买美国金融产品的形式回流美国，客观上延缓了美国经常账户失衡的调整（余永定，2009）。然而，次贷危机的爆发重创了全球投资者对美国金融产品的信心。美国政府自次贷危机爆发以来的救市举措，又引发了投资者对中长期内美元贬值的担忧。而中国是美国的最大债权人，一旦美元大幅贬值，中国外汇储备中的美元资产将遭受巨大损失。

在这一背景下，时任央行行长的周小川在 G20 伦敦峰会召开前夜，发表了《关于改革国际货币体系的思考》一文（周小川，2009）。这篇文章是中国政府领导人首次对国际货币体系的演进方向表明态度，引起了国际社会的高度重视。

周小川发表关于国际货币体系改革的倡议，从短期来看，是为了增加中国代表团在 G20 伦敦峰会上的主动权与谈判力（Bargain Power）；从中期来看，中国政府表达了对最近一段时间以来美国数量宽松政策的担忧，特别是美联储直接购买美国国债加剧了中长期通货膨胀与美元贬值的可能性，这会危及中国巨额外汇储备；从长期来看，作为新兴市场国家与发展中国家的重要代表，中国政府指出了未来国际货币体系演进的一种方向，并为朝着这个目标努力提供了一系列具有操作性的政策建议。

周小川在文章中指出，但凡以国别货币充当世界货币，均不能解决特里芬难题，这是因为储备货币发行国不能平衡国内政策需要与世界经济发展需要。而本次次贷危机爆发的根源在于，美国国内宽松的货币政策导致全球流动性泛滥，全球流动性泛滥压低美国金融市场长期利率，从而出现罕见的房地产泡沫与衍生品泡沫。因此，"危机未必是储备货币发行当局的故意，但却是制度性的必然"。如果说金本位制天然会带来通货紧缩压力，那么美元本位制天然会带来通货膨胀压力。要从根本上解决特里芬难题，就必须创设一种超主权的国际储备货币。

从短期来看，周小川建议扩大 SDR 的发行与使用范围，以降低全球经济对美元的依赖程度。我们认为，具体做实这一建议的措施包括以下几点。第一，扩大 SDR 的定值货币篮，将以人民币为代表的新兴市场国家货币纳入该货币篮（目前货币篮中只有美元、欧元、英镑、日元四种货币）。第二，积极推动在国际贸易、大宗商品定价、投资与企业记账中使用 SDR 计价，也可考虑用 SDR 来计算一国外汇储备的市场价值。第三，要扩大 SDR 在全球贸易与投资领域的使用范围，这意味着 SDR 除了用于政府或国际组织的结算外，也要进入私人部门的跨国结算。这不但意味着要显著扩大 SDR 的发行，而且要求 SDR 的分配更加合理，使得更需要国际流动性的国家能够获得更多的 SDR。第四，要通过推出以 SDR 计价的金融资产来提高 SDR 作为一种储备货币的吸引力，如 IMF 可以发行以 SDR 计值的债券进行融资。第五，IMF 可以成立以 SDR 计值的开放式基金，各成员国可以用现有外汇储备（如美元）自由认购（张明，2009）。

当然，要创建一种超主权储备货币并取代美元，可能需要很长的时间，即使在 SDR 的基础上构建全球货币也是如此。尽管次贷危机削弱了美元，但也同样削弱了美元的各大竞争对手，因此，美元全球储备货币地位的衰落必然是渐进的和长期的。黄益平（2009）指出，本轮全球金融危机可能成为美元发展史上一个重要的分水岭。金融危机结束之后，美元独霸天下的局面将会发生改变。不过国际经济的客观现实决定了美元不会很快退出历史舞台。这一方面是因为美国依然代表着世界上最先进的生产力，另一方面是因为还没有出现一个强有力的竞争对手。

我们认为，未来国际货币体系的演进方向很可能是多极化，美元、欧元与亚元可能共同充当全球储备货币的角色。储备货币的多极化实质上在储备货币发行国之间引入了竞争机制。如果美元超发，则全球投资者可能会更多地选择欧元与亚元，从而对美国进行惩罚。这种竞争机制的引入对储备货币发行国将构成新的纪律约束。同时，国际储备货币多极化也是与世界经济与国际贸易的发展方向相吻合的。

尽管国际货币体系改革是个长期而艰巨的任务，它对于解决中国当前所面临的一系列紧迫问题也并不一定有直接帮助，但中国仍应积极参与在全球层面的以 IMF 为主要平台的国际货币金融体系改革（余永定，2009）。

五、人民币国际化与三个层次的战略推进

目前中国政府在人民币国际化、区域货币金融合作与国际货币体系重建这三个层面上平行推进，并各有斩获。但由于不同层面上的国际金融战略需要不同程度的沟通、协调、博弈与合作，因此中国政府在不同层次上具有不同的主动性。国际货币体系重建需要在全球范围内达成共识，区域货币金融合作需要在东亚范围内形成集体行动，相比之下，人民币国际化可以由中国政府直接推进，并只要与贸易伙伴协调沟通即可。此外，由于中国对东亚国家而言整体上存在贸易赤字，这恰好为推进人民币国际化奠定了良好基础。因此，人民币国际化实际上成为近期内中国政府重点推进的领域。

有观点认为，在人民币的国际化和区域化之间存在冲突。人民币国际化

意味着单独行动，而参与区域货币合作意味着要与日本这样的发达国家开展合作。这种观点认为，中国未来只能在人民币国际化与参加区域货币合作之间选择一条道路。其实，在我们看来，在人民币发展到特定阶段之前，人民币国际化与区域化不但不矛盾，反而可能相互促进。人民币在东亚区域内作为贸易结算货币有助于增强人民币在东亚区域金融合作中的地位，而中国参与区域货币金融合作也有助于进一步推动人民币离岸清算中心及境外人民币债券市场的建立。在本国货币国际化方面，我们认为有三条道路可供参考：美元的道路（单边国际化）、马克的道路（参加区域货币金融合作并最终退出），以及英镑的道路（先加入欧洲货币合作，后来退出欧元汇率联动机制）。现阶段我们完全可以不急于做出最终选择。

因此，从目前来看，人民币国际化、区域货币金融合作、国际货币体系重建，尽管实施起来难度不同、阻力各异，但这三方面工作依然应该协调推进，不可偏废。

第九章

三箭齐发：人民币国际化的三条主线[①]

一、人民币国际化：崛起中国的选择

多年以来，人民币作为一种硬通货在中国周边若干发展中国家（如蒙古、越南、老挝、缅甸、尼泊尔）得到较为广泛的使用，在边境贸易中也成为重要的计价与结算货币。[②]人民币的上述国际使用主要基于市场的自发选择。而中国政府主动推进人民币的国际使用，则是从2009年开始的。

（一）对现行国际货币体系"亮剑"

2009年3月，时任央行行长的周小川发表了一篇题为《改革国际货币体系、创造超主权储备货币》的文章，在国内外引发强烈反响，这被认为是中国政府首次正式表达对以美元为主要国际储备货币的现行国际货币体系的不满。周小川指出，对储备货币发行国（美国）而言，国内货币政策目标与各国对储备货币的要求经常产生矛盾，即储备货币发行国无法在为世界提供流

[①] 本章内容发表于《金融评论》2013年第4期。
[②] 中国央行先后与越南、蒙古、老挝、尼泊尔、俄罗斯、朝鲜和吉尔吉斯斯坦等国签署了关于边境贸易的结算协定，促进双方本币在边贸结算中使用。

动性的同时确保币值稳定。无论是储备货币使用国还是储备货币发行国，在现行体系下付出的代价均越来越大，"危机未必是储备货币发行当局的故意，但却是制度性缺陷的必然"（周小川，2009）。

至于应对之策，周小川在这篇文章中提出应创造一种与主权国家脱钩，并能保持币值长期稳定的国际储备货币，且在此过程中应该特别考虑充分发挥 SDR 的作用。然而众所周知，要从无到有创建一种超主权储备货币并使之获得广泛使用，短期内困难与阻力巨大，因而只能是一种中长期的愿景。但自周小川这篇文章发表后不久，从 2009 年 4 月起，中国政府就紧锣密鼓地开始推动跨境贸易人民币结算试点工作。因此，尽管周小川在上述文章中并未提到人民币，但市场普遍认为，这篇文章吹响了中国政府主动推进人民币国际化的号角。

（二）人民币国际化背后的四大推动力

中国政府为什么会从 2009 年起开始大力推动人民币国际化呢？我们认为主要原因大致有如下四个方面。

第一，在 2008 年全球金融危机爆发期间，美元、欧元、日元等主要国际结算货币汇率大幅波动，导致中国及周边国家或地区的企业在使用第三国货币进行贸易结算时面临较大的汇率风险。因此，为规避汇率风险、减少汇兑损失，推动中国与周边国家或地区的经贸关系发展，中国政府顺应国内外企业与市场的需求，开始推动跨境贸易的人民币结算。

第二，自 2008 年全球金融危机爆发以来，为提振本国经济与稳定本国金融市场，美、欧、日、英等发达经济体央行集体实施了长期低利率政策与量化宽松政策。量化宽松政策虽然符合上述发达经济体的国内政策目标，却给新兴市场经济体造成严重的负外部性。一方面，量化宽松政策加剧了全球流动性过剩，使得包括中国在内的新兴市场国家面临短期国际资本流入、通货膨胀压力上升与资产价格上涨等不利冲击；另一方面，量化宽松政策压低了发达经济体的货币汇率，使得包括中国在内的新兴市场国家面临本币升值压

下　篇
人民币国际化：经历升降周期后的再出发

力，而一旦本币升值幅度超过基本面所能承受的水平，新兴市场国家的出口增长、经济增长与就业状况就会受到负面影响。本币升值除影响中国出口增长外，还会通过估值效应造成中国国际投资头寸的损失。中国的国外资产与国外负债存在显著的币种错配。例如，美国与中国的国外负债基本上都是以本币计价的，但在 2009 年年底，美国国外资产的 43% 由美元计价，而中国仅有 0.3% 的国外资产由人民币计价（Gao and Coffman, 2013）。这意味着一旦人民币对美元升值，中国国外资产的市场价值就会显著缩水，导致中国出现巨大的估值损失。截止到 2012 年年底，在中国 5.17 万亿美元的国外资产中，外汇储备占到 64%，这意味着中国的国外资产损失将主要体现为外汇储备缩水。因此，为缓解发达国家量化宽松政策对中国经济造成的一系列负面影响，中国政府有很强的动力推进人民币国际化。人民币在跨境贸易中得到更多使用，既有助于缓解美元贬值对中国贸易的影响，也有助于降低外汇储备的累积，从而缓解中国国际投资头寸的币种错配。

第三，自 2008 年全球金融危机爆发以来，中国经济的国际地位迅速上升，已经超越日本成为全球第二大经济体。而从全球经济史来看，过去 100 多年以来，全球第二大经济体的货币并非国际性货币的状况实属罕见。作为一个世界经济大国，本国企业在进行跨境贸易与投资过程中不能使用本币计价与结算，是一件非常尴尬的事情。因此，本国经济实力的上升是中国政府推动人民币国际化的内在动因之一。

第四，中国国内改革已经进入存量改革阶段，在强大的既得利益集团的阻挠下，结构性改革举步维艰。而推动人民币国际化可以被中国政府用来倒逼国内结构性改革。例如，人民币要真正成为一种国际性货币，人民币汇率与利率形成机制的市场化就不可避免。在这一意义上，人民币国际化对于人民币汇率与利率市场化改革的重要性，并不亚于加入 WTO 对中国银行业改革的重要性。换句话说，人民币国际化可以被用作中国改革开放的"新推进器"（黄海洲，2009）。

(三) 人民币国际化进程的"中国智慧"

有趣的是，尽管事实上中国政府从 2009 年起一直在大力推进人民币国际化，但截至 2013 年 4 月，在所有官方正式文件中，从未提出过关于"人民币国际化"的正式表述。例如，中国人民银行从未在正式文件或表态中提及人民币国际化。最早在 2009 年第三季度的《央行货币政策报告》中，相关提法是"稳步推进跨境贸易人民币结算试点，促进贸易和投资便利化"(中国人民银行，2009)。比较常用的说法是"推进人民币在跨境贸易与投资中的更广泛使用"。又如，在党的十八大报告中，也并未正式提及人民币国际化，唯一涉及人民币的一句话是"逐步实现人民币资本项目可兑换"(胡锦涛，2012)。

为什么中国政府尽量避免对"人民币国际化"做出正式表态呢？我们认为可能存在以下两个原因。第一，正式表态推动人民币国际化可能与中国政府的韬光养晦战略及中国为发展中国家的定位存在冲突。从国际经验来看，本币成为国际性货币的国家均是发达国家，因此，如果中国政府表态要推进人民币国际化，这就意味着中国承认自己是一个发达国家。此外，表态要推进人民币国际化也意味着中国政府试图在全球范围内积极发挥自己的影响力，而这可能激发新的"中国威胁论"。第二，人民币最终能否成长为真正的国际性货币，依然存在较大的不确定性。历史经验表明，货币国际化的努力未必能取得成功。例如，日元国际化的努力在很大程度上来说是失败的。而避免对具有不确定性的努力进行正式表态，反映了中国政府务实而谨慎的行为方式。

二、揭秘人民币国际化的三条主线

迄今为止，中国政府主要从以下三个层面来推动人民币国际化：一是跨境贸易与投资的人民币结算；二是离岸人民币市场的培育与发展；三是与其他国家或地区央行签署双边本币互换协议。

下 篇
人民币国际化：经历升降周期后的再出发

（一）主线一：推动跨境贸易与投资人民币结算

在推动跨境贸易人民币结算方面，中国政府采取了试点推广的渐进式方法。2009年4月，国务院第56次常务会议做出了在上海市以及广东省广州、深圳、珠海、东莞先行开展跨境贸易人民币结算试点的决定，境外参与跨境贸易人民币结算的地域范围限定为港澳地区和东盟国家。2009年7月初，人民银行会同财政部、商务部、海关总署、税务总局与银监会（以下简称六部委）发布了《跨境贸易人民币结算试点管理办法》及《实施细则》。2009年7月，上海市和广东省四个城市的365家试点企业正式开始试行跨境贸易人民币结算。在经过一年时间的试点之后，2010年6月，六部委发布了《关于扩大跨境贸易人民币结算试点有关问题的通知》，从以下四个方面扩大了跨境贸易人民币结算的试点范围：一是将境内试点地区由上海市和广东省四个城市扩大至20个省市自治区；二是将境外区域由港澳、东盟地区扩展至全球；三是将试点业务范围由货物贸易扩展到包括服务贸易和经常转移在内的所有经常项目结算；四是将试点企业由365家企业扩展至省市自治区内所有具有进出口经营资格的企业。又过了一年之后，2011年8月，六部委发布了《关于扩大跨境贸易人民币结算地区的通知》，将跨境贸易人民币结算的国内地域范围扩大至全国。

在跨境贸易人民币结算试点推进初期，中国政府对出口人民币结算与进口人民币结算采取了非对称的规定，即所有试点企业均能用人民币支付进口，但只有部分企业能够在出口中用人民币结算。这客观上造成了更大比例的人民币结算发生在进口端而非出口端的局面。2012年3月，六部委发布了《关于出口货物贸易人民币结算企业管理有关问题的通知》，明确所有具有进出口经营资格的企业均可开展出口货物贸易人民币结算业务。该通知的发布对跨境贸易人民币结算平衡发展具有重要的促进作用。2012年6月，六部委联合下发了出口货物贸易人民币结算重点监管企业名单，表示将在各自职责范围内依法对重点监管企业开展出口货物贸易人民币结算业务加强管理。至此，中国境内所有具有进出口经营资格的企业均可依法开展出口货物贸易人民币结算业务。

在推动跨境直接投资人民币结算试点方面，中国政府采取了三步走的策略：第一步，2010年10月，为贯彻落实中央新疆工作座谈会工作部署，经国务院批准，新疆正式启动跨境贸易与投资人民币结算试点工作，成为首个开展跨境直接投资人民币结算试点的省区；第二步，2011年1月，人民银行发布《境外直接投资人民币结算试点管理办法》，允许境内企业以人民币进行对外直接投资，且银行可以按照有关规定向境内机构在境外投资的企业或项目发放人民币贷款；第三步，2011年10月，商务部发布《关于跨境人民币直接投资有关问题的通知》，人民银行发布《外商直接投资人民币结算业务管理办法》，允许境外投资者以人民币来华开展直接投资。同月，人民银行发布《关于境内银行业金融机构境外项目人民币贷款的指导意见》，进一步明确了商业银行开展境外项目人民币贷款的有关要求。

（二）主线二：推动离岸人民币市场的培育与发展

在推动离岸人民币市场发展方面，中国政府首先将香港作为重中之重优先发展。最近几年来，离岸人民币市场逐渐扩展至伦敦、新加坡、中国台湾等地。近期，中国政府又推出了前海人民币试验区。

事实上，早在2003年"非典"之后内地与香港特区签署的《关于建立更紧密经贸关系的安排》（CEPA）中，就包含了在香港发展人民币业务的内容，即批准香港银行在港办理人民币存款、兑换、银行卡和汇款四项个人人民币业务，以满足两地居民个人往来和小额旅游消费的需求，但不涉及大额经常项下的交易和人民币的贷款、投融资等资本项目交易。2003年12月，人民银行授权中银香港作为香港人民币清算行，并与中银香港签署《关于人民币业务的清算协议》。这意味着央行为香港提供了人民币清算和兑换平盘安排，从而奠定了香港人民币业务发展的基础。从2004年2月起，香港银行开始正式办理个人人民币业务。

2010年7月，人民银行与香港金管局签订了《补充合作备忘录》，与中

下 篇
人民币国际化：经历升降周期后的再出发

银香港签订修订后的《关于人民币业务的清算协议》，明确香港人民币业务参加行可以按照本地法规为企业和机构客户提供人民币银行业务，人民币资金进出内地须符合内地的有关规定。自上述两个协议签订之日起，香港人民币业务进入快速发展阶段，人民币在港开户和划转不受限制，香港金融机构可自主开发各类人民币交易产品和资产负债产品。

央行推进香港离岸人民币市场发展的具体政策举措，可以分为两个层面：第一个层面是在香港推出更多种类的人民币计价金融产品，第二个层面是构建离岸人民币资金回流内地的多渠道机制。

在香港推出更多种类的人民币金融产品的政策举措主要包括以下几个。一是推动发行人民币债券。早在2007年1月，人民银行发布的2007年第3号公告就表示，内地金融机构经批准后可以赴香港发行人民币债券，所筹资金可汇入内地。2007年7月，国家开发银行在香港发行首只人民币债券，募集规模达到50亿元。2009年9月，中国财政部首次在香港发行60亿元人民币国债，这不但丰富了香港人民币债券品种，而且有助于构建香港人民币债券市场收益率曲线的定价基准。2012年5月，国家发改委发布了关于内地非金融企业在香港发行人民币债券的有关规定。二是推动发行人民币股权类产品。2011年4月，香港首只以人民币计价的基金——汇贤房地产信托投资基金公开招股。三是推动发行人民币基金类产品。2012年6月，经证监会批准，第一只以人民币计价的A股交易所交易基金（Exchange Traded Funds，ETF）在香港证交所上市。

在构建离岸人民币资金回流内地机制方面的政策举措主要包括：第一，2010年8月，人民银行发布《关于境外人民币清算行等三类机构运用人民币投资银行间债券市场试点有关事宜的通知》，允许境外中央银行或货币当局、港澳人民币业务清算行和境外参加银行使用依法获得的人民币资金投资银行间债券市场；第二，2011年10月，商务部与人民银行发布相关法规，允许境外投资者以人民币来华开展直接投资；第三，2011年12月，证监会、人民银行与外管局联合发布《基金管理公司、证券公司人民币合格境外机构投资者①境内证券投资试点办法》，允许符合一定资格条件的境内基金管理公司、证券公司的香港子公司作为试点机构，运用其在港募集的人民币资金在经批准的人民币投资额度内开展境内证券投资业务，首批额度200亿元人民币。随后，RQFII的额度由200亿元扩大至700亿元。2012年11月，证监会宣布将RQFII总额度由700亿元进一步扩大至2700亿元。

除大力发展香港离岸人民币市场外，政府也逐渐与更多国家或地区的金融中心开展合作，进一步推进更加多元化的离岸人民币市场建设。主要目标市场包括以下几个。一是伦敦市场。2011年，中英政府发表联合声明，欢迎私营部门对发展伦敦人民币离岸市场和该市场最新发展情况的兴趣。伦敦金融城还为此成立了一个由私营机构代表组成的工作小组，以推动伦敦人民币业务的发展。2012年4月，汇丰银行在伦敦发行中国之外的首只人民币债券，募集规模为10亿元，发行对象主要是英国及欧洲大陆国家的投资者。二是新加坡市场。2012年7月，中新政府签署换文，表示在《中新自由贸易协定》框架下，中方将在新加坡持有全面银行牌照的中资银行中选择一家作为新加坡人民币业务清算行。2013年2月，人民银行最终授权中国工商银行新加坡分行担任新加坡人民币清算行。三是中国台湾市场。2012年8月，大陆与台湾货币当局签署《海峡两岸货币清算合作备忘录》。双方同意以备忘录确定的原则和合作架构建立两岸货币清算机制，双方将各自选择一家货币清算机构为对方开展本方货币业务提供结算及清算服务。2012年12月，人民银行授权中国银行台北分行作为台湾人民币业务清算行。四是东京市场。2012年6月，中日货币当局启动了人民币与日元的直接兑换交易。五是澳大利亚市场。2013年4月，中澳货币当局启动了人民币与澳元的直接兑换交易。人民银行还授权澳新银行（ANZ）与西太平洋银行（Westpac）为直接交易的做市商。

2012年12月，人民银行深圳分行发布了前海人民币跨境借贷指南。该指

---

① 人民币合格境外机构投资者：英文译为RMB Qualified Foreign Institutional Investors，RQFII。

南允许在深圳前海特区注册成立的公司从香港银行借入人民币并用于前海开发目的，初始贷款额度为人民币 500 亿元。

（三）主线三：积极与其他国家或地区央行签署双边本币互换协议

2008 年 12 月 12 日，中国人民银行与韩国银行签署了第一个双边本币互换协议，规模为 1800 亿元人民币/38 万亿韩元，期限为 3 年。此后数年内，人民银行开始频繁地与特定经济体央行签署双边本币互换协议。如表 9.1 所示，截至 2013 年 4 月底，人民银行已经与 19 个经济体的中央银行签署总额超过 2 万亿元人民币的双边本币互换协议，期限均为 3 年。其中，有 5 个经济体央行与人民银行签署的双边本币互换协议已经到期，但均已续签，且互换金额均显著扩大。

中国央行与其他经济体央行之间签署双边本币互换协议，最重要的目的即是增加中国境外能够获得的人民币数量，从而既促进跨境贸易人民币结算业务的发展，又促进离岸人民币市场的发展。例如，在中国央行签署的如此之多的双边本币互换协议中，截至 2013 年 4 月，唯一动用的一次，是香港金管局利用这一机制借入人民币来解决香港人民币市场上一度出现的资金短缺问题。

表 9.1　中国央行签署的双边本币互换协议（2008.12—2013.3）

时间	交易对象	金额	期限
2008 年 12 月 12 日	韩国银行	1800 亿元/38 万亿韩元	3 年
2009 年 1 月 20 日	香港金管局	2000 亿元/2270 亿港币	3 年
2009 年 2 月 8 日	马来西亚国民银行	800 亿元/400 亿林吉特	3 年
2009 年 3 月 11 日	白罗斯共和国国家银行	200 亿元/8 万亿白罗斯卢布	3 年
2009 年 3 月 24 日	印度尼西亚银行	1000 亿元/175 万亿印尼卢比	3 年
2009 年 3 月 29 日	阿根廷中央银行	700 亿元	3 年
2010 年 6 月 9 日	冰岛中央银行	35 亿元	3 年

(续表)

时间	交易对象	金额	期限
2010年7月23日	新加坡金管局	1500亿元/300亿新加坡元	3年
2011年4月18日	新西兰储备银行	250亿元	3年
2011年4月19日	乌兹别克斯坦共和国中央银行	7亿元	3年
2011年5月6日	蒙古银行	50亿元/1万亿图格里克	3年
2011年6月13日	哈萨克斯坦共和国中央银行	70亿元	3年
2011年10月26日	韩国银行	3600亿元/64万亿韩元	续签并扩大规模
2011年11月22日	香港金管局	4000亿元/4900亿港币	续签并扩大规模
2011年12月22日	泰国中央银行	700亿元/3200亿泰铢	3年
2011年12月23日	巴基斯坦国家银行	100亿元/1400亿卢比	3年
2012年1月17日	阿联酋中央银行	350亿元/200亿迪拉姆	3年
2012年2月8日	马来西亚国民银行	1800亿元/900亿林吉特	续签并扩大规模
2012年2月21日	土耳其中央银行	100亿元/30亿土耳其里拉	3年
2012年3月20日	蒙古银行	100亿元/2万亿图格里特	补充协议扩大规模
2012年3月22日	澳大利亚储备银行	2000亿元/300亿澳元	3年
2012年6月26日	乌克兰国家银行	150亿元/190亿里格夫纳	3年
2013年3月7日	新加坡金管局	3000亿元	续签并扩大规模
2013年3月26日	巴西中央银行	1900亿元/600亿雷亚尔	3年
累积金额		26 212亿元	

资料来源：笔者根据中国人民银行网站公开资料整理。

三、人民币国际化：成就与问题

自2009年中国政府开始推动人民币国际化至今，无论是跨境贸易与投资的人民币结算，还是离岸人民币市场的发展，均取得了显著进展。不过，在人民币国际化进程中，也存在一些值得重视的问题。

人民币国际化：经历升降周期后的再出发

（一）从 36 亿元到 10 039 亿元

如图 9.1 所示，跨境贸易人民币结算的绝对规模，已经由 2009 年第四季度的 36 亿元人民币上升至 2013 年第一季度的 10 039 亿元人民币，其中货物贸易人民币结算规模约占 70%，其余 30% 为服务贸易及其他经常账户交易的人民币结算。而跨境货物贸易人民币结算规模占跨境货物贸易总规模的比重，则由 2011 年第一季度的 6% 上升至 2013 年第一季度的 11%。跨境贸易人民币结算规模在 2011 年下半年至 2012 年初一度陷入停滞，但从 2012 年第二季度起重新恢复快速增长。作为内地参与全球贸易的重要转口基地，香港在跨境贸易人民币结算中扮演着重要角色，自 2009 年第四季度至 2013 年第一季度，大约 80% 的跨境贸易人民币结算均通过香港进行（图 9.2）。

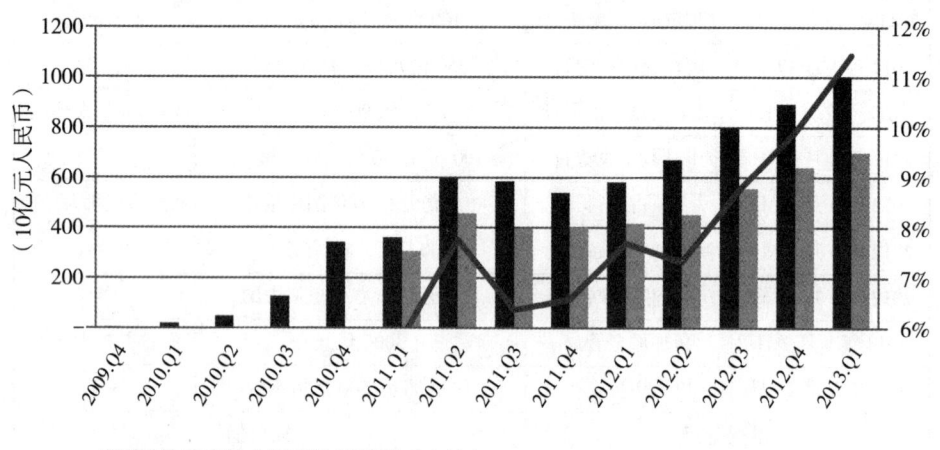

图 9.1 人民币跨境贸易结算发展状况

资料来源：CEIC。
注释：跨境贸易人民币结算规模数据包括货物贸易、服务贸易与其他经常账户交易。

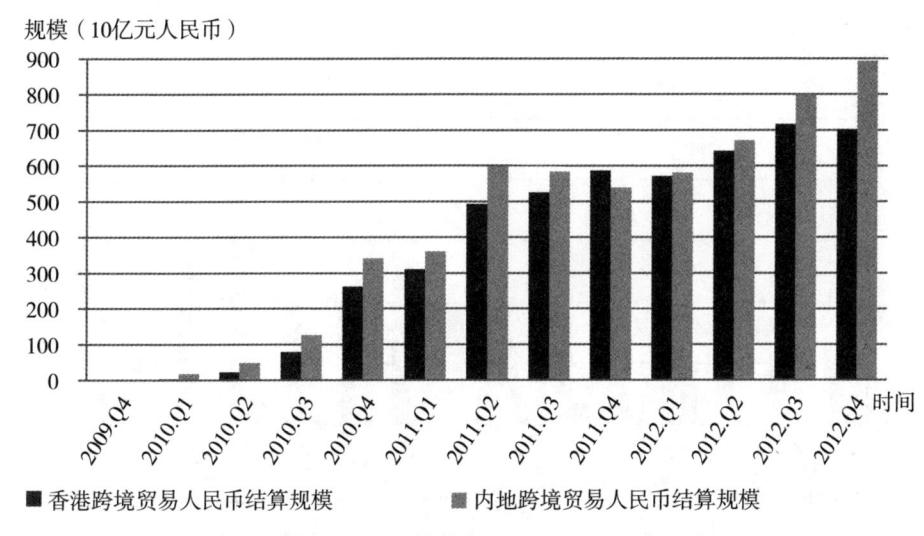

第九章
三箭齐发：人民币国际化的三条主线

图 9.2 香港在跨境贸易人民币结算中扮演着重要角色

资料来源：香港跨境贸易人民币结算规模数据引自路透社，内地跨境贸易人民币结算规模数据引自 CEIC。

跨境直接投资的人民币结算近年来也取得较快进展。如图 9.3 所示，对外直接投资的人民币结算规模显著低于外商直接投资的人民币结算规模。这意味着截至 2013 年 4 月的跨境直接投资的人民币结算，事实上是境外人民币资金回流国内的重要通道。2011 年中国跨境直接投资的人民币结算规模为1108.7 亿元人民币，其中对外直接投资的人民币结算规模为 201.5 亿元，外商直接投资的人民币结算规模为 907.2 亿元。2012 年中国跨境直接投资的人民币结算规模为 2840.2 亿元人民币，增长了 156%，其中对外直接投资的人民币结算规模为 304.4 亿元，增长了 51%；外商直接投资的人民币结算规模为 2535.8 亿元，增长了 180%。对外直接投资的人民币结算规模占对外直接投资总额的比重，由 2011 年的 5% 上升至 2012 年的 6%，而外商直接投资的人民币结算规模占外商直接投资总额的比重，则由 2011 年的 12% 上升至 2012 年的 36%（图 9.4）。

151

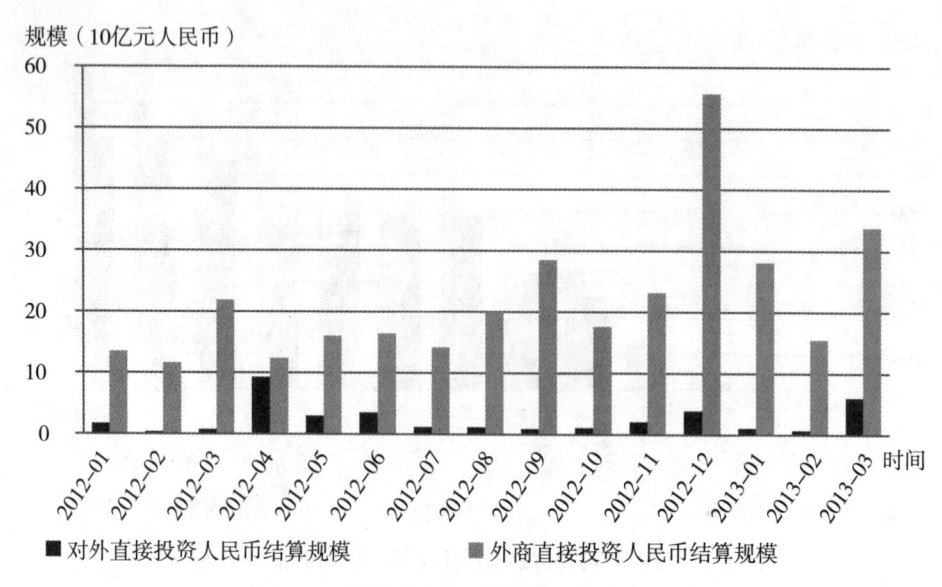

下 篇
人民币国际化：经历升降周期后的再出发

图9.3 人民币跨境直接投资结算发展状况

资料来源：CEIC。

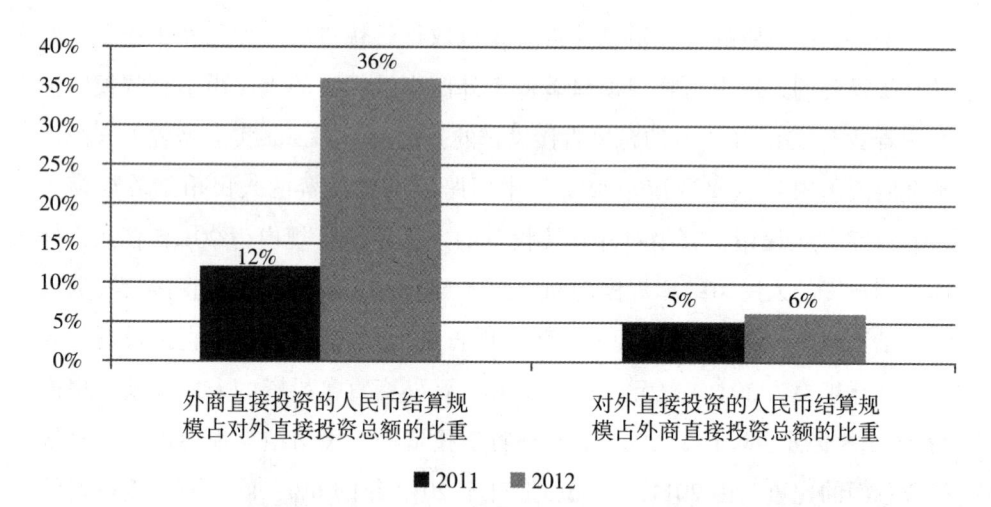

图9.4 人民币跨境直接投资结算规模占跨境直接投资总额的比重显著上升

资料来源：Qu et al. (2013)。

注释：图中指标为FDI人民币结算规模占FDI总额的比重，或ODI人民币结算规模占ODI总额的比重。

（二）离岸市场亮点纷呈

从 2004 年 2 月起，香港银行就已经开始提供人民币存款服务了。直至 2010 年 6 月底，香港人民币存款规模仍不足 1000 亿元。然而从 2010 年 6 月底至 2013 年 3 月底，香港人民币存款规模由 897 亿元攀升至 6681 亿元。一个重要原因是 2010 年 7 月中国人民银行与香港金管局签订的《补充合作备忘录》极大地拓宽了香港人民币业务的空间。然而如图 9.5 所示，香港人民币存款规模在 2012 年期间一度出现持续负增长的现象，直到 2012 年第四季度才开始重新上升。值得注意的是，2013 年 2 月，在香港人民币存款中，定期存款占比由不到 40% 攀升至 80% 左右。由于香港人民币定期存款利率极低，因此这意味着目前香港人民币市场上可供选择的其他人民币金融产品的规模依然有限。

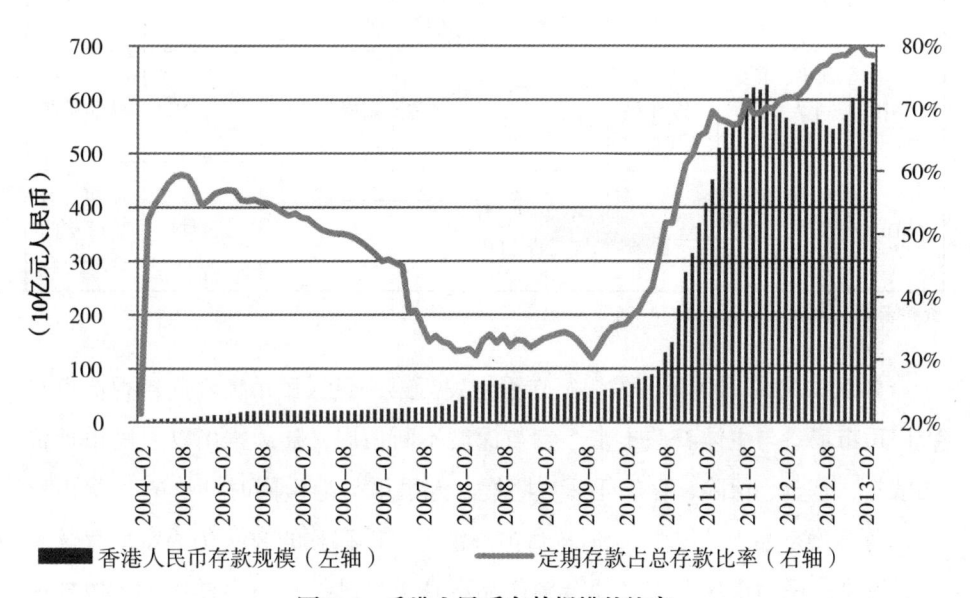

图 9.5　香港人民币存款规模的演变

资料来源：CEIC。

注释：除人民币存款外，香港人民币存款凭证（Certificate of Deposit，CD）余额在 2010 年年底为 68 亿元，2011 年年底为 731 亿元，2012 年年底为 1173 亿元。

在香港人民币市场形成一定规模后，目前全球范围内已经形成了三个人民币市场（表9.2）。其中CNY市场是指中国内地在岸人民币市场，监管者为中国人民银行及外管局，该市场的人民币汇率形成机制尚未充分市场化；CNH市场是指香港离岸可交割人民币市场，监管者为香港金管局与中国人民银行，该市场上的人民币汇率基本上由市场决定；NDF市场是指位于香港与新加坡的离岸不可交割人民币远期市场，该市场没有监管者，人民币远期汇率完全由市场决定，但市场上投机者扮演着重要角色。

表9.2 不同的人民币市场比较

市场名称	含义	监管者	外汇机制	参与者	市场自由度	远期曲线
CNY	在岸人民币市场	中国人民银行、外管局	中国外汇交易中心、央行干预	在岸、被允许的离岸投资者（FDI、QFII、QDII）	高度管制	在岸利率
CNH	离岸可交割人民币市场	香港金管局、中国人民银行	OTC、市场清算	离岸	基本上自由化	离岸利率
NDF	离岸不可交割人民币远期市场	无	OTC、每日与CNY钉住	离岸	无管制	预期，但受可交割合约影响

资料来源：Qu et al. (2013)。

自2007年7月国家开发银行在香港发行第一只人民币债券起，香港离岸人民币市场参与主体日趋丰富，参与深度不断拓展，陆续推出以人民币计价的债券、基金、保险、存款凭证、期货、人民币与港币同时计价的"双币双股"等金融产品（表9.3）。但从目前香港人民币存款的80%仍为定期存款来看，香港人民币市场上的其他金融产品尽管类型已经较为多样化了，但规模依然比较有限。不过，2012年11月证监会宣布将RQFII总额度由700亿元扩大至2700亿元，这应该会显著增加香港人民币市场上非存款类金融产品的规模。

表 9.3　香港人民币市场上的金融产品类型

类型	子类型	第一笔交易日期
存款凭证（CD）	—	2010 年 7 月
债券	内地金融机构	2007 年 7 月
	内地非金融企业	2011 年 11 月
	境外企业	2010 年 7 月
	国际性机构、主权国家	2009 年 10 月
结构性存款/票据	—	2010 年 7 月
保险产品	—	2009 年下半年
投资基金	人民币基金	2010 年 8 月
	RQFII 基金	2012 年 1 月
股权类产品	房地产投资基金	2011 年 4 月
	双币种上市股权	2012 年 10 月
交易所交易基金（ETF）	人民币黄金 ETF	2012 年 2 月
	RQFIIA 股 ETF	2012 年 7 月
衍生品	货币期货	2012 年 9 月

资料来源：Qu et al.（2013）。

人民币债券市场是目前香港人民币市场的最大亮点。目前全球范围内的任何企业、金融机构、政府组织均可到香港发行以人民币计价的债券。人民币债券年度新发行规模，已经由 2007 年的 100 亿元人民币上升至 2012 年的 1122 亿元人民币（图 9.6）。香港人民币债券市场的发展也打破了过去由港币债券一统天下的格局。如图 9.7 所示，2009 年 10 月前，香港债券市场的 98% 均为港币债券，然而在 2009 年 10 月至 2011 年 12 月期间，港币债券的占比下降至 34.8%，而人民币债券占比上升至 51.6%，一举成为香港债券市场上最重要的债券类型。

下 篇
人民币国际化：经历升降周期后的再出发

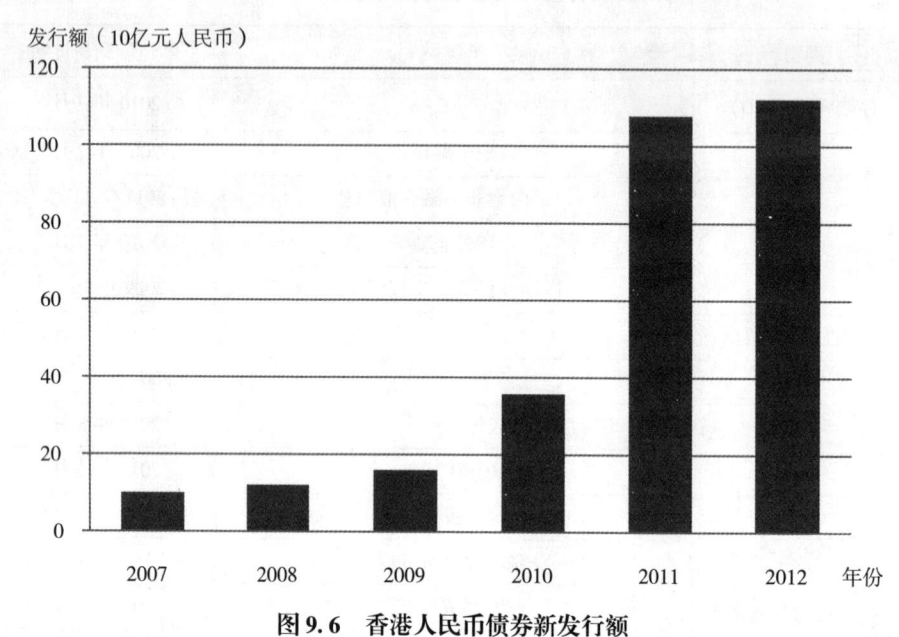

图9.6 香港人民币债券新发行额

资料来源：CEIC。

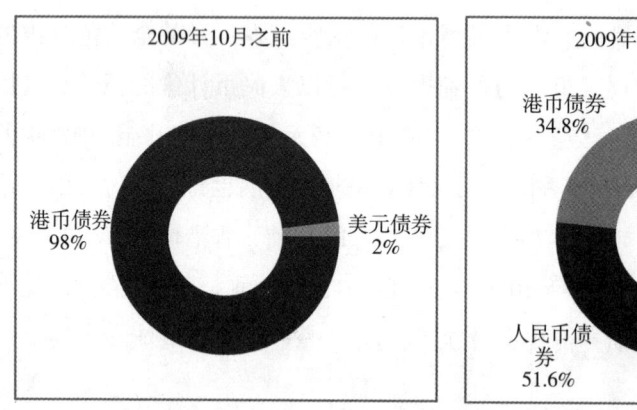

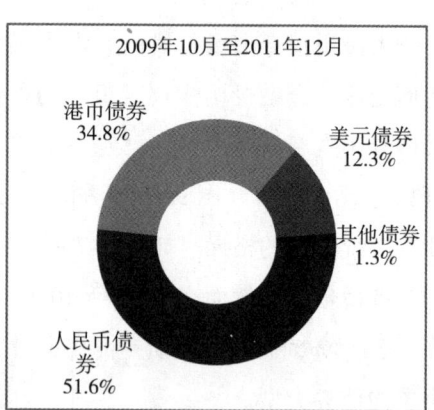

图9.7 香港债券市场的结构性变化

2009年10月之前：港币债券 98%，美元债券 2%

2009年10月至2011年12月：港币债券 34.8%，美元债券 12.3%，其他债券 1.3%，人民币债券 51.6%

资料来源：Subacchi and Huang (2012)。

除香港外，目前在新加坡、中国澳门、中国台湾、伦敦等城市也逐渐形成了一批离岸人民币市场。迄今为止，香港在离岸人民币市场中占据着绝对主导地位。大约80%的跨境贸易人民币结算业务以及80%的全球人民币支付均通过香港进行，此外香港还提供了一个一级债券发行平台以及人民币产品的二级交易市场（SWIFT[①]，2012）。从离岸市场人民币存量的分布来看，目前全球离岸市场人民币存量约为9000亿元，而香港人民币存量的份额约为84%（图9.8）。另外，近年来伦敦人民币市场异军突起，发展格外迅速。截至2012年，伦敦市场上的人民币交易量已经占到除中国内地与中国香港之外的全球离岸人民币交易量的46%。而汇丰银行于2012年4月在伦敦发行的债券是第一只在中国之外发行的人民币计价债券（SWIFT，2012）。

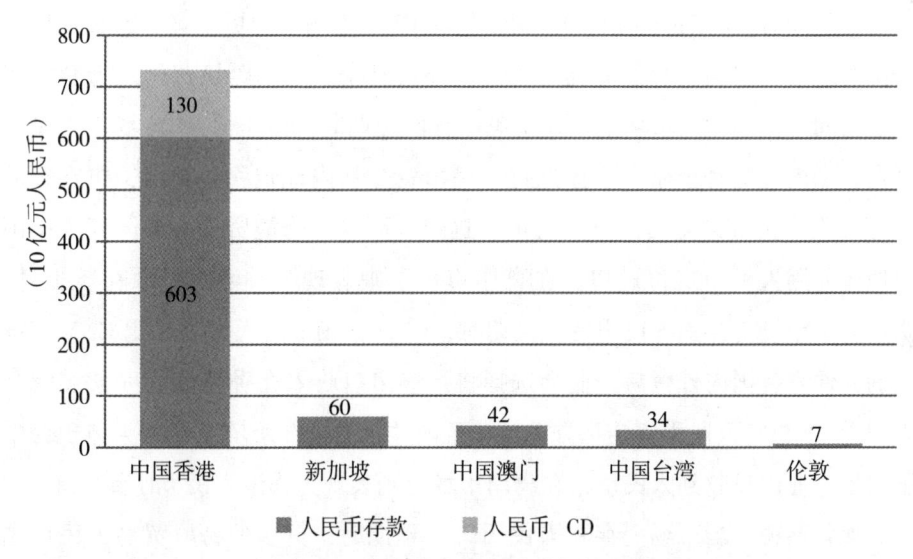

图9.8 各离岸市场人民币存量比较

资料来源：Qu et al.（2013）。
注释：上述数据时点为2012年6月底至12月底不等。

[①] SWTFT：Society for Worldwide Interbank Financial Telecommunications，即环球同业银行金融电讯协会。

(三) 跨境套利：人民币国际化无法回避的问题

尽管人民币国际化进程取得了显著进展，但其背后也隐藏着一些问题。最重要的问题之一是，在香港人民币离岸市场与内地人民币在岸市场之间的跨境套利活动，在跨境贸易人民币结算中扮演着重要角色（张明、何帆，2011）。上述跨境套利活动主要包括两种：一种是利用离岸在岸市场的现汇汇价之差套汇，另一种是利用离岸在岸市场的利率之差套利。

如前所述，内地人民币市场（CNY）的汇率存在管制，而香港人民币市场（CNH）的汇率基本上由市场决定。这造成 CNY 市场上与 CNH 市场上人民币对美元汇率经常存在背离。更具体而言，当市场上存在人民币升值预期时，CNH 市场上的人民币要比 CNY 市场上的更贵；反之，当市场上存在人民币贬值预期时，CNH 市场上的人民币要比 CNY 市场上的更便宜。这种汇率差为在内地与香港均设有分支机构的国内外贸易企业利用跨境贸易进行套汇留下了空间。例如，当市场上存在人民币升值预期时，由于 CNH 市场上人民币更贵，国内外贸易企业会选择先将人民币资金从内地转移至香港，再在香港购汇（卖人民币买美元）以支付最终进口，而这在跨境贸易上会体现为中国内地企业用人民币支付进口，在离岸市场上则表现为香港人民币存款上升。反之，当市场上存在人民币贬值预期时，CNH 市场上的人民币要比 CNY 市场上的更便宜，国内外贸易企业会选择将最终出口收入在香港结汇（卖美元买人民币），再将人民币资金从香港转移至内地，而这在跨境贸易上会体现为中国内地企业出口收到人民币，在离岸市场上则表现为香港人民币存款下降。

换句话说，当市场上存在人民币升值预期时，更多的跨境贸易人民币结算会发生在进口端（从内地视角来看），且香港人民币存款不断上升；而当市场上存在人民币贬值预期时，更多的跨境贸易人民币结算会发生在出口端（从内地视角来看），且香港人民币存款不断下降。如图 9.9 所示，月度香港人民币存款增量与月度人民币对美元升值幅度之间的确存在较为明显的正相关关系，在 2010 年 1 月至 2013 年 3 月，二者的相关系数达到 0.54。这在一定程度上验证了跨境套汇现象的存在。

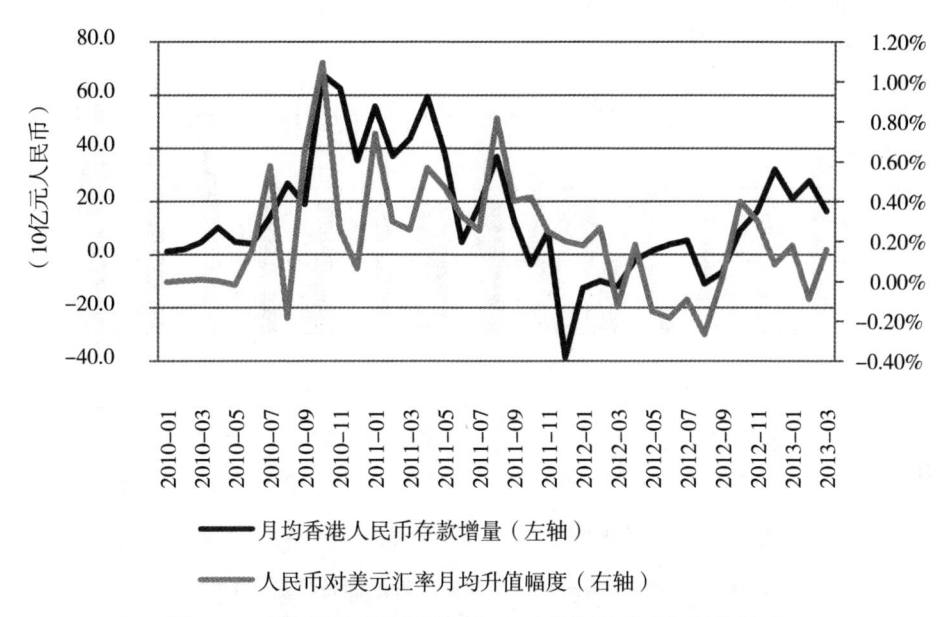

图9.9 香港人民币存款增量与人民币升值幅度之间的关系

资料来源：CEIC 及作者的计算。

离岸在岸跨境套汇活动还产生了一个新问题。当市场上存在人民币升值预期时，更多的跨境贸易人民币结算发生在进口端而非出口端，这意味着中国的外汇储备将会继续上升（过去进口需要购汇，而现在进口用人民币即可支付）。如图9.10所示，在2010年至2011年上半年及2012年第四季度至2013年第一季度，跨境贸易人民币结算规模的扩大是与外汇储备增量的上升同时发生的。如前所述，考虑到中国政府推进人民币国际化的目的之一是降低外汇储备的累积，那么上述跨境套汇行为导致的外汇储备增长显然并非中国政府愿意看到的结果。更深层次的问题是，中国政府推进人民币国际化，事实上是鼓励外国居民用美元资产来交换中国居民的人民币资产，这种资产交换行为在人民币对美元升值的背景下，显然会造成中国居民的福利损失。

下 篇
人民币国际化：经历升降周期后的再出发

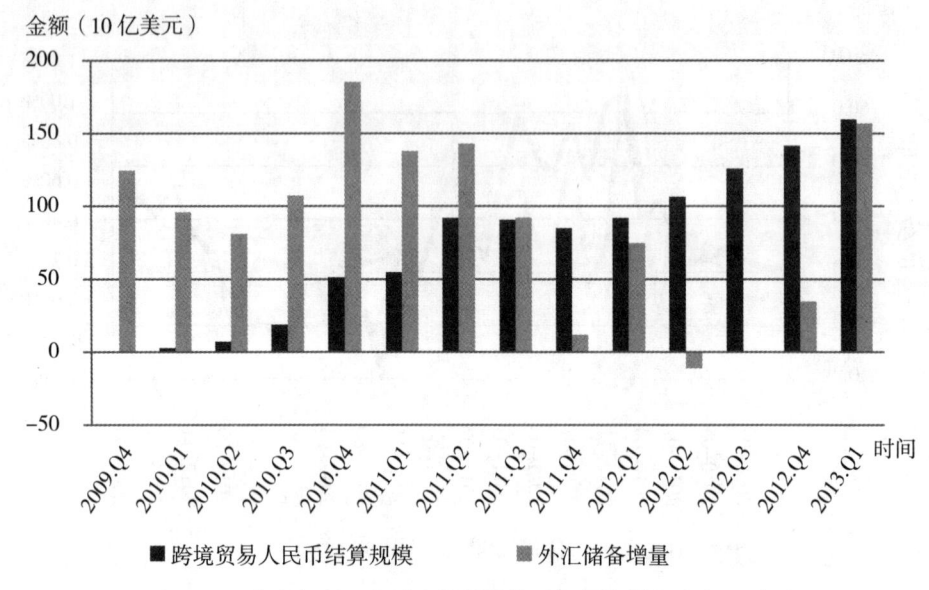

图9.10 跨境贸易人民币结算规模与外汇储备增量之间的关系

资料来源：CEIC。
注释：为方便比较，作者用月度汇率数据将跨境贸易人民币结算规模换算为美元数。

跨境套利活动存在的基础是，香港市场的贷款利率显著低于内地市场的贷款利率。因此对于内地企业而言，如果能够通过特定途径获得香港商业银行提供的贷款，那么可以显著地降低贷款成本。最流行的跨境套利活动之一是，基于人民币信用证的内保外贷，其操作方法为：首先，内地企业A将人民币存入内地银行甲，要求甲开具一张到期日较长的人民币信用证；其次，内地企业A以从其香港关联企业B进口的理由，用信用证向B付款；再次，B企业以该信用证为抵押，向香港银行乙申请低利率的人民币贷款；最后，B企业以从内地企业A进口的理由，将人民币资金转移至A企业。上述跨境套利活动的结果，从企业层面来看，是内地企业A最终获得香港银行乙提供的低成本贷款；从跨境贸易人民币结算来看，是同时发生了基于出口与进口渠道的两笔人民币跨境结算业务；从银行渠道来看，是内地银行向香港银行开出了人民币信用证，而香港银行向内地银行提供了人民币贷款。

如图9.11所示，2005年1月至2013年1月，香港银行对内地银行的港币债务与外币债务均保持大致平稳,而香港银行对内地银行的港币债权也基本平稳,唯一发生大幅攀升的,恰好是香港银行对内地银行的外币债权,其中很大一部分应该是人民币债权。这在一定程度上验证了跨境套利机制的存在。另一个有力证据是,根据 SWIFT 统计,在 2012 年上半年全球开出的人民币信用证中,54% 是内地开向香港的,而香港开向内地的不到 0.5%（Cookson,2012）。同期内,尽管人民币仅占全球国际结算的 0.34%,但人民币占到全球信用证开证货币的 4%（Gao and Coffman,2013）。

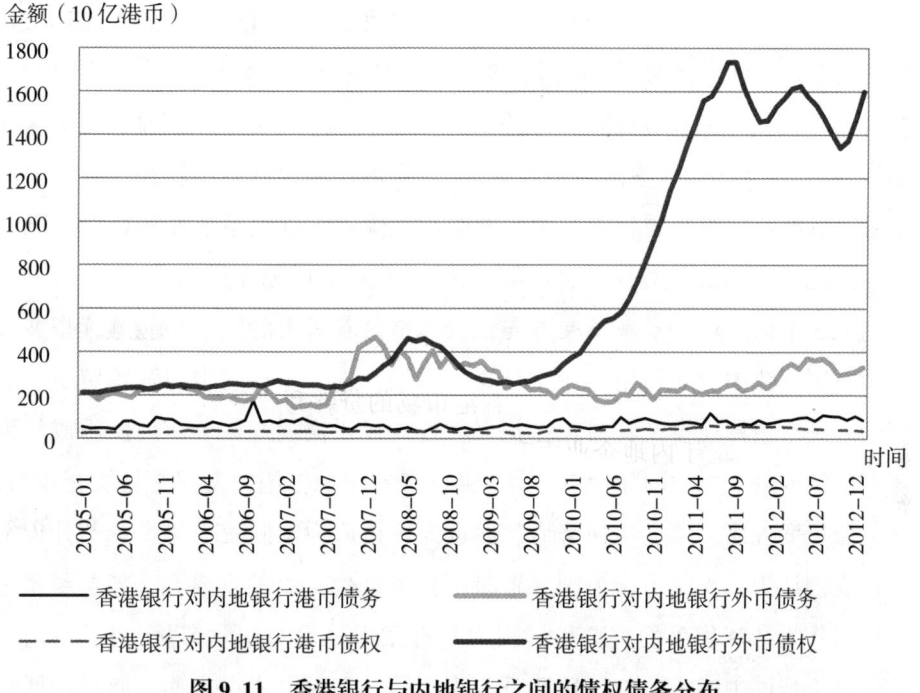

图 9.11 香港银行与内地银行之间的债权债务分布

资料来源：香港金管局网站。

综上所述,快速发展的跨境贸易人民币结算背后,有相当一部分其实是内地与香港的关联企业利用 CNH 与 CNY 市场的汇率差及利率差进行跨境套利的结果。这种跨境套利活动尽管从表面上也体现为跨境贸易人民币结算,但可能导致外汇储备上升（国民福利损失）或者政府调控能力下降（利率政策失效），而这并非中国政府推进人民币国际化的初衷。

四、走出中国特色的货币国际化之路

随着中国经济的不断崛起，人民币逐渐成长为国际性货币是水到渠成的事情。然而，正如McCauley（2011）所指出的，货币国际化通常是市场选择的结果，而像中国政府这样官方大力推动货币国际化的做法是史无前例的。从各主要货币国际化的历史来看，既有成功的案例（如美元），也有失败的案例（如日元），还有变通的国际化案例（如德国马克通过欧元间接实施了国际化）。我们认为，只要中国经济在未来20年内还能保持持续较快增长、中国金融市场能够持续发展壮大、中国能够避免爆发大规模系统性的金融危机甚至经济危机，那么人民币注定会成长为全球重要的国际性货币。

人民币国际化的未来发展方向，依然是沿着货币的三大功能继续拓展人民币在国际范围内的使用。在交易媒介方面，进一步提高中国跨境贸易与投资的人民币结算规模及其占比，扩大境外人民币流通规模，让人民币成长为亚洲区域内最重要的国际货币之一，并逐渐在全球范围内发挥交易媒介作用。在价值尺度方面，通过各种努力，促进人民币成为国际贸易与投资的计价货币。我们认为，人民币作为国际贸易与投资计价货币的重要性，甚至要超过人民币作为结算货币的重要性。因为只有用人民币对国际贸易与投资计价，才能真正帮助中国企业与居民降低汇率风险。在储藏手段方面，通过发展与完善中国金融市场，推出更多类型的人民币计价金融产品，以增强人民币资产对全球投资者的吸引力。我们认为，如果未来中国对外贸易与投资合同的50%以上用人民币计价与结算，人民币在全球外汇储备资产的比重结构中超过10%，这就意味着人民币成功地实现了国际化。预计要达到这一目标，需要10年至20年的时间，而且前提是中国经济能够持续较快增长、中国金融市场能够持续发展壮大、能够避免系统性经济金融危机的爆发。

第九章
三箭齐发：人民币国际化的三条主线

为了继续推动人民币国际化的进展，中国政府既要继续推动跨境贸易与投资的人民币结算及离岸人民币金融市场发展，又要努力推动国内结构性改革与国内金融市场发展。具体的实施路径主要包括以下几条。

第一，推动国内结构性改革，实现中国经济增长动力由投资与出口驱动向消费与投资平行驱动的转变，从而夯实中国经济持续较快增长的基础。最重要的结构性改革包括：进行居民、政府、企业三部门之间的收入分配改革及居民部门内部的收入分配改革，打破国有企业对若干服务业部门的垄断，加速推进包括利率与汇率在内的国内要素价格的市场化。值得一提的是，人民币利率与汇率形成机制的市场化改革，不仅能够推动中国经济增长，而且能够减少离岸与在岸人民币市场之间的跨境套利行为。

第二，加快国内金融领域改革，努力发展壮大国内金融市场，这样才能从根本上提高人民币金融产品对外国投资者的吸引力。具体措施包括：大力发展直接融资体系，尤其是债券市场；努力支持村镇银行、小额贷款公司等中小间接融资机构的发展，尽快建立存款保险机制；在金融市场全面对外开放之前，优先对民间资本开放国内金融市场；提高金融监管水平，通过金融监管机构的整合重组来应对金融机构事实上已经开展混业经营的局面。

第三，审慎、渐进、可控地推进资本账户开放，避免资本账户过快开放引发系统性金融危机。鉴于资本账户开放与人民币国际化是一枚硬币的两面，目前国内出现了通过加速资本账户开放来推进人民币国际化的呼声。然而，在当前国内外形势下，过快开放资本账户可能会带来极大的风险。从国外来看，目前主要发达经济体均在实施量化宽松政策，这加剧了全球流动性过剩，新兴市场经济体面临着短期资本大量流入的局面；从国内来看，广义货币与GDP比率居高不下，国内产权制度改革尚未完成，中长期内经济增长面临不确定性，国内资金外流的动力很强。如果短期内中国政府过快开放资本账户，很可能导致短期资本大进大出，甚至引发系统性金融危机。而一旦中国爆发系统性金融危机，则人民币国际化的进程可能遭遇挫折，甚至出现逆转。

第四，创造各种条件，鼓励中国企业在对外投资的过程中，使用人民币计价与结算。近年来中国无论对发达国家还是新兴市场国家的直接投资增长都很快。中国政府应鼓励中国企业在对新兴市场国家的直接投资中使用人民币计价与结算。当然，为了促进境外合作方接受使用人民币，除允许合作方用获得的人民币采购中国的机器设备、商品及聘用来自中国的劳动力之外，中国政府也应允许合作方用人民币资金向中国央行兑换美元。

第五，除继续推动跨境贸易与投资的人民币结算及促进离岸人民币金融市场发展之外，中国政府还可以通过一些创新方式来推动人民币国际化。例如，樊纲、王碧珺、黄益平（2012）建议，中国政府应大力推动在东亚区域内建立国家间储备货币互持机制，此举既有助于降低东亚各国外汇储备绝对规模与相应风险，也有助于推动人民币国际化。中国政府应鼓励其他国家在外汇储备中持有人民币资产。智利、日本和马来西亚的央行都持有人民币资产，而尼日利亚央行更是将大约10%的外汇储备投入人民币。2012年3月，日本成为首个获准直接投资中国主权债务的大型发达国家。而继2013年4月中澳启动人民币与澳元的直接兑换交易后，2013年5月澳大利亚央行表示，计划将其外汇储备（约390亿美元）的大约5%投资于中国国债。上述努力，是在使得人民币成为国际交易媒介与计价尺度之外，直接推动人民币成为国际储藏手段，这一方向值得中国政府高度重视。

第十章

透视"跛足"的人民币国际化[①]

一、人民币国际化的策略路径

自 2008 年美国次贷危机全面爆发以来,中国政府明显加快了人民币国际化的步伐。国际化货币具有计价尺度、交易媒介与储藏手段三大职能。从这一视角来看,中国政府推进人民币国际化的策略是,先推动跨境贸易的计价与结算,然后推动跨境直接投资的计价与结算,到条件成熟时再推动人民币成为国际储备货币。秉承过去 30 年"摸着石头过河"的试错法,人民币国际化同样遵循了从"试点实验"到"全面铺开"的路径。在推进跨境贸易人民币结算的同时,中国政府也在大力建设香港人民币离岸中心。截至 2011 年年底,跨境贸易人民币结算试点与香港人民币离岸中心建设均取得了显著进展。但跨境贸易人民币结算出现了不平衡的状况。

二、不平衡的跨境贸易人民币结算

2009 年 4 月 8 日,国务院决定在上海市与广东省广州、深圳、珠海、东

[①] 本章内容发表于《经济学动态》2011 年第 12 期。

下 篇
人民币国际化：经历升降周期后的再出发

莞4个城市先行开展跨境贸易人民币结算试点工作。2009年7月2日，国务院六部委发布跨境贸易人民币结算试点管理办法，中国跨境贸易人民币结算试点工作正式启动。2010年6月22日，国务院六部委发布了《关于扩大跨境贸易人民币结算试点有关问题的通知》，增加了国内试点地区（由5个城市扩展至20个省、市、自治区），不再限制境外地域，试点业务范围扩展到货物贸易之外的其他经常项目结算。

随着跨境贸易人民币结算试点工作的不断铺开，人民币结算规模迅速上升。如图10.1所示，跨境贸易人民币结算额由2009年下半年的36亿元，攀升至2011年第二季度的5973亿元。跨境贸易人民币结算额占同期中国进出口总额的比重，由2009年下半年的0.04%，上升至2011年第二季度的10%。

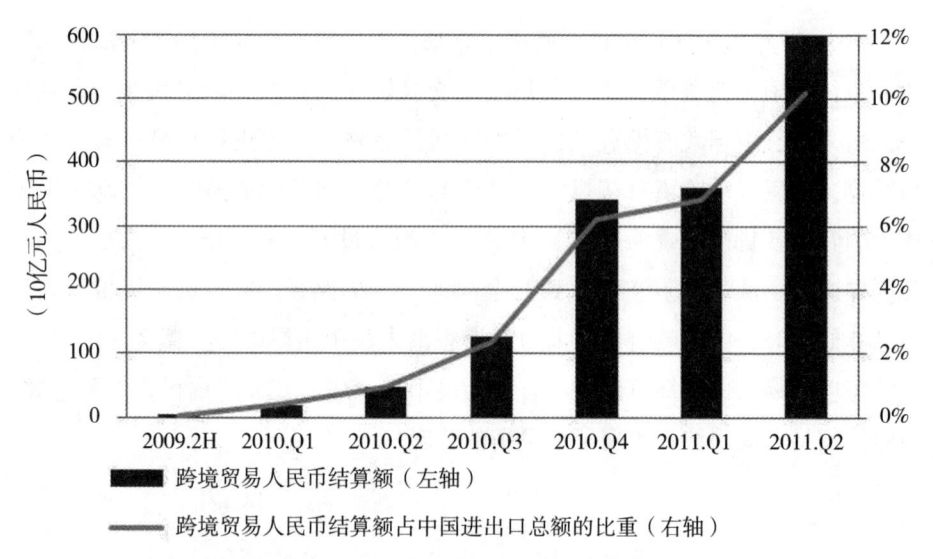

图10.1 跨境贸易人民币结算的增长：绝对规模与相对规模

资料来源：CEIC及作者的计算。

中国香港在跨境贸易人民币结算试点过程中扮演着举足轻重的角色。如图10.2所示，通过香港进行的跨境贸易人民币结算额由2009年下半年的19

亿元，攀升至 2011 年第二季度的 4927 亿元。①通过香港进行的跨境贸易人民币结算额占跨境贸易人民币结算总额的比重，由 2010 年第一季度的 23%，最高升至 2011 年第一季度的 86%，2011 年第二季度略微下降至 82%。

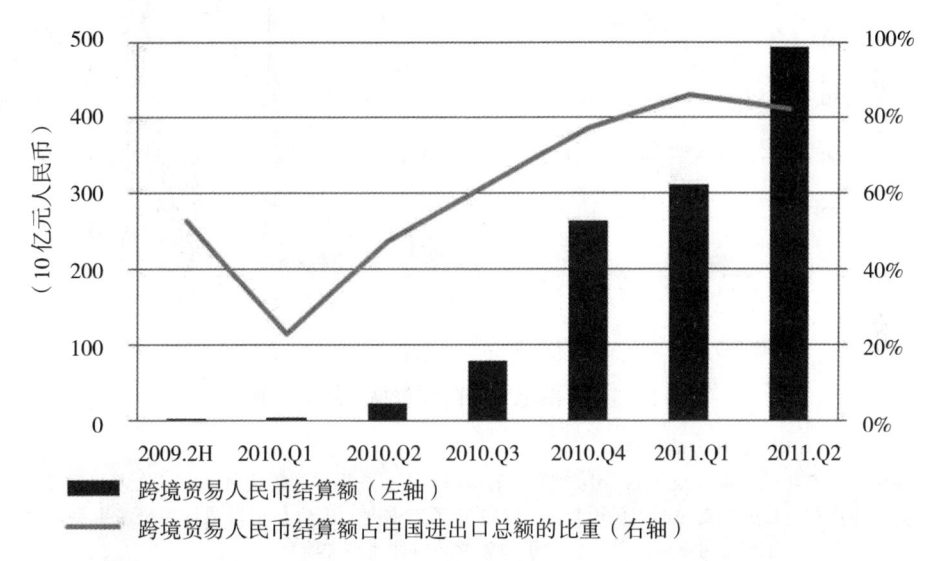

图 10.2　香港跨境贸易人民币结算的增长：绝对规模与相对规模

资料来源：CEIC，路透社，作者的计算。

然而，在截至 2011 年第二季度的跨境贸易人民币结算中，人民币在出口端与进口端的使用并不平衡。如图 10.3 所示，2010 年第一季度至 2011 年第二季度，出口实收人民币金额远低于进口实付人民币金额，这种现象被形象地比喻为"跛足"的跨境贸易人民币结算。出口实收人民币金额与进口实付人民币金额的收付比，在 2011 年第一季度一度下跌至 6%。不过，"跛足"的结算格局在 2011 年第二季度明显改善，人民币收付比攀升至 34%。

---

① 图 10.2 显示，从 2010 年第三季度起，通过香港的跨境贸易人民币结算规模显著上升。一个重要原因是，2010 年 7 月 19 日，中国人民银行与香港金融管理局签署了修订后的《香港人民币业务清算协议》。该协议签署后，香港银行对金融机构开设人民币账户与提供各类服务不再进行限制，个人与企业之间也可以通过银行进行人民币资金的自由支付与转账。该协议的签署极大地刺激了香港与内地之间的跨境人民币贸易。

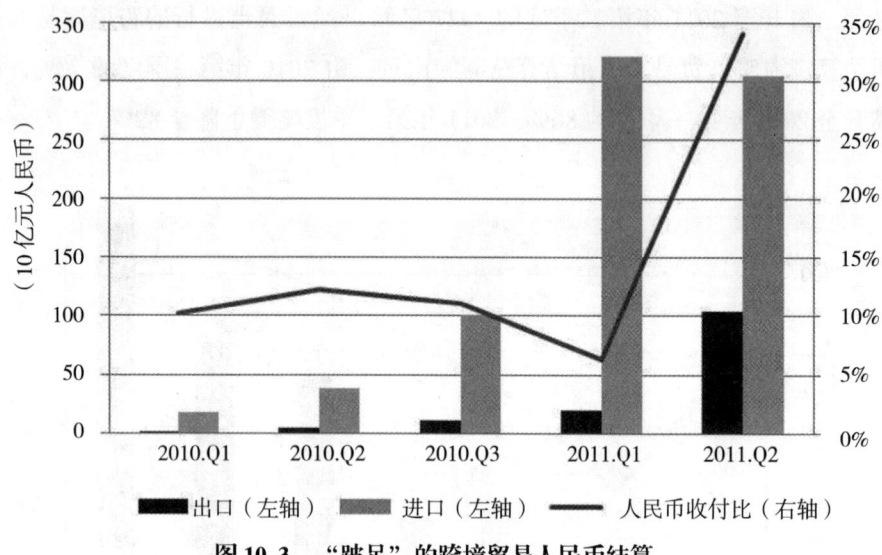

图 10.3 "跛足"的跨境贸易人民币结算

资料来源：CEIC 及作者的计算。

注释：2010 年第一季度至 2011 年第一季度的出口与进口数据均为货物贸易出口收到的人民币金额与货物贸易进口支付的人民币金额。2011 年第二季度的出口与出口数据为跨境贸易人民币结算实收金额与实付金额，其中包含了服务贸易与其他经常项目。

三、关于"跛足"的跨境贸易人民币结算的争论

针对出现的跨境贸易人民币结算的"跛足"现象，国内学界展开了较为激烈的争论。一种观点认为，导致跨境贸易人民币结算"跛足"的主要原因是人民币升值预期，跨境贸易人民币结算"跛足"将会导致中国外汇储备的加速累积，进而造成中国的国民福利损失。而另一种观点认为，跨境贸易人民币结算的"跛足"是人民币从一种国内货币向国际化货币发展过程中必然出现的暂时现象，"跛足"的跨境贸易人民币结算现象未必会导致中国外汇储备的加速累积，因此不会出现显著的国民福利损失。

何帆等（2011）在国内文献中较早分析跨境贸易人民币结算的"跛足"

特征，并提出三个可能的原因：一是持续的人民币升值预期导致外国贸易企业愿意接受人民币付款，而不愿意支付人民币；二是境外人民币市场存量有限，外国企业获得人民币的难度较大或成本较高；三是目前的跨境贸易人民币结算试点更加偏重于用人民币支付进口。①他们随即指出，"跛足"的跨境贸易人民币结算现象将通过以下三种途径推高中国的外汇储备：一是进口换汇支付的比重下降；二是有换汇需求的中国企业为降低成本到香港换汇；②三是中国企业用人民币对外直接投资也会减少换汇需求。张斌（2011a）的估算表明，截至2010年5月，"跛足"的跨境贸易人民币结算现象导致外汇储备多增1230亿~1384亿美元。张明（2011a）的估算表明，在2011年第一季度中国新增的1974亿美元外汇储备中，"跛足"的人民币跨境贸易结算现象导致外汇储备多增了408亿美元，约占同期外汇储备增量的1/5。余永定（2011a）则指出，"跛足"的跨境贸易人民币结算现象与其说降低了中国企业面临的汇率风险，不如说降低了外国企业的汇率风险。这是因为，少数中国出口企业减少了人民币升值的汇率风险，而大多数中国进口企业却丧失了人民币升值带来的获利机会。

　　王信（2011）针对上述观点提出了不同看法。他认为，首先，在人民币国际化的最初阶段，不对称的跨境贸易结算有助于人民币的流出。人民币的流出不仅有利于形成一个离岸市场，也有助于降低国内流动性压力。其次，随着离岸市场人民币存量的上升，跨境贸易结算的不平衡性从2011年第二季度起已经开始缓解（图10.3）。再次，持续的人民币升值预期对人民币国际化未必是坏事。日元与德国马克国际化的经验显示，持续的本币升值预期有

---

① 在2010年6月发布的《关于扩大跨境贸易人民币结算试点有关问题的通知》中，人民币进口贸易结算可由20个省、市、自治区的所有企业办理，但人民币出口贸易结算却仅限于16个省、市、自治区的试点企业。

② 2010年下半年，香港离岸市场上人民币与美元的现汇汇价与内地市场上的现汇汇价存在显著差异，即香港离岸市场的人民币汇率显著高于内地市场的汇率。2010年10月，两地人民币现汇的汇率差价一度高达约200个基点。这一套利空间的存在导致大量有用汇需求的内地企业通过各种渠道将人民币资金转移至香港，再在香港市场上用人民币购买美元。不过这种汇差并未维持太长时间，从2010年年底开始，两地人民币现汇汇率已经趋同。

下 篇
人民币国际化：经历升降周期后的再出发

助于增强本币吸引力、推动货币国际化进程。最后，如果国内外企业通过人民币支付进口套利，那么其他形式的套利行为就可能减少，从而减轻外汇储备的增长压力。陈德霖（2011）与秦晓（2011）的文章进一步论证了王信的第一个观点。

何东和马骏（2011）在王信的基础上继续论证了"跛足"的跨境贸易人民币结算不足为虑的观点：第一，进口采用人民币结算固然会增加央行的购汇压力，但出口采用人民币结算也会降低央行的购汇压力。第二，根据香港金管局的统计，在通过香港进行的跨境贸易人民币结算中，进口结算占比已经由2010年第三季度的81%回落至2011年第二季度的58%。2011年6月，进口结算占比继续回落至47%。这意味着继续指责跨境贸易人民币结算"严重跛足"已经过时。第三，制约出口贸易人民币结算的因素并不仅仅是人民币升值预期，极低的美元贷款利率、金融基础和设施与制度瓶颈等诸多因素都会发挥作用。第四，跨境贸易人民币结算并非外汇储备增长的主要原因。更重要的是，跨境贸易人民币结算导致的外汇储备增长并不必然加剧国内流动性过剩，也不会加剧央行的冲销成本。原因在于，只要进口贸易人民币结算支付的人民币继续在海外循环并不回流国内，就不会增加国内的流动性。

针对王信、何东与马骏的反驳，张斌（2011b）做了进一步的回应。第一，在计算"跛足"的跨境贸易结算现象对外汇储备增量的影响时，的确应该只考虑用人民币支付进口与出口收到人民币之间的差额。第二，通过香港进行的跨境贸易人民币结算未必能够反映内地跨境贸易人民币结算的全貌。例如，根据香港金管局的数据，2011年第一季度进口结算比重仅为67%，然而根据中国人民银行的数据，2011年第一季度进口结算比重仍高达89%。第三，应该从更广阔的视角来审视当前的人民币国际化。最近两年来的人民币国际化过程，实际上是境外非居民和企业将手中的美元、港币资产与中国居民和企业将手中的人民币资产相互置换的过程。我们用强币资产去置换弱币资产，在未来的人民币升值过程中，这必然意味着我们将遭受福利损失。在人民币汇率机制没有完成彻底的市场化改革之前，内地跨境贸易人民币结算做得越多，内地承担的福利损失必然越大。[①]

余永定（2011b）在张斌的基础上继续反驳了认为"跛足"的跨境贸易人民币结算不足为虑的观点：首先，针对在人民币国际化初期，只有通过进口结算支付人民币才能推动人民币国际化的观点，他指出，必须区分人民币计价与人民币结算。在讨论本币国际化问题时，一般涉及的是计价货币而非结算货币。离岸人民币存量不大，并不妨碍出口贸易用人民币计价、用美元结算。因此认为只有通过进口结算输出人民币才能推动人民币国际化的观点是站不住脚的。其次，由于通过贸易结算流出的人民币不可能全部回流国内，因此，跨境贸易人民币结算必然会导致外汇储备进一步增加。最后，本币国际化，并不意味着本币应该尽可能多地在国际贸易与金融中充当计价与结算货币。计价与结算货币的选择应该本着国家利益最大化的原则来进行。例如，美国对外资产大多以外币计价、对外负债大多以美元计价，这样美元贬值能够显著改善美国的国际投资头寸。而在当前环境下，人民币国际化的推进导致我们用更多的人民币负债置换更多的美元资产，这无疑将给中国带来巨大的福利损失。

通过梳理、比较与总结上述争论，我们可以得到以下几个重要结论。第一，在跨境贸易人民币结算的"跛足"格局趋于平衡之前，关注这个问题是非常重要的。尽管人民币收付比已经由2011年第一季度的6%上升至第二季度的34%（第168页图10.3），"跛足"格局出现明显改善。但不平衡的局面依然存在，而且近期的改善究竟是长期的趋势变化还是短期的周期波动，还需要进一步观察，不能急于下结论。第二，"跛足"的跨境贸易结算必然导致外汇储备增长，这是正反两方都同意的结论。尽管通过进口结算流出的人民币在回流内地之前，并不必然增加内地的流动性。但外汇储备的增长依然意味着机会成本、汇率风险与所投资的美国与欧元区国债信用等级调降风险。

[①] 事实上，如果从中国的国家投资头寸表出发来看待人民币国际化，该进程必然导致中国对外人民币负债增加及中国对外美元资产增加。在人民币升值的背景下，这会造成巨大的估值损失（张斌，2011c）。

此外，中国政府已经承诺大力启动离岸人民币的回流机制（如人民币 FDI、人民币 QFII 等），这意味着未来"跛足"的跨境贸易结算将会更显著地加剧内地流动性过剩。第三，我们并不同意以下看法，即如果国内外企业能够通过人民币结算进行套利，它们就可能减少其他套利行为。发达国家央行实施的量化宽松政策导致全球流动性泛滥。而套利的动力与资金是无穷的。之前中国政府通过巩固现有的资本管制措施，千方百计地抑制各种套利行为，如果现在跨境贸易人民币结算给套利活动开了一个新口子，这未必会使通过旧有渠道进行套利的活动减少，反而可能促使套利活动增多。第四，中国政府必须想清楚，通过人民币国际化我们究竟想实现什么目标，当前模式下的人民币国际化究竟能给我们带来多大的好处。如果说，人民币国际化的目标是降低在国际贸易与投资过程中对美元的依赖，降低中国经济增长面临的美元汇率风险，那么，当前模式下的人民币国际化使得我们积累了更多的美元资产，使得我们暴露在更大的汇率风险之下。这种事与愿违、南辕北辙的结局无疑值得我们进行深入反思与策略调整。

四、香港模板：人民币国际化桥头堡

尽管早在 2004 年年初，香港银行就开始提供人民币存款服务了，[①]但截至 2009 年年底，香港人民币存款余额仅为 627 亿元。香港人民币存款市场的飞速发展，与跨境贸易人民币结算紧密相连。如图 10.4 所示，截至 2011 年 7 月底，香港人民币存款余额已经飙升至 5727 亿元，与 2009 年年底相比增长了 8 倍。根据何东和马骏（2011）披露的香港人民币结算的进出口比重，我们计算得出，2010 年第三季度至 2011 年第二季度，跨境贸易人民币结算给香港带来的人民币流入额分别为 489 亿元、1316 亿元、1057 亿元与 788 亿元人民币，

---

① 2004 年 1 月 1 日正式实施的《内地与香港关于建立更紧密经贸关系的安排》（简称 CEPA 协议）规定，香港银行可以为香港居民提供人民币存款服务。

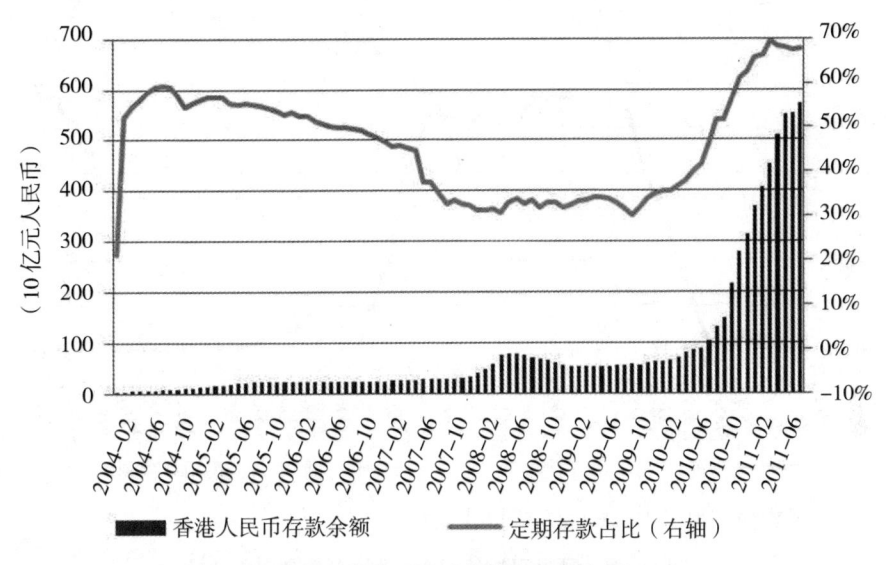

占同期香港人民币存款增量的比重分别为82%、79%、77%与77%。

图10.4 香港人民币存款市场的发展

资料来源：CEIC及作者的计算。

如图10.4所示，在香港人民币存款余额中，定期存款所占比重不断上升，在最近一个周期内由2009年9月的30%（最低点）上升至2011年3月的70%（最高点）。如图10.5所示，2011年8月，香港3个月人民币存款利率仅为0.52%，尽管显著高于3个月港币存款利率（0.01%），但明显低于内地3个月人民币存款利率（3.10%）。①在定期存款收益率如此之低的背景下，香港银行人民币定期存款规模依然不断上升，这凸显了香港人民币金融市场

---

① 香港人民币存款低利率是由离岸人民币清算机制决定的。目前中银香港是香港人民币业务的唯一清算行，其他香港银行只能将多余的人民币头寸存放于中银香港，中银香港再将其转存至中国人民银行深圳分行。人行深圳分行对离岸人民币存款给出的1年期利息仅为0.99%。在扣除一定费用后，中银香港给其他香港银行1年期人民币存款开出的利息为0.865%，这实际上决定了香港1年期人民币存款利率的上限。从2011年3月31日起，人行深圳分行给予中银香港的清算利率由0.99%下调至0.72%（与内地商业银行超额存款准备金利率接轨），与之相对应，中银香港给其他香港银行1年期存款开出的利息由0.865%下调至0.629%，这导致香港人民币存款利率进一步下调。

下 篇
人民币国际化：经历升降周期后的再出发

的投资选择依然匮乏的事实。

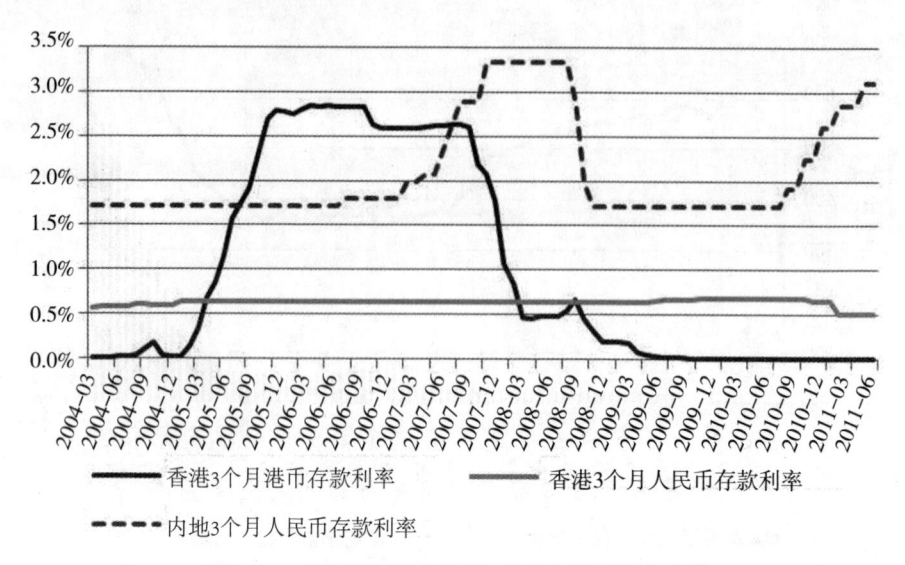

图 10.5　不同区域及不同比重的存款利率之比较

资料来源：CEIC。

当前香港在岸市场能够投资的人民币金融产品除银行存款外，还包括人民币债券与人民币房地产信托投资基金（Real Estate Investment Trusts，REITs）。

自国家开发银行于 2007 年 6 月首次在香港发行人民币债券以来，香港人民币债券市场已经取得蓬勃发展，所谓"点心债券"（Dim-sum Bond）的提法已经名不副实。①目前，全球范围内所有的企业、金融机构、国际组织乃至主权政府理论上都可以到香港发行人民币债券。截至 2011 年 3 月底，香港人民币债券累计发行额已经达到 820 亿元。②我们估计，截至 2011 年 8 月底，香港人民币债券累计发行额已经突破 1000 亿元大关，在香港发行的人民币债券的年收益率位于 0.95%~5.25% 的区间内，这为香港居民与企业提供了更加多样化的投资选择。但从 1000 亿元的债券发行额与将近 6000 亿元的存款余额相

---

① "点心债券"是指该种债券的规模很小，犹如香港人吃早茶时的点心。
② 以上数据引自中国人民银行发布的《2011 年第一季度中国货币政策执行报告》。

比可以看出，旺盛的投资需求依然得不到满足。

2011年4月底，以北京东方广场38年租金收入为基础资产的汇贤REITs在香港发行上市，融资超过100亿人民币，这是首例在香港发行的人民币计价股票首次公开募股（Initial Public Offerings, IPO）。从收益率来看，市场估计汇贤的收益率为4.26%，尽管远高于香港人民币存款利率，却显著低于以港币计价的其他REITs约5.5%的平均收益率。[①]人民币计价REITs与港币计价REITs的收益率之差无疑反映了当时人民币对港币的汇率升值预期。

当前香港居民与企业能够投资的人民币离岸金融产品，主要是通过香港商业银行投资于内地银行间债券市场。2010年8月，中国人民银行发布了《关于境外人民币清算行等三类机构运用人民币投资银行间债券市场试点有关事宜的通知》，允许境外中央银行或货币当局、港澳人民币业务清算行和境外参加行使用依法获得的人民币资金投资内地银行间债券市场。截至2011年年底，已经有工银亚洲、建银香港、恒生银行、花旗银行香港分行、三菱东京日联银行香港分行等多家机构获准进入内地银行间债券市场。

2011年8月，时任国务院副总理的李克强去香港，随行公布了中央支持香港发展的六大措施，其中包括与建设香港离岸人民币中心有关的几项重要政策：第一，中国政府即将把跨境贸易人民币结算范围进一步扩展至全国；第二，支持香港企业用人民币到内地进行直接投资；第三，允许人民币境外合格机构投资者（即RQFII）投资内地证券市场，起步金额为200亿元；第四，将扩大境内机构与企业在香港发行人民币债券的数量与规模；[②]第五，中央政府将把在香港发行人民币债券作为一种长期制度安排，逐渐扩大发债规模；[③]第六，中国政府将在内地推出基于香港股票市场的ETF基金。

毫无疑问，如果人民币QFII、人民币FDI、港股EFT能够顺利推出，同

---

① 香港首例人民币IPO为何不火 定价可能过高 [EB/OL]. 新浪财经，2011-04-25.

② 时任中国人民银行行长的周小川在2011年8月17日召开的"国家十二五规划与两地经贸金融合作发展论坛"上表示，内地赴港发行人民币债券主体将进一步扩大至境内企业，境内企业发债规模将提高至500亿元。

③ 2011年8月，中国财政部在香港发行了第3批人民币国债，规模高达200亿元。

时香港人民币债券市场进一步发展壮大，那么香港人民币金融市场的投资选择将明显丰富，香港人民币定期存款占比有望显著下降。香港离岸人民币金融市场将进入新一轮快速发展阶段。

五、争论：人民币国际化与资本账户开放

既然中国政府已经把建设香港离岸人民币市场作为推进人民币国际化的重要策略，那么围绕香港离岸人民币市场建设也产生了一系列争论，争论的问题主要包括：离岸市场规模的上升是否会对内地的汇率、利率及货币政策有效性产生冲击？是否应该迅速创建海外人民币的回流机制？在人民币汇率形成机制改革尚未取得显著进展的情况下，推进人民币国际化是否犯了次序颠倒的错误？其实，在很大程度上，通过离岸市场建设推进人民币国际化的过程，就是资本账户开放的过程（余永定，2011a）。因此，这方面的政策讨论，就与当前中国政府是否应该加快开放资本账户交织在一起。

由于香港离岸人民币市场的市场化程度远高于内地人民币市场，这势必造成香港市场形成一套不同于内地市场的人民币利率与汇率机制，那么香港形成的人民币价格是否会通过套利行为影响内地的人民币价格，甚至削弱中国央行实施货币政策的有效性呢？在离岸市场的发展是否会对在岸市场形成冲击方面，讨论取得的共识大于分歧。主流观点认为，当前香港离岸市场发展对内地人民币市场的冲击微乎其微，只有当香港人民币市场发展到一定规模之后，冲击才会变得明显。例如，马骏（2011）指出，香港离岸人民币市场的规模至少要发展到两万亿元，才能对内地人民币市场产生冲击。而即使香港人民币市场能够在 2011 年后的两三年内突破两万亿元，但在此过程中只要审慎控制境内企业在香港的融资及香港人民币资金向内地的回流，那么离岸市场发展对境内人民币供应、外汇储备增量、冲销操作及境内外资本流动的影响都将是可控的。又如，王信（2011）认为，香港人民币的清算渠道依

旧通过中银香港进行，境外机构投资者投资于内地银行间债券市场需要经过事前审批，且有投资规模控制，这其实是将通过灰色渠道回流的境外人民币纳入正规渠道，很大程度上风险可控。截至2011年年底，上述观点并未引发太多争议。但问题在于，如果未来人民币FDI、人民币QFII等回流机制相继推出，离岸人民币回流规模逐渐扩大的话，离岸市场价格对在岸市场价格的冲击无疑会加大。不过话说回来，通过推进人民币国际化、建设香港离岸人民币市场，再利用市场化的离岸人民币汇率与利率来倒逼国内利率机制与汇率机制改革，可能正是中国央行的隐含意图（张明，2011a；何东、马骏，2011）。黄海洲（2009）更是把人民币国际化所产生的倒逼机制的重要性与农村联产承包责任制改革、中国加入WTO等相提并论。张斌（2011b）进一步指出，倒逼机制未必都是好的。如果人民币国际化能够促进汇率、利率市场化改革，这就是成功的倒逼机制；如果人民币倒逼出来的是大规模的人民币回流机制与更快的资本账户开放，这就可能是失败的倒逼机制。余永定（2011a）也对倒逼机制能否成功表示怀疑，认为不能认同笼统的"以开放促改革"的观点。

　　争议较多的一个问题是是否应该尽快创建离岸人民币的回流机制。如前所述，目前香港大约2/3的人民币资金投资于收益率极低的定期存款，这说明可投资渠道的匮乏已经成为制约香港离岸人民币市场发展的重大障碍。陈德霖（2011）认为，人民币的在岸市场必须与离岸市场联系起来，既要有有序的流出安排，也要有良性的回流机制，这样才能实现人民币逐渐国际化的目标。何帆等（2011）指出，从2009年下半年起，中国已经开始面临大规模的短期国际资本流入的局面，在此背景下如果开启离岸人民币回流机制，那么可能造成更大规模的短期国际资本流入，从而加剧央行的冲销压力并可能加剧国内的流动性过剩。王信（2011）回应，即使央行建立一系列回流机制，与这些机制相联系的审批与配额制度也会遏制投机资金的流入。何东和马骏（2011）以人民币FDI为例来反驳创建回流机制将会加剧资本流入的观点。他们认为，人民币FDI自然会替代外币FDI，人民币FDI资金的流入会导致外币

下 篇
人民币国际化：经历升降周期后的再出发

FDI 流入的下降，从而降低央行购汇压力，因此不会创造额外的流动性与通胀压力。张斌（2011）随即反驳了他们的观点：真实的人民币 FDI 固然会替代真实的外币 FDI，但因为内地与香港的人民币资产收益率相差很大，一旦人民币 FDI 成行，难免会有大量境外人民币资金以 FDI 之名进来，但行双边套利之实。①

争论得最激烈的一个问题是，如何在人民币国际化与人民币汇率改革之间排序。上述问题的实质是如何在资本账户加快开放与人民币汇率改革之间的排序。过去几年里，大多数中国资本账户开放的措施，都与中国政府推进人民币国际化的举措有关（Zhang，2011）。张斌（2011a）指出，在人民币汇率形成机制尚未充分市场化的条件下，过快推进跨境贸易人民币结算与发展离岸人民币市场，一定会导致中国用高收益的人民币资产去置换低收益的外币资产，这会导致极大的福利损失。王信（2011）则认为，人民币汇率形成机制改革难以一蹴而就，它完全可以与人民币国际化同步进行、相互促进。如果坐等汇率完全市场化后再启动人民币国际化进程，可能错失良机。何东和马骏（2011）认为，在此时现实环境下，人民币大幅升值、一步到位是不可能的。人民币汇率市场化改革与人民币国际化均是一个长期过程，完全可以同时进行并相辅相成。张斌（2011）随即指出，在汇率改革方面，国内外都不乏"毕其功于一役"的例子，例如 1994 年年初的汇率并轨改革。余永定（2011a）认为，汇率制度改革和利率市场化应该优先于人民币国际化，否则价格扭曲造成的中国国际投资头寸表的不对称性（资产以外币计价、负债以本币计价）会导致人民币国际化的结果与目标背道而驰。

通过梳理、比较与总结上述争论，我们可以得到以下几个结论。第一，一旦离岸人民币市场具有了一定规模，那么离岸市场价格是否会对在岸市场价格产生冲击，就取决于中国政府对离岸市场人民币清算机制与回流机制的控制力。即使我们要创建一系列新的回流机制，也必须在这些机制中设置一

---

① 2011 年 10 月 14 日，中国人民银行颁布了《外商直接投资人民币结算业务管理办法》。

些反周期的自动稳定器，要努力甄别借人民币 FDI 之名行投机性资金之实的行为，同时应该控制人民币 QFII 的规模。第二，中国政府的当务之急，是利用全球金融危机提供的外在压力，尽快实现经济增长模式从投资与出口驱动向消费驱动的转型。而在增长模式的结构调整过程中，利率与汇率的市场化发挥着关键作用。中国政府应尽快实现利率与汇率的市场化。第三，适当的资本项目管制依然是中国经济应对国际金融危机的最后一道防火墙。中国经济之所以能够躲过东南亚金融危机与本轮全球金融危机的冲击，资本项目管制功不可没。中国政府应该把握好人民币国际化与资本项目管制之间的平衡，人民币国际化不应该以中国经济与金融体系的大起大落为代价。

六、需要引以为鉴的日本模式

随着中国经济与整体实力的崛起，人民币必将成为一种国际化的货币，这是不可阻挡的历史进程。在本章中对现有人民币国际化模式持怀疑态度的学者，也并非人民币国际化的反对者，而是希望人民币国际化能够更加平稳顺利地推进，同时希望人民币国际化能够促进中国整体福利的最大化。真理越辩越明，我们希望在人民币国际化这样的重大问题上，未来能够产生更多、更有益的争论。

以史为鉴，可知兴衰。在人民币国际化的道路上，我们应该更好地借鉴美元、英镑、德国马克与日元国际化过程中的有益经验，并吸取其遭遇挫折的教训。相较而言，日元的国际化道路是不成功的，它采取的正是"贸易结算+离岸市场"的模式，而更为成功的美元与英镑的国际化道路都采用了"资本输出+跨国公司"的模式。离岸市场的发展，通常不是本币成功国际化的原因，而是本币成功国际化的结果（殷剑锋，2011）。遗憾的是，我们似乎正走在日本的老路上。幸运的是，亡羊补牢，时犹未晚。

第十一章

香港：人民币离岸市场建设的主战场[①]

次贷危机爆发以来，人民币国际化的步伐显著加快；与此同时，香港人民币离岸市场也迅猛发展。这种发展势头，在令人鼓舞的同时也同样让人不安。作者在实地调研的基础上，回顾、分析了香港离岸人民币市场的最新进展，然后着重对其中存在的问题和风险进行了分析，并提出了政策建议。

一、人民币国际化的香港模板

（一）迅速发展的人民币跨境结算试点

自 2009 年 4 月 8 日，国务院决定在上海市与广东省广州、深圳、珠海、东莞四城市先行开展跨境贸易人民币结算试点工作起，人民币跨境结算试点工作迅速发展。

从 2010 年第二季度起，中国政府开始通过个案审批方式试点办理跨境人民币投融资业务。2010 年 10 月，新疆成为国内首个开展跨境人民币直接投资试点的省区。2011 年 1 月 6 日，中国人民银行发布了《境外直接投资人民币

[①] 本章内容发表于《国际经济评论》2011 年第 5 期，合作者为何帆、张斌、徐奇渊、郑联盛。

结算试点管理办法》。

跨境贸易人民币结算试点工作在 2010 年取得了显著进展。如图 11.1 所示，2009 年跨境贸易人民币结算额仅为 36 亿元人民币，2010 年飙升至 5028 亿元人民币，增长了 138.6 倍。在 2010 年的各季度，跨境贸易人民币结算额同样迅速增长，第一季度至第四季度各跨境贸易人民币结算额环比增速分别为 426%、165%、160% 与 145%。2010 年，中国各试点地区共办理跨境投融资人民币交易 386 笔，金额累计 701.7 亿元。

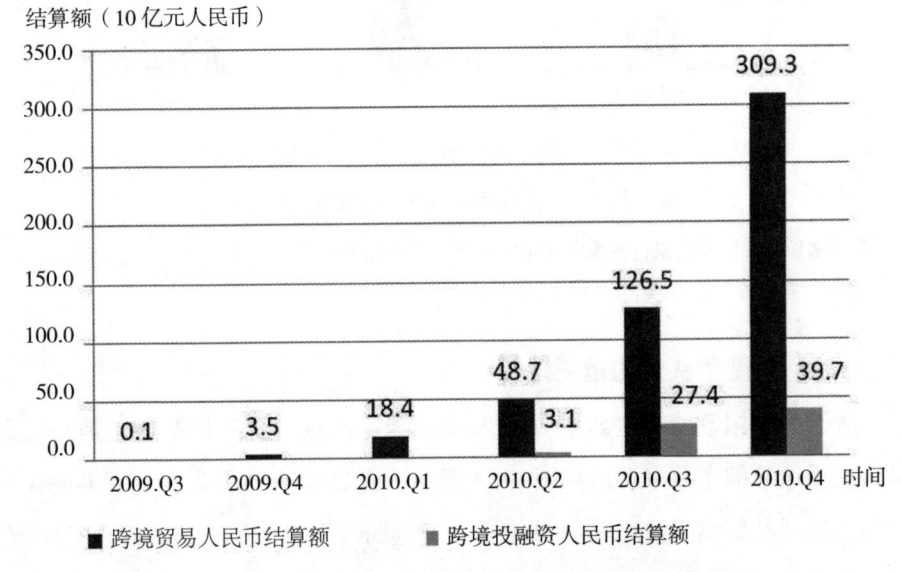

图 11.1 跨境贸易人民币结算额与跨境投融资人民币结算额

资料来源：中国人民银行各季度《中国货币政策执行报告》。

目前跨境贸易人民币结算在进出口两个环节的分布极不均衡。如图 11.2 所示，2010 年第一季度至第三季度，货物贸易进口人民币结算额占人民币结算总额的比重分别为 83%、79% 与 80%，货物贸易出口人民币结算额的相应比重仅为 8%、10% 与 9%。

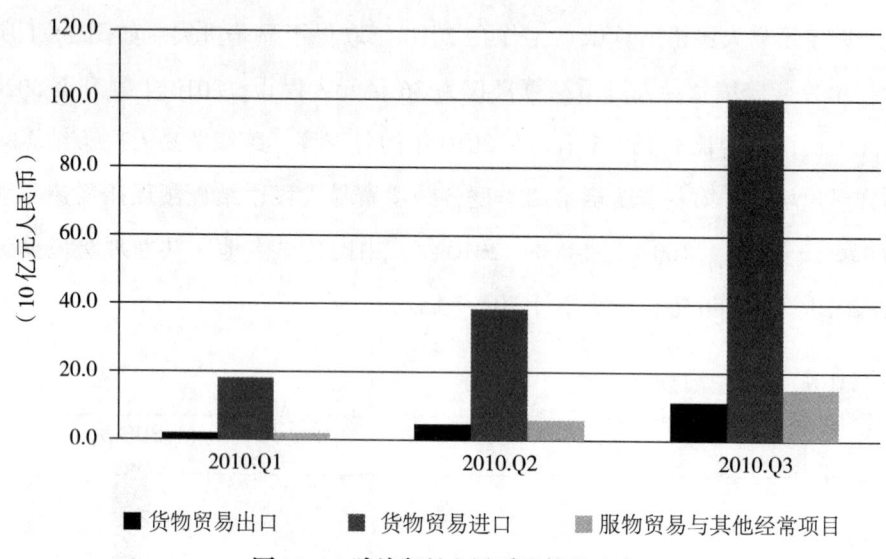

图 11.2　跨境贸易人民币结算的分布

资料来源：中国人民银行各季度《中国货币政策执行报告》。

（二）香港桥头堡的重要地位

香港是中国政府推进跨境贸易人民币结算试点的重要桥头堡，是跨境贸易人民币结算的主要来源。如图 11.3 所示，自 2010 年 6 月以来，香港的跨境贸易人民币结算额迅速增长。2009 年，香港跨境贸易人民币结算额合计 19 亿元人民币，占中国跨境贸易人民币结算总额的 53%。2010 年，香港跨境贸易人民币结算额合计 3692 亿元人民币，占中国跨境贸易人民币结算总额的比率上升至 73%。2010 年上半年，平均每月香港跨境贸易人民币结算额为 45 亿元人民币，而下半年月均结算额上升至 570 亿元人民币。

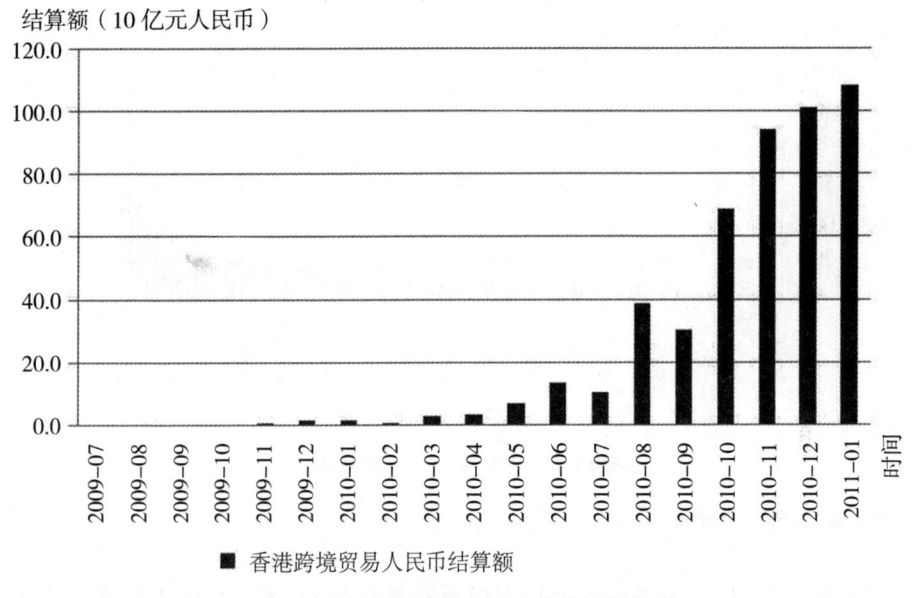

图11.3 香港跨境贸易人民币结算额

资料来源：路透中文网。

跨境贸易人民币结算试点的实施推动了香港银行体系人民币存款规模的快速上升。如下页图11.4所示，截至2008年年底与2009年年底，香港人民币存款规模分别为561亿元人民币与627亿元人民币；而截至2010年年底，香港人民币存款总额飙升至3149亿人民币，同比增长四倍。截至2011年1月底，香港人民币存款规模进一步上升至3706亿元人民币，环比增长18%。人民币定期存款占香港人民币存款总额的比重，由2009年9月的30%上升至2011年1月的66%，这凸显出香港离岸市场以人民币计价的投资产品发展不足的事实，居民与企业不得不把新增的人民币以定期存款的方式存在银行。

香港人民币存量在2010年的急剧上升，主要应归因于企业客户通过跨境贸易人民币结算而收到的大量人民币。截至2009年12月底，香港企业客户人民币存款占人民币存款总额的比重仅为1%（金额约为60亿元人民币）。截

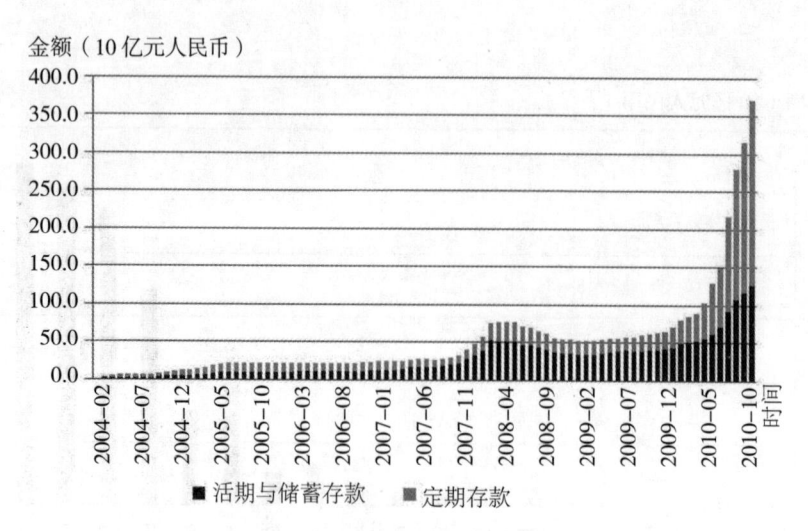

图11.4 香港人民币存款规模

资料来源：香港金融管理局。

至2010年12月底，香港企业客户人民币存款额达到1820亿元人民币，占人民币存款总额的58%。2010年香港企业客户人民币存款额的增量（约1760亿元人民币）绝大部分来自2010年香港企业在跨境贸易人民币结算试点中收到的人民币净支付（约1500亿元人民币）(He，2011)。

尽管香港人民币存款规模增长极为迅速，但实际上持有人民币存款的回报率是相当低的。如图11.5所示，2011年香港银行提供的人民币短期存款利率在0.45%~0.80%，远低于同时期内地3.0%的一年期存款基准利率。香港人民币存款利率低在很大程度上是由离岸人民币清算行机制决定的。目前中银香港是香港人民币业务的单一清算行。香港市场上其他人民币业务参加行将多余的头寸存放于中银香港，中银香港再将其存入人民银行深圳分行。中银香港可获得0.99%的利息，在扣除一定费用后，中银香港再向其他参加行支付0.865%的利息。①这就决定了香港银行业所提供人民币存款利率的上限。

---

① 据FT中文网报道，2011年3月31日，中银香港表示，从当天起，中国人民银行给予清算行的利率由0.99%下调至0.72%，与中国人民银行给予内地银行的超额准备金利率一致。与之相对应，中银香港则将其给予参与行清算账户的利率由0.865%下调至0.629%。这无疑将导致香港人民币存款利率进一步下调。

第十一章
香港：人民币离岸市场建设的主战场

不过，如果与港币的存款利率相比，目前香港人民币存款利率依然具有一定的吸引力（图 11.6）。

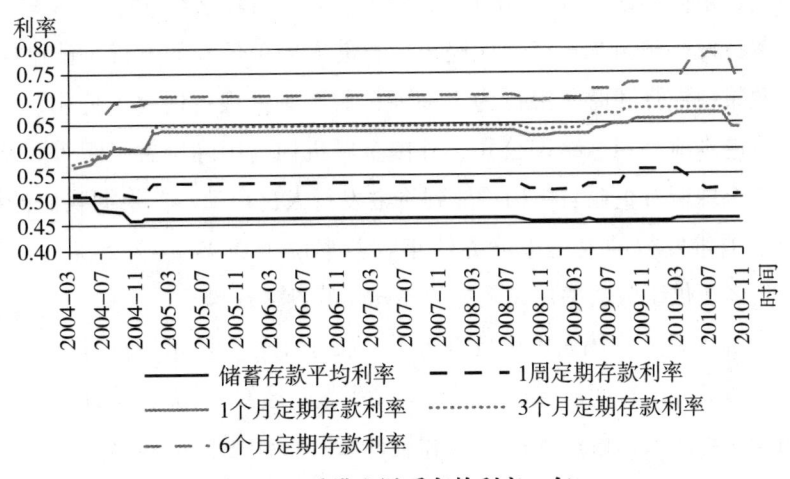

图 11.5　香港人民币存款利率（年）

资料来源：CEIC。
注释：所有定期利率均为金额低于 10 万元人民币的存款利率。

图 11.6　香港港币存款利率与人民币存款利率之比较

资料来源：CEIC。

除了选择将人民币存在香港的银行外，持有人民币的境外居民与企业还可以将人民币投资于香港人民币债券市场。自 2007 年 6 月国家开发银行在香港发行人民币债券起，截至 2011 年 2 月底，香港市场已经发行了 58 只人民币债券，累计发行额为 776 亿元人民币。香港人民币债券的发行主体已经由中国内地政策性银行和商业银行为主逐渐扩展至香港银行内地子公司、中国财政部、香港本地公司、跨国公司、外国金融机构与国际金融组织等。从理论上来说，全球所有企业与机构均能到香港发行人民币债券。根据我们的统计，2011 年在香港发行的人民币债券的年收益率位于 0.95%~5.25% 的区间内，这为投资者提供了收益率更高及更为多样化的投资选择。

2010 年 8 月，中国人民银行发布了《关于境外人民币清算行等三类机构运用人民币投资银行间债券市场试点有关事宜的通知》，允许境外中央银行或货币当局、港澳人民币业务清算行和境外参加行使用依法获得的人民币资金投资内地银行间债券市场。这为境外持有人民币的机构提供了新的投资渠道。截至 2001 年，已经有工银亚洲、建银香港、恒生银行、花旗银行香港分行、三菱东京日联银行香港分行等十余家机构，获准进入中国银行间债券市场。

此外，目前市场上热议的人民币离岸产品还包括小 QFII 及香港联交所的人民币 IPO。这些产品的推出将有助于丰富香港离岸人民币市场的投资选择，进一步推动香港人民币存量的上升。

（三）需求视野下的香港桥头堡

根据凯恩斯主义的货币需求函数，对货币的需求来自持有者的交易动机、预防动机与投机动机。我们将在此框架下分析促进香港人民币市场快速发展的需求层面的因素。

（1）交易动机。如果香港企业持有一定的人民币存量，那么在与内地企业进行跨境贸易时，双边就能够用人民币进行结算。然而，截至 2011 年 3 月，香港企业持有人民币的交易动机并不强烈。原因在于，由于港币是与美元挂钩的，因此，香港企业如果用美元与内地企业进行结算的话，香港企业并没有汇率风险，而改用人民币结算，还不能给香港企业带来交易层面的实质性收益。

（2）预防动机。预防动机指的是为不确定性做准备的动机，这个不确定性包括因为风险带来损失和潜在的机会两个方面。就后者而言，如果香港居民与企业持有一定的人民币存量，那么当他们面临新的以人民币计价投资产品并存在交易机会时，他们就能够更及时地把握住这一投资交易机会。如前文所述，香港已经形成了一个离岸人民币债券市场，2011年后半年香港还可能进一步推出人民币IPO。潜在的机会的确会促使香港居民与企业选择持有一定的人民币头寸。

（3）投机动机。由于2011年市场上存在着稳定的人民币升值预期，如果香港居民与企业选择持有人民币长头寸，那么如果用港币或美元计价的话，他们就能获得稳定的人民币升值收益。如图11.7所示，从2009年第二季度起，香港无本金交割远期外汇（Non-Delivery Forward，NDF）市场上就存在持续的人民币升值预期。通过持有人民币现金、存款或购买人民币计价的离岸债券，香港居民与企业均能获得人民币升值收益。在人民币升值预期背景下的投机动机，是香港市场上对人民币需求的最重要因素。

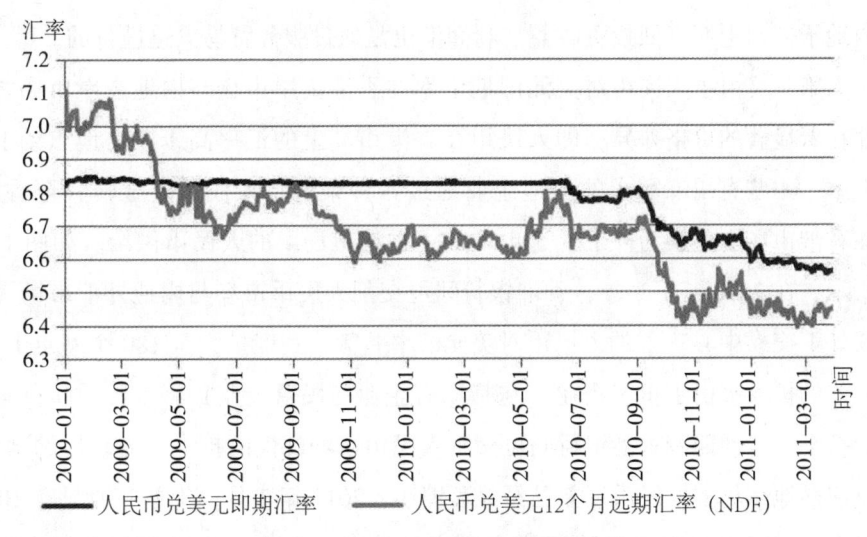

图11.7 持续的人民币升值预期

资料来源：Bloomberg。

(四) 供给视野下的香港桥头堡

从供给层面来看，近年来香港人民币市场的存量增长，主要来自以下几个方面。

第一，通过贸易渠道流入香港的人民币。如前文所述，2010年中国的跨境贸易人民币结算中，进口货物贸易人民币结算比重超过八成。这意味着中国内地正通过跨境贸易人民币结算向境外输出人民币。2010年内地与香港的跨境贸易人民币结算占到内地跨境贸易人民币结算总额的七成之上，这意味着大量人民币通过跨境贸易流到了香港。2010年香港人民币存款增长了2522亿人民币。根据香港金管局的估计，2010年香港企业在跨境贸易结算试点中收到的人民币净支付约为1500亿人民币，占到香港同期人民币存款增量的59%。

第二，香港在内地投资企业用人民币汇回投资收益。2010年6月，伴随着跨境贸易人民币结算由货物贸易结算扩展至其他经常账户结算，香港在内地的投资企业就可以用人民币向香港母公司汇回投资收益。当然，香港企业如果将投资收益滞留在内地，可能享受到更高的投资收益。然而根据我们在广东省的调研，对于部分在香港有支付股息需求的上市公司而言，它们需要内地子公司定期汇回投资收益。利润汇出是通过服务贸易渠道进行的。

第三，由于人民币对美元即期汇率在香港离岸市场与内地在岸市场之间存在着显著的价格差异，即人民币在香港市场上的汇率高于在内地市场上的汇率，一些有用汇需求的内地企业通过各种渠道将人民币资金转移至香港，在香港市场上兑换为外汇，这也增加了香港市场上的人民币供给。如图11.8所示，在2010年下半年，香港银行间可交割人民币市场与内地外汇市场（中国外汇交易中心）上的人民币对美元汇率差额，一度扩大至180个基点上下。汇差的扩大吸引了很多企业（包括国有企业与民营企业）将人民币转移至香港换汇。然而随着香港银行间可交割人民币市场规模的扩大与流动性的增强，目前两地市场上人民币汇差已经显著缩小，2011年3月，价差一般只有10个基点，甚至出现香港的外汇价格更高的情况。企业的上述套利动机也有所削弱。

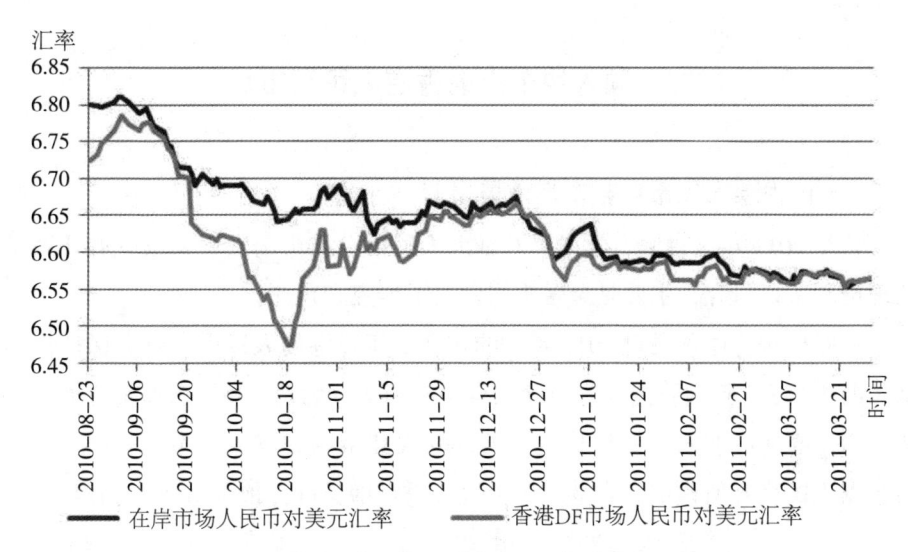

图11.8　香港市场与内地市场人民币即期汇率的汇差

资料来源：Bloomberg。

第四，由于香港已经大致形成一个离岸人民币金融中心，一部分原本分布在中国周边国家（如蒙古、越南、老挝等）的人民币资金，流动至香港进行投资，这也将导致香港人民币存量上升。根据我们对香港金管局专家的访谈，目前香港银行人民币存款中约1/4来自境外人民币存款（主要是来自东南亚经济体）。

第五，内地居民到香港旅游，可能携带一些人民币在香港进行消费。内地居民既可以在香港的货币找换店将人民币兑换为港币，也可以直接用人民币在香港购物或进行其他消费。在跨境贸易人民币结算试点启动之前，内地居民携带人民币赴港一度是香港市场上人民币的重要来源之一。然而随着越来越多的内地居民选择用银联卡进行结算，以及其他渠道人民币供给的扩大，目前这一渠道的重要性已经显著下降。

二、驶入快车道的香港人民币市场

(一) 香港人民币存款市场前景展望

截至 2011 年 3 月底,学术界对香港人民币存款市场发展还没有展开系统的理论和实证研究,主要是金融机构做出了研究和预测。

金融机构普遍预测自 2011 年后的未来 3 年香港的人民币存款会保持快速增长的态势,3 年内香港人民币存款有望达到 2 万亿元,预测依据是跨境贸易人民币结算在此期间会保持稳定增长,并因此带动香港人民币存款增长,也有依据人民币升值预期和香港人民币海外投资增长进行预测的(表 11.1)。

表 11.1 对香港人民币存款的预测

机构	预测内容	预测依据
德意志银行 马骏	2013 年,香港人民币存款 2 万亿元	跨境贸易人民币结算增长。2010 年,中国 2.5% 的贸易量由人民币结算,当年年底在香港的人民币存量为 3000 亿元。如果 2013 年将跨境贸易人民币结算占贸易量的比率提高到 10%,并假设中国贸易年均增长 12%,贸易人民币结算的数额就会从现在第四季度的 500 亿美元上升到 3500 亿美元,增长 7 倍。另假设,贸易结算的增长与香港人民币存款增长基本同步,则意味着 3 年后香港的人民币存款达到 2 万亿元
汇丰银行 MarkMcCombe	基本情景预测:2011 年年底 7800 亿元,2012 年年底 1.2 万亿元;乐观情景预测:2011 年年底 1.18 万亿元,2012 年年底 2.12 万亿元	跨境贸易人民币结算增长,以及人民币海外直接投资(ODI)
大和证券 Kevin Lai 等	2013 年年底 2 万亿元	人民币 2011—2013 年期间对美元持续保持每年 5% 的升值

资料来源:作者根据相关资料整理。

除了德意志银行的报告之外，其他金融机构没有详细说明其预测依据和逻辑。我们在下文中对未来香港人民币存款前景展开更细致的分析。我们区分了驱动因素可能有较大差异的个人人民币存款和企业人民币存款，分析每种类型的存款背后的驱动因素，结合这些驱动因素的前景预测未来香港人民币存款的发展前景。

（二）潜力巨大的个人人民币存款

把香港个人存款看作一个投资组合，人民币存款是其中的一个组成部分，此外还有港币、美元等份额更大的存款，以及其他货币存款。这个投资组合当中，满足无抵补利率平价成立的条件是经汇率变化预期调整后的人民币存款预期收益率等于港币/美元存款预期收益率。人民币存款利率、人民币汇率变动预期、港币/美元存款利率是人民币存款数量的关键决定因素。人民币存款利率提高、NDF市场上人民币升值预期会提高香港的人民币存款，港币/美元存款利率提高会降低香港的人民币存款。

无抵补利率平价公式中没有充分考虑到资产收益率波动对投资决策的影响，在给定的投资预期收益率下，预期收益率波动更小的资产会更有吸引力。就我们这里考虑的各种货币存款的投资组合而言，人民币和港币/美元的存款利率都相对稳定，影响资产预期收益率变化的主要因素是人民币汇率预期的波动幅度。NDF市场上人民币汇率变动的标准差扩大就会降低香港的人民币存款。

人民币存款除了是一种投资工具外，还可以作为支付手段。香港的人民币个人储户可以获得可在内地使用的人民币扣账卡及信用卡，可以用于购买在香港发行的人民币债券和其他形式的人民币理财产品。香港个人人民币存款用于支付手段功能的增加，也会提高香港的人民币存款。

2005—2010年香港个人人民币存款的增长如图11.9所示。

下　篇
人民币国际化：经历升降周期后的再出发

金额（10亿美元）

图 11.9　香港人民币个人存款

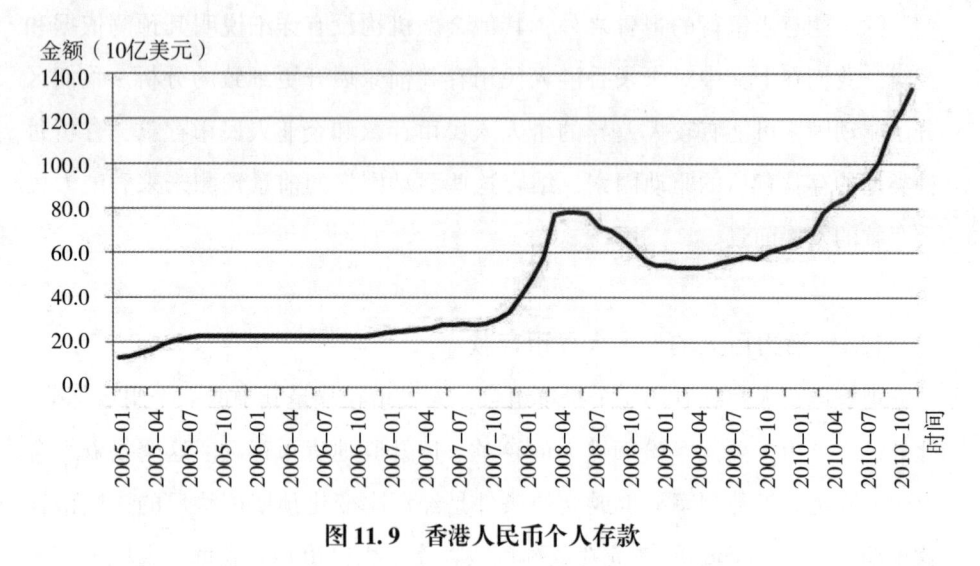

资料来源：He，2011。

　　我们借助回归模型，更精确地判定不同因素对香港个人人民币存款的影响。这里将香港人民币个人存款月度环比增速作为被解释变量；解释变量包括香港港币存款利率、香港人民币存款利率、NDF 市场人民币 1 年期汇率变动预期、NDF 市场人民币 1 年期汇率变动标准差（根据每天的数据计算得到每个月的标准差）、常数项、时间趋势，还有包括了跨境贸易人民币结算政策及相关政策配套改革、香港人民币债券发行提速等一篮子反映了香港地区人民币市场政策环境变化的虚拟变量（这里设定 2010 年 7 月以前为 0，2010 年 7 月及以后为 1）。经过对几个回归模型的检验结果的比较之后，我们发现在 2005 年 2 月至 2010 年 12 月样本期内，模型 3 的效果最好（表 11.2）。

表 11.2　香港个人人民币存款增长的模型分析

项目		模型 1	模型 2	模型 3
解释变量	常数项	−73.43		
	香港港币存款利率	−2.59****	−2.26***	−2.17***

192

(续表)

	项目	模型1	模型2	模型3
解释变量	香港人民币存款利率	162.93	0.87	
	1年期人民币升值预期	1.72***	1.78***	1.77***
	1年期人民币升值预期标准差	-13.45	-11.75	
准差	政策环境变化的虚拟变量	6.87***	6.93***	6.98***
	时间趋势	0.012	—	—
	R-squared	0.59	0.58	0.58
	Durbin-Watson stat.	1.4	1.43	1.45

被解释变量：香港人民币个人存款月度环比增速。
方法：最小二乘回归。
样本期：2005年2月—2010年12月。
观察值：71个。

根据模型3，我们可以得到以下几个结论。

一是反映政策环境变化的虚拟变量对香港个人人民币存款影响显著，系数达到6.98%，它也解释了2010年6月以后香港个人人民币存款平均增速提高至7.88%的大部分动力来源。

二是香港港币存款利率对香港个人人民币存款影响显著，系数达到-2.17%，即港币存款利率提升1个百分点会导致香港个人人民币存款下降2.17个百分点。但是，2010年6月以后香港港币存款利率没有变动，其对该期间的个人人民币存款增速变化没有解释力。

三是NDF市场上的人民币汇率变动预期对香港个人人民币存款增速影响显著，系数达到1.77%，NDF市场上1年期人民币升值预期提升1个百分点会导致香港个人人民币存款上升1.77个百分点。2010年6月以后，NDF市场上1年期人民币升值预期较以前有所提高，对该期间的个人人民币存款增速变化有一定解释力。

四是1年期人民币升值预期标准差、时间趋势、常数项等对香港个人人民币存款增速影响不显著。

假设：①未来3年内，人民币升值预期既没有消失，也不出现持续较长时间的加速提升，平均保持在每年3%；②香港从2012年跟随美国进入加息周期，从2012年开始香港存款利率每年增加1个百分点；③香港人民币新政策环境对香港人民币个人存款的刺激作用持续1年。据此，我们根据上述模型计算得到2011、2012、2013年年底香港个人人民币存款分别达到4188亿元、5902亿元和6373亿元。

毫无疑问，这些假设未必与现实相符。不过，其中关于汇率变动预期与利率的预期的偏差不会太大，而且这些假设偏差对预测结果的影响也相对较小，而关于香港人民币政策环境变化的假设十分关键，如果这个假设不成立，会大大影响预测效果。遗憾的是，截至2011年，我们还没有可供参考的历史经验判断政策环境变化参数随着时间的变化会出现多大调整。

（三）企业人民币存款：每月80%的增速背后

2010年6月份以后的香港人民币存款增长主要来自企业账户存款增长。从2010年6月至12月，香港人民币企业账户存款从52亿元增加到1821亿元（图11.10），平均月度环比增速达到80.86%。

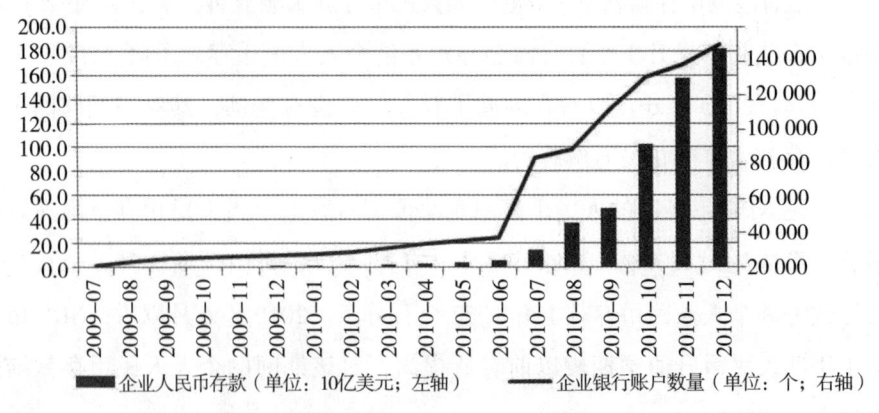

图11.10　香港企业人民币存款和企业银行账户数量

资料来源：转引自（He, 2011）。

第十一章
香港：人民币离岸市场建设的主战场

香港企业人民币存款增长与跨境贸易人民币结算及其相关配套政策安排联系密切。内地推行跨境贸易人民币结算试点以来，人民币主要用于中国从海外的进口业务，较少使用在出口业务环节，并因此造成海外市场人民币存量的大幅增加。对香港的跨境贸易人民币结算业务亦是如此。2010 年 6 月以后，在跨境贸易人民币结算渠道从内地流入香港的人民币远大于从香港流入内地的人民币，2010 年 6 月以后净流入香港的人民币金额累计 1544 亿元，是同期香港人民币存款增量的 68.5%，是同期香港企业人民币存款增量的 87.3%，如图 11.11 所示。

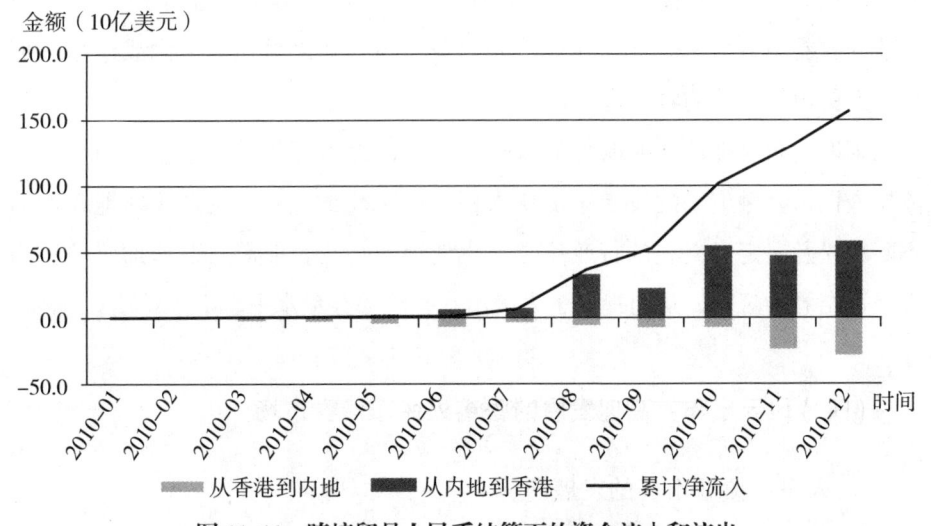

图 11.11 跨境贸易人民币结算下的资金流入和流出

资料来源：转引自（He，2011）。

在跨境贸易人民币结算中，只有对香港的人民币流入大于从香港的人民币流出，才能带来香港（企业）人民币存款的增长。根据我们对香港、深圳、梅州等地金融机构和企业的调查，促使企业在进口中使用人民币结算的主要原因有以下几个方面。

第一，使用人民币作为进口支付工具，可以得到两岸汇兑差异的好处。在香港结汇能够换来更多的美元/港币。这个因素总的影响不大，因为人民币到了香港以后，绝大部分还是要兑换成美元/港币，对香港人民币存款的净需求不高。未来，随着香港人民币存量的继续增加，两地人民币汇率的进一步趋同，这个因素对于香港人民币存款增长的推动作用有限。

第二，使用人民币作为进口支付工具，规避汇率风险。前提是对方愿意接受人民币，从调研来看，对方一般不接受，除非对方是关联企业，或者对方能在境外给人民币找到好的出处。

第三，人民币升值预期。一直以来，人民币存在持续的升值预期，而且这个预期可能还会持续"若干年"，这使得香港居民和企业有较大的动力持有人民币长头寸。一方面，人民币存款和其他资产的收益率一般高于美元/港币存款的收益率，另一方面，在人民升值条件下，如果兑换为美元或港币，那持有人民币长头寸的收益将更高。

第四，政府推动。内地为了有效推进人民币国际化，考虑通过加快香港离岸人民币金融市场的发展来加快人民币国际化的进程，为此，内地政策的不断放松及一定意义上的行政压力，也使得银行、企业等日益增加跨境贸易人民币结算的规模，从而提高了人民币在香港的存量水平。

(四) 风云十年：高速发展的香港人民币债券市场

1. 人民币债券市场的发展历程

2007年是香港人民币债券发行元年。2007年6月27日，中国国家开发银行在香港发行首只人民币债券，规模为人民币50亿元，国开行成为首家在港发行人民币债券的内地金融机构。但是，随后人民币债券发行进展有限，2008年仅有2家机构（中国进出口银行和中国银行）分别发行30亿元和10亿元债券。

2009年后，香港人民币债券市场不断扩展。一是人民币债券规模不断扩大，截至2011年2月底，一共有59只人民币债券在香港发行，总规模为776亿元。二是发行主体日益多元化，人民币债券发行之初，主要是内地的政策性银行及国有银行。2009年香港银行的内地分行及中国财政部都在香港发行了人民币债券。2010年9月16日，麦当劳在香港发行2亿元人民币债券，是在香港发行人民币债券的第一家外国企业。2010年10月21日，亚洲开发银行在香港发行12亿元债券，是首家在香港发行人民币债券的国际金融组织。

2. 前景：从776亿元到5000亿元？

人民币债券市场的发展具有制度基础，将是未来香港离岸人民币市场发展前景最为广阔的领域。对于香港而言，建立一个具有广度和深度的人民币债券市场将极大地提升香港人民币持有者的投资意愿，使得人民币或人民币债券成为一种价值储备手段，同时也是人民币回流机制的一个有机组成部分。这对于人民币国际化也是具有明显的现实意义的。

人民币债券市场作为债权融资方式，为内地企业提供新的融资渠道，具有明确的真实需求。目前，内地在香港发行人民币债券的机构主要是国有银行（包括政策性银行）及大型国有企业，这些机构将有持续的融资需求，未来仍是人民币债券发行的主导力量。如果香港人民币债券市场进一步发展，发行主体更加多元，那将是内地中小企业融资的又一个渠道。目前中小企业融资需求也是非常强烈的，正因为如此，人民币债券市场的增长空间更加广阔。

为了提高人民币债券的流动性，人民币债券市场需要大幅扩张。根据相关研究，为了达到良好的流动性要求，香港人民币债券市场存量规模至少要达到5000亿元。而截至2016年5月，人民币债券存量仅略高于700亿元，其中2011年7—9月有逾120亿元债券到期。由于规模太小，香港人民币债券被称为"点心债券"。如果未来人民币债券市场要达到5000亿元的存量，那么人民币债券业务将爆炸式增长。

由于人民币存在稳定的升值预期，在香港发行人民币债券的成本更低，企业有内在动力发行人民币债券。世界银行在2011年1月14日发行的2年期人民币债券，其收益率低至0.95%。资信较好的金融机构和企业，发行人民币债券一般都不高于2%。可以说，人民币债券的融资成本在全球最低之列。

3. 当国债进入人民币债券产品

人民币债券产品可以是传统的人民币计价、结算的债券，也可以是以人民币计价、其他货币结算的合成人民币债券（简称合成人债，Syndicate Bonds），还可以是其他以人民币计价的债务型工具，比如存款证及股票挂钩票据等。根据香港金管局的数据，2010年共有50只人民币债务工具在香港发行，总值约427亿元人民币，其中存款证及股票挂钩票据等总规模为67亿元。

更值得注意的是，国债完全可以成为香港人民币债券市场的主力品种。2010年11月22日，中国财政部与香港金融管理局签订了《关于使用债务工具中央结算系统发行人民币国债的合作备忘录》，已经为香港扩大人民币国债发行及进行结算奠定了基础。如果在香港能够发行更大规模的国债，就可以较快地提高人民币债券市场的规模和流动性。

最后，随着人民币债券市场的发展，还可以发行人民币债券基金等理财产品，以及人民币债券指数的衍生品，这将有利于进一步促进债券市场的发展。

（五）开跑的香港人民币IPO

1. 人民币IPO

香港联交所在2011年3月31日确认，306家经纪行及28家托管商通过香港人民币IPO业务的技术测试，可在首阶段参与人民币IPO的交易，其中包括中银国际、海通国际、国泰君安国际、建银国际、安信国际等23家中资券商。香港联交所表示，超过350家交易所参与机构参加了3月19—20日举行的人民币IPO模拟测试，测试主要内容为检测交易所参与者在人民币资金过户和人民币交易（包括电子认购首次公开招股、交易、结算及交收）等技术环节。

内地企业在香港上市都是以港元计价和结算的，如果发行以人民币计价和结算的人民币股票，将是很有发展空间的。

2. 其他人民币产品

在香港离岸市场可以发展的人民币产品还有很多。目前，贸易融资和人民币贷款业务极其有限，如果人民币升值预期被打破、人民币汇率弹性增强，贸易融资和人民币贷款业务可能会有长足发展。又如外汇及其衍生品，特别是无本金交割远期合约和可交割远期合约；还有人民币的保险产品、理财产品等。

三、直面香港桥头堡的问题与障碍

（一）回流机制亟待完善

人民币回流机制不健全是香港离岸金融市场发展最主要的渠道障碍。截至 2011 年 3 月，香港人民币存款绝大部分（超过 80%）是以存款的方式存在香港的银行，香港银行又将其存到中银香港。作为清算行的中银香港最后将人民币存款存在中国人民银行深圳分行。香港人民币绝大部分是以现钞渠道回流至内地。建立人民币回流机制最主要的瓶颈是内地的政策。如果内地政策不能继续放开，人民币回流机制可能不会有实质性进展。

（二）香港人民币资产池太小

香港人民币资产市场处在初级发展阶段凸显香港离岸金融市场发展的资产负债不匹配矛盾。在香港市场，以人民币计价和结算的金融产品太少，人民币的资产池子太小，交易过于清淡。

香港人民币资产主要是规模有限的债券市场，以及少量的保险产品、理财产品和衍生品等。自 2007 年 6 月国家开发银行在香港发行人民币债券起，截至 2011 年 2 月底，香港市场已经发行了 59 只人民币债券，累计发行额为

776 亿元，占人民币存款的比例约为 20%。根据金管局的统计，2010 年香港发行的人民币债券规模为 360 亿元，比 2009 年增加 200 亿元。发债主体主要是内地财政部、政策银行、大型国有银行等。

(三) 香港人民币应用渠道有限，且出现结构性失衡

人民币应用渠道有限，极大限制了香港离岸金融市场的发展。虽然随着人民币存款的剧增，人民币在香港的金融体系的重要性不断提高，但人民币应用渠道特别有限，比如跨境贸易结算出口环节基本不用人民币，又如由于人民币升值预期较为明确，没有机构愿意用人民币贷款。这样就出现了贸易结算进口与出口的人民币结算失衡、人民币存款与贷款的结构性失衡，出现了香港人民币业务的"跛足"格局。人民币经由资本项目进行 FDI 回流内地是需要逐个审批的，极大地限制了人民币应用的范围。

(四) 香港不是完全的离岸中心，受到较为明显的制度约束

香港不是纯粹的离岸金融市场，这是香港发展离岸金融市场的制度瓶颈。香港虽然实行"一国两制"，但是香港人民币离岸金融市场却并非一个真正的离岸市场。

第一，香港人民币业务并非完全在中国人民银行的监管范畴之外，香港人民币业务是在中央政府的授意，以及人民银行和金管局共同监管下发展起来的。

第二，香港人民币业务清算是由中银香港进行，而不是金管局，而中银香港是中国银行的孙公司。

第三，在不违反"一国两制"的前提下，中央政府对香港的影响力是实质性的，这当然包括对金融事务的影响力。香港不是独立的、完全的离岸金融市场，内地政策一收，离岸金融市场发展就停滞。

四、香港模板的风险

目前来看,国内主要流行以下5种反对过快推进香港离岸金融市场发展和人民币国际化的观点,主要与资本项目开放、离岸在岸价差、贸易结算失衡及福利损失、外汇储备增加和国内体制改革等方面相关。

第一,过快推进离岸市场发展和人民币国际化意味着中国政府必须加快开放资本项目,在短期国际资本大量流入新兴市场国家的大背景下,这会使得中国面临更大规模的短期国际资本流入的冲击。

第二,如果香港离岸人民币市场发展得足够大,离岸人民币市场上形成的价格(包括利率与汇率)会对在岸人民币利率与汇率形成冲击,从而削弱中国政府货币政策的效力。

第三,在单边人民币升值预期的背景下,境外居民与企业愿意成为人民币资产的持有者,但不愿意举借人民币债务。这或者意味着跨境贸易人民币结算必然是"跛足"的(例如,进口使用人民币的比例远高于出口使用人民币的比例),或者意味着人民币升值的收益被境外居民与企业享用。

第四,人民币国际化不仅不会降低外汇储备积累的速度,反而可能提升外汇储备积累的速度,从而恶化中国过量持有外汇储备的问题。

第五,在当前中国政府面临多项重要的改革任务,如改变收入分配、改善产业失衡、实现国内要素价格市场化等的时候,人民币国际化不应成为中国政府目前政策实施的重点。

在以下部分,我们将结合自己的思考,以及在香港、深圳与广东的调研结果,来逐一分析上述问题。

(一)人民币国际化是否会导致短期国际资本大量流入?

这种观点的逻辑是,人民币国际化的进一步推进,有赖于中国政府建立

下篇
人民币国际化：经历升降周期后的再出发

境外人民币资金的回流机制（如小 QFII、允许境外企业用人民币对内地直接投资、境外机构投资者可以用人民币资金投资于中国银行间债券市场等）。而 2011 年时，由于美、日、欧等主要发达经济体均在实施极其宽松的货币政策，整个新兴市场国家面临显著的资本流入压力。境外人民币回流机制的建立可能导致更大规模的短期国际资本的流入。

这种担忧的确是合理的。但问题的关键在于，中国政府建立的境外人民币回流机制是否是可控的，以及是否能够甄别回流资金中的热钱流入。至少在此时，中国政府已经开放或准备开放的回流机制是基本可控的。

第一，2011 年时香港人民币存款的回流机制是，由人民币业务参加行将存款存入清算行中银香港，中银香港再将存款存入中国人民银行深圳分行。中银香港在整个香港人民币存款回流中发挥着枢纽作用。只要香港仅有中银香港一家清算行的格局没有发生变化，中国政府就有能力控制境外人民币存款回流。

第二，中国政府只对境外中央银行或货币当局、港澳人民币业务清算行和境外参加行开放了国内银行间债券市场，开放的模式类似于 QFII，中国政府会对境外机构与投资规模进行审批。只要中国政府对境外机构与投资规模的审批是谨慎的及可控的，那么风险就不会失控。

第三，即使小 QFII 很快出台，但如前文所述，对有资格投资机构的审核与对总投资规模的限制可以控制资本流入的规模与方向。

第四，对于境外人民币直接投资的开放，应该建立在对投资交易的真实性审核的基础上，在对总体规模进行控制的同时，应努力防止人民币 FDI 资金最终流向资产市场。根据 2011 年 2 月 25 日商务部发布的《关于外商投资管理工作有关问题的通知》（商资函〔2011〕72 号），如有境外投资者申请以跨境贸易结算所得人民币及境外合法所得人民币来华投资，省级商务主管部门应先函报商务部（外资司），待其复函同意后，方可办理相关手续，并需在批件中明确出资货币形式和金额。可见，我国对于境外人民币直接投资的控制，也充分显示了审慎监管的原则。

（二）离岸人民币市场的发展是否会冲击在岸人民币市场？

如果香港离岸人民币市场规模发展到足够大（如香港人民币存量上升至数万亿元人民币），在离岸市场上形成的人民币利率与汇率会不会对在岸市场利率与汇率产生影响？如果在离岸市场上人民币汇价更贵，这会不会吸引大量人民币资金向境外运动？如果境外投机者囤积足够规模的人民币，它们能够在在岸或离岸市场上展开投机性供给，冲击人民币汇率吗？

毫无疑问，如果离岸市场发展得足够大，离岸市场上形成的利率与汇率必然会对在岸市场的价格产生影响。然而，基于以下两点，我们并不认为这种影响是完全负面的或者完全失控的。

第一，在很大程度上，建设香港离岸人民币金融市场的目的之一，就是衡量在不受政府管制及资本项目管制的市场上，人民币的利率与汇率水平会如何波动并稳定在什么水平上。这种离岸市场的"价格发现"功能有助于促进在岸市场的利率与汇率形成机制改革。因此，离岸与在岸人民币利率与汇率的不同可能并不是一个问题，而恰好是离岸人民币市场得以存在的意义。

第二，相关研究指出，离岸人民币市场要对在岸市场形成足够大的冲击，前者必须发展到一个足够大的规模。例如，马骏（2011）指出，即使香港人民币离岸市场在未来两三年间发展到两万亿元人民币的规模，在此过程中只要审慎控制境内企业在香港的融资与回流，那么离岸市场的发展对境内人民币供应、外汇储备、冲销操作及境内外资本流动的影响都是可控的。

（三）人民币单边升值背景下，人民币国际化是否意味着境外居民与企业只愿意持有人民币资产，而不愿意举借人民币负债？

2010年跨境贸易人民币结算的分布表明，进口支付人民币的交易占到八成以上，而出口收到人民币的交易不到两成。这固然与境外人民币存量不足有关系，但如果境外企业愿意用人民币支付进口，它们可以向香港银行兑换人民币或者申请人民币贸易信贷。因此，跨境贸易人民币结算中的"跛足"格局，很大程度上与市场上存在的人民币单边升值预期相关。境外企业愿意收到人民币，但它们不愿意支付人民币。这是否意味着只要存在着持续的人民币升值预期，人民币国际化就注定是如此不平衡呢？

第一，我们应该认识到，人民币国际化的过程，就是让境外企业与居民发现持有并使用人民币对他们有利的过程。由于市场上存在人民币升值预期，持有人民币的境外企业与居民能够享受到人民币升值收益，这是人民币国际化过程必然而且应当付出的代价。没有一种货币是在走弱的情况下实现国际化的。

第二，如果要让境外企业愿意用人民币支付来自中国的进口，就应该让境外企业能够以较低成本获得人民币资金。中国央行与其他经济体央行签署的本币互换协议，就应该发挥帮助境外有人民币结算需求的企业获得人民币融资这一功能。

第三，如果未来中国企业能够用人民币对外直接投资，那么东道国的相关企业就能够用收到的人民币从中国购买机器设备与商品，而且不用承担相关汇率的风险。

第四，对于在中国内地有持续的人民币收入的外国企业而言，由于不存在汇率风险，它们能够充分享受在香港人民币债券市场发债的低收益率优势，从而愿意成为人民币的负债方。

第五，尽管目前存在持续的人民币升值预期，但由于香港人民币债券的收益率较低，对来自一些新兴市场国家的企业与金融机构而言，在香港发行人民币债券的总体成本还是较低的。例如，2010年12月俄罗斯外贸银行在香港发行三年期人民币债券的利率为2.95%，而该行在同年发行的五年期欧洲美元债券与三年期卢布债券的利率分别为6.47%与7.6%。

第六，目前的"跛足"格局，部分与出口贸易结算中的试点企业范围较窄，而进口贸易结算试点企业范围较宽有关系。在保持审慎监管的前提下，渐次扩大出口贸易中使用人民币结算的企业范围，也将提高出口贸易中的人民币结算比例，从而缓解这种"跛足"的情况。

(四) 人民币国际化是否会导致外汇储备的进一步累积?

从中国国际投资头寸表来看,人民币国际化的推进意味着境外主体持有更大规模的本币资产,这意味着中国政府会面临更大规模的人民币负债,那么在资产方对应的将是更大规模的外汇资产,这意味着中国的外汇储备将会进一步上升(张斌,2011)。如果说,人民币国际化的初衷是为了降低在对外贸易与对外投资中对美元的依赖,那么人民币国际化导致外汇储备上升是否意味着相关努力产生了南辕北辙的效果?

我们认为,在人民币国际化初期,的确会出现中国外汇储备的进一步累积。首先,在跨境贸易结算中,较高比例的出口仍以美元计算,较高比例的进口改为人民币结算,这会导致进口付汇的兑换需求下降,从而导致外汇储备规模进一步上升;其次,有换汇需求的企业由境内银行换汇改为到香港离岸市场换汇,前者本有利于外汇储备规模的下降,后者对外汇储备水平没有影响;最后,鼓励中国企业用人民币到海外投资,这也缩小了外汇储备的传统使用范围。当然,如果未来境外企业用人民币对境内直接投资,这有助于降低外汇储备的进一步累积,但目前该试点尚未具有规模,实施效果仍有待观察。

然而,伴随着中国政府人民币汇率形成机制改革的进一步推进,未来市场上的人民币升值预期可能分化甚至逆转,这可能改变跨境贸易人民币结算的"跛足"格局。伴随香港人民币市场存量的上升,在岸与离岸的人民币汇率有望进一步趋同,到离岸市场换汇以套取汇差的动机将被削弱。随着人民币国际化的进一步推进,一旦人民币成长为一种真正的国际性货币,中国政府大规模积累外汇储备的必要性将显著下降。从中长期来看,人民币国际化将会导致中国外汇储备存量的下降。

(五) 人民币国际化应成为中国政府重点推进的战略吗?

2011年有观点指出,人民币国际化固然重要,但此时中国政府面临着更为重要的问题,例如国内经济结构转型、国内要素价格市场化改革、人民币利率与汇率市场化改革等。中国央行将人民币国际化作为重点战略推进，是否有本末倒置之嫌？

对上述意见，我们的看法是：第一，的确，此时中国政府面临着一系列更为重要的挑战，如国内收入分配改革、纠正产业结构失衡、要素市场化改革等。但这些改革由于涉及不同利益集团的存量利益调整，继续推进已经变得举步维艰。从某种意义上讲，推进人民币国际化改革，可能形成一种倒逼机制，反过来推动国内金融改革。例如，香港离岸人民币市场的发展可能推动中国政府加快人民币利率与汇率形成机制改革。某些学者更是将作为一种承诺机制的人民币国际化改革（Commitment Device）的重要性与联产承包责任制改革及中国加入 WTO 相提并论（黄海洲，2009）。第二，鉴于中国已经超过日本成为全球第二大经济体，中国也急需形成并推进其作为世界性大国的国际金融战略。此时，中国政府已经形成推进人民币国际化、加快东亚区域货币合作与倡导实施国际货币体系改革这一"三位一体"的国际金融新战略。国际金融战略的实施与国内结构调整并不冲突，完全可以并行不悖、相互促进。

五、跬步向前：不成熟的时机与可控性的政策

基于本课题组的研究和调研工作，我们认为，发展香港人民币离岸金融市场及稳步推进人民币国际化，需要坚持积极主动、风险可控、自主有序、审慎渐进等原则，在资本项目有限开放的条件下，进一步完善人民币回流机制、做大人民币资产池，并进行综合的金融体系改革。

政策建议的框架主要包括以下三个层面。第一，在我国全面开放资本项目时机并不成熟的条件下，完善人民币的流入和流出机制，应着重强调其可控性，既要积极地通过流入、流出机制的建设推动人民币国际化，也要防止为热钱的流动开辟新的渠道，并贯彻审慎监管的原则。第二，发展一个庞大

的人民币资产池及提高市场流动性是离岸金融市场发展的核心内容。对于微观个体而言，人民币国际化就是指境外居民持有人民币，将其作为交易、支付手段或投资选择之一，如果缺乏投资工具或者流动性太差，那离岸市场将是没有意义的。第三，需要进行一系列重要的配套政策改革，具体包括人民币汇率形成机制改革、利率市场化改革、债券市场发展、提高贸易企业在国际市场的定价权等。

（一）可控性：政策探索的前提

基于2010年6月《关于扩大跨境贸易人民币结算试点有关问题的通知》，以及2011年1月《境外直接投资人民币结算试点管理办法》等文件的政策，在原则上，现在人民币已经能够通过整个经常项目，以及资本项目的直接投资渠道进行流出和回流，其中人民币回流还额外具有投资国内银行间债券市场的渠道。可见，人民币的流入、流出机制已经基本建立。但出于政策和市场原因[①]，目前进口贸易中人民币结算的数量占到全部数量的90%左右。因此，按照目前人民币的流出速度，境外的人民币可得性问题将自动得到缓解；但人民币的回流机制仍然存在较大问题，这是此时推动人民币国际化的重要障碍之一。但由于存在人民币升值预期，而且美、日、欧均在实施极其宽松的货币政策。因此，境外人民币回流机制的建立可能招致更大规模的短期国际资本的流入。不过问题的关键在于人民币回流机制的可控性。以可控性为前提，推动人民币流出和回流机制建设的政策建议有以下几点。

第一，继续保留中银香港作为香港人民币唯一清算行的地位。香港人民币存款的回流机制是，由人民币业务参加行将存款存入清算行中银香港，中银香港再将存款存入中国人民银行深圳分行。中银香港在整个香港人民币存款回流中发挥着枢纽作用。只要香港仅有中银香港一家清算行的格局没有发生变化，中国政府就有能力控制境外人民币存款回流。

---

① 具体是指人民币升值预期、企业定价权、境外人民币存量较少，以及出口试点企业有较严格的条件限制，而进口企业只要在试点省区就能使用人民币进行结算等原因。

第二，可以考虑更宽松的人民币回流的投资渠道，但必须对投资机构的资格进行审核，并对总投资规模、投资流向给予限制。例如，在已经开放了境内银行间债券市场、人民币直接投资的基础上，还可以试点人民币 IPO、人民币 QFII 等回流机制。对于人民币直接投资的开放，应建立在投资交易的真实性审核基础上，防止人民币 FDI 资金最终流向资本市场。只要政府对投资机构的资格与投资规模的审批是谨慎的及可控的，那么资本流入的规模与方向就还是可控的。

（二）打造一个巨大的香港人民币资产池

作为一种国际货币资产，美元的保值性（贮藏功能）并不理想，但美元资产的流动性是最强的。而流动性是资产持有者的基本需求，他们可能为了获得较强的流动性，而放弃一定的保值目标。相反，缺乏流动性的货币资产，则难以真正在国际范围内获得认可和广泛持有。另一方面，从可行性来看，离岸市场要对在岸市场形成足够大的冲击，必须发展到足够大的规模。而现有研究认为，即使香港人民币离岸市场在未来两三年间发展到两万亿人民币的规模，只要审慎控制境内企业在香港的融资与回流，那么离岸市场的发展对境内货币供应、外汇储备、冲销操作及境内外资本流动的影响都是可控的。

要深化香港人民币资产市场建设，做大人民币资产池，首先，最重要的举措是做大香港人民币债券市场，发展多元化的人民币债券产品，比如点心债券、合成人民币债券（以人民币计价，以港币或美元等外币结算）、存托凭证等。人民币债券市场规模至少要达到 5000 亿元才能有较好的流动性。其次，人民币 IPO 也需要加速发展，虽然人民币 IPO 的规模可能不大，但其衍生金融产品可以多样化，比如连接香港内地的 ETF 连接基金。再次，发展人民币保险产品和理财产品。最后，要发展人民币的衍生品市场，比如可交割远期。

香港要自我发展，提供全球金融服务。在向全球提供金融服务的过程中，如果香港人民币资产足够丰富、规模足够大、流动性足够好，就会吸引国际投资者及企业涉猎人民币业务，这对于人民币"走出去"及香港离岸市场的发展都是有利的。只要香港能提供全球服务，那就有聚集效应，就可能成为美元、欧元、日元和人民币等的交易中心，人民币的流动性将能得到极大提高，人民币的吸引力也就更大。当然，这是一个自我循环和自我强化的过程。

（三）利润市场化：结构性改革的深入推进

人民币国际化是一项系统工程，必将加快国内金融体系的一系列结构性改革作为配套政策。

第一，应尽快实施利率市场化政策。香港人民币离岸金融市场的发展需要内地金融体系改革的配合。香港人民币债券市场要快速成长，人民币的利率就应该更加市场化。由于中国国内利率长期以来处于管制状态，且民营企业融资渠道有限，中国国内利率水平偏低。利率市场化之后，利率水平的上升不但有利于挤出无效率的投资，存贷款利差的缩小也有利于推动中国商业银行体系的进一步改革。

第二，降低对外汇市场的干预力度，增强市场因素在人民币汇率形成机制中的作用。提高人民币汇率弹性、打破人民币单边升值的预期，这对于出口贸易渠道的人民币结算、人民币贷款的增长都具有重要意义。同时，世界市场对中国出口的容纳能力是有限的，我们必须调整出口导向的发展战略。合理的人民币汇率水平，将有利于纠正经济结构的失衡，促进经济的可持续增长；也能迫使中国企业放弃低价竞争策略，主动进行技术革新，通过提高产品品质来获得竞争优势，从而使企业在国际市场的议价中取得更多主动权。只有依托于这样的宏观和微观经济背景，人民币才能以强有力的姿态走向世界。

第三，发展和做大国内债券市场。发展、做大债券市场，对于推动利率市场化改革、扩大国内资本市场的深度和广度、减少境外人民币回流的冲击，以及拓宽政府融资渠道、缓解财政分权的矛盾等具有重要意义。要发展国内债券市场，可以先从中央政府（考虑如何将国债与央票合并）和地方政府债券开始做起。然后，还应积极改革国内债券市场的多头管理机制。

第四，中国金融业必须在全面对外开放之前，实现全面对内开放。长期以来，中国民营企业在生产经营与投融资方面，承受着来自国有企业与外资企业的双重挤压。中国金融业只有在全面对外开放之前实现全面对内开放，中国的民营金融企业才有真正发展壮大的机会。中国政府应尽快放开对民间资本进入银行、证券、保险、信托等行业的限制，对国有资本与民间资本一视同仁。

除了上述政策建议之外，在人民币国际化的具体推动工作中，我们还需要注意一些操作的细节问题。①考虑到加工贸易进、出口发生额的抵扣情况，海关统计的贸易额与外管局的实际收付汇金额有显著差异，所以应依据后者，理性设定跨境贸易人民币结算的目标。②规范统计口径，对人民币结算的工作进行科学评估。例如，对于进口贸易合同中实际报价、结算货币均为美元，我方企业支付给境内银行的是人民币的情况，要有具体的分类统计，以便对人民币在贸易结算中的地位有更准确的把握。③加强人民币跨境结算相关六部门的协调，加强人民银行与外管局的内部协调。例如，普通贸易结算只与外管局有关，而新推出的跨境贸易人民币结算业务由人民银行作为主要负责单位，但报关单仍传外管局。这就增加了贸易企业工作的复杂程度，甚至可能延误其收款，因此需要相关部门建立有效的协调机制，简化人民币结算手续。④对于我国占优势或垄断地位的资源性产品出口，如稀土，可以考虑统一要求使用人民币进行报价、结算。

第十二章

剖析人民币国际化进程中的在岸离岸套利现象[①]

一、人民币国际化进程中的套利顽疾

最近几年来，人民币国际化取得了显著进展。截至 2012 年 11 月，理论上中国境内任何企业在与全球任何企业进行各种类型的贸易时，均可用人民币进行计价与结算。除跨境贸易的人民币计价结算外，中国政府也批准了中国对外直接投资与外商在华直接投资均可使用人民币计价结算。在中国内地以外已经形成了中国香港、新加坡、伦敦等多个人民币离岸市场。包括芝加哥商品交易所在内的若干国际交易所的特定金融产品开始使用人民币计价。在中国境外发行的人民币债券的规模快速增长，已经不能继续用点心债券来定义了。在中国境外流通的人民币规模不断增长，这些离岸人民币也可以通过人民币境外合格机构投资者等渠道投资于中国国内金融市场。在中国在岸人民币金融市场与境外离岸人民币金融市场之间，也已经形成了良性互动。

然而，我们的研究发现，在香港离岸人民币市场与内地在岸人民币市场之间，出现了规模较大的离岸在岸套汇套利活动。利用离岸市场与在岸市场人民币对美元现汇汇价的差异，以及持续的人民币汇率升值预期，两地的金

[①] 本章内容发表于《国际金融研究》2012 年第 12 期，合作者为何帆。

融机构与企业可以从中套汇。利用离岸市场与在岸市场的利率差异，两地的金融机构与企业可以从中套利。套汇与套利行为尽管也表现为跨境贸易人民币结算或离岸人民币金融市场的发展，但这与中国政府推进人民币国际化的初衷严重不符。当然，我们对局部市场套汇、套利活动的分析，并不意味着否认人民币国际化进程已经取得的成绩。

在岸与离岸人民币市场套汇与套利活动，实质上是以中国国内人民币利率与汇率形成机制尚未完全市场化为基础的。基于上述研究，我们提出了利率与汇率市场化应优先于资本账户开放，而国内经济结构性调整应优先于人民币国际化的政策建议。

二、人民币国际化停滞：套汇、套利是主因？

自中国政府在 2009 年 7 月启动跨境贸易人民币结算试点以来，人民币国际化在跨境贸易结算与离岸人民币市场方面取得了显著进展。如图下页 12.1 所示，从 2009 年第四季度到 2011 年第二季度，跨境贸易人民币结算额由 36 亿元增长至 5973 亿元。跨境贸易人民币结算额占同期进出口贸易总额的比率，则由 2009 年第四季度的 0.1% 上升至 2011 年第二季度的 10.2%。如下页图 12.2 所示，香港人民币存款余额自 2010 年下半年起一路攀升，由 2009 年 6 月底的 544 亿元上升至 2011 年 11 月底的 6273 亿元。在香港发行的人民币债券规模，则由 2009 年的 160 亿元飙升至 2011 年的 1079 亿元。[①]

然而，在 2011 年下半年，人民币国际化进程似乎在跨境贸易结算与离岸人民币市场这两方面均陷入停滞状态。如图 12.1 所示，跨境贸易人民币结算额由 2011 年第二季度的 5973 亿元下降至 2011 年第四季度的 5390 亿元。而跨境贸易人民币结算额占进出口贸易总额的比率，则由 2011 年第二季度的 10.2% 下降至 2011 年第四季度的 8.8%。尽管上述两个指标在 2012 年第一季度均有所回升，

---

① 以上数据引自 CEIC 数据库。

但也仅与 2011 年第二季度大致持平。如图 12.2 所示,香港人民币存款余额从 2011 年 12 月起连续 5 个月下降,由 2011 年 11 月底的 6273 亿元下降至 2012 年 4 月底的 5524 亿元,2012 年 5 月底也仅回升至 5539 亿元。

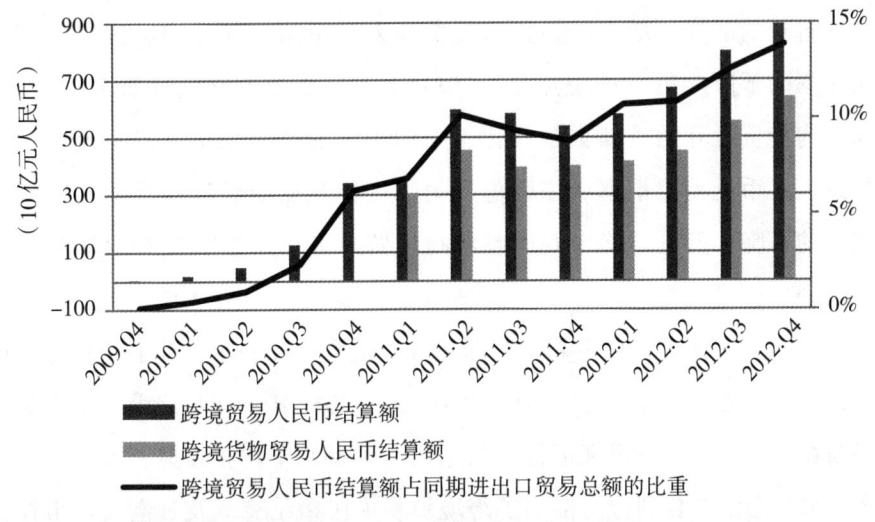

图 12.1　跨境贸易人民币结算的绝对规模与相对规模

资料来源:CEIC 数据库及作者的计算。

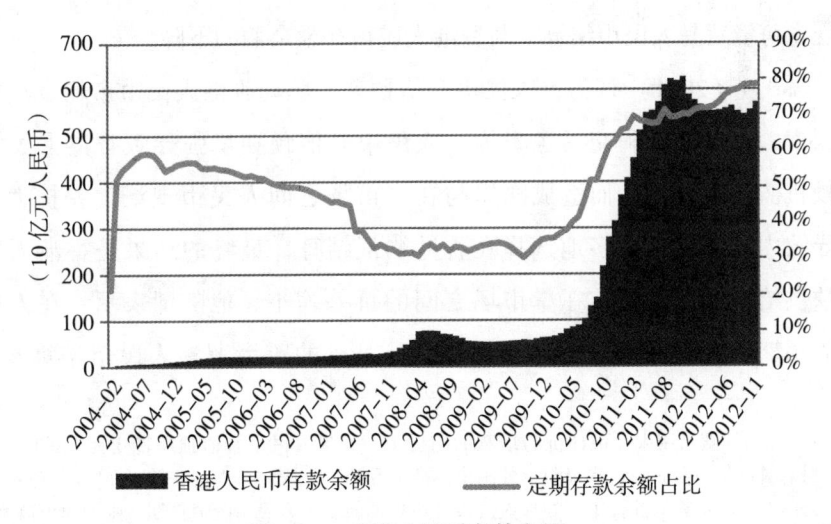

图 12.2　香港人民币存款余额

资料来源:CEIC 数据库及作者的计算。

下 篇
人民币国际化：经历升降周期后的再出发

如何解释人民币国际化进程在2011年下半年的停滞呢？一种观点是，2011年下半年欧债危机的恶化加剧了全球金融市场波动，造成全球总需求增长缓慢，影响了国际贸易增长。这种观点固然能够解释跨境贸易人民币结算绝对额的下降，却不能解释跨境贸易人民币结算额占中国进出口贸易总额比率的下降。另一种观点是，2011年下半年随着欧债危机愈演愈烈，全球机构投资者开始重新去杠杆化，中国再度面临短期国际资本流出，从而导致人民币兑美元汇率面临贬值压力。这种观点能够解释香港人民币存款规模的下降，但也不能很好地解释跨境贸易人民币结算绝对额与相对额的下降。①

我们认为，截至2012年的人民币国际化进程，在一定程度上受到离岸市场与在岸市场之间的套汇与套利行为驱动。在2011年下半年之前，由于离岸市场与在岸市场的人民币现汇价格与人民币利率水平均存在显著差异，由此产生的大量套汇与套利行为推动了跨境贸易人民币结算额及香港人民币存款余额的快速上升。在2011年下半年，随着离岸市场与在岸市场人民币现汇价格之差的缩小甚至逆转，两个市场之间的套汇行为显著削弱甚至反转，从而体现为跨境贸易人民币结算额与香港人民币存款余额的下降。

Garber（2011）认为，人民币升值预期是驱动香港人民币市场发展的重要因素，其中的套利交易逻辑为：人民币升值预期增强导致香港人民币市场投机需求上升，从而造成离岸与在岸市场之间人民币现汇汇差扩大，进而导致内地进口商更多地选择在香港购汇结算，最终的结果是香港人民币存款供给增加、离岸与在岸市场之间的价差缩小。他随即表示，在人民币升值预期的激励下，即使具有真实交易基础的跨境贸易人民币结算与FDI

---

① 在国际贸易用人民币计价与结算的前提下，如果人民币升值预期转变为人民币贬值预期，则中国企业不会面临汇率风险，外国出口商会受损，外国进口商会获益；在国际贸易用美元计价、用人民币结算的前提下，如果人民币升值预期转变为人民币贬值预期，则中国出口商会获益、中国进口商会受损，而外国企业不会面临汇率风险。以上两种情景均意味着人民币升值预期发生逆转并不必然造成跨境贸易人民币结算绝对额与相对额的下降。

也可能具有投机性。Murase（2010）指出，在岸与离岸市场的人民币汇价之差实质上是一种托宾税。在人民币升值预期下，这种价差是境外资金向中国境内转移必须支付的成本，但同时对中国境内人民币的输出而言却是一种补贴。余永定（2012）以利率平价为基础同时考察了离岸与在岸市场之间的套汇与套利行为，进而指出2012年下半年香港离岸市场的人民币贬值主要是套汇与套利活动发生方向性逆转的结果。张斌与徐奇渊（2012）更为细致地梳理了人民币离岸与在岸市场的套利机制与交易主体。Maziad 与 Kang（2012）运用 GARCH 进行的分析表明，在岸市场人民币现汇价格对离岸市场人民币现汇价格产生了显著影响，同时离岸市场人民币远期价格能够用来预测在岸市场人民币远期汇率的变动。此外，他们也发现了两个市场之间的波动性溢出效应。Wang（2011）则指出，香港人民币存款由于具有以下三个特征，可以基本上被视为热钱：第一，主要持有者为企业而非居民；第二，持有的主要动机在于人民币升值预期与利差；第三，都在等待机会回流境内。

三、搜寻人民币套汇的证据

我们认为，在香港离岸市场与内地在岸市场之间，至少存在两种套汇行为。下面，我们将依次分析两种套汇行为的机制与证据。

（一）模式一：利用在岸与离岸市场现汇价差套汇

该套汇行为的基础在于，在香港离岸市场的人民币现汇价格与内地在岸市场的人民币现汇价格之间，存在显著差异。如图12.3所示，在2010年下半年至2011年上半年（尤其是2010年9—10月）期间，香港人民币现汇汇价显著高于内地人民币现汇汇价；而在2011年下半年（尤其是2011年9—10月及12月），香港人民币现汇汇价显著低于内地人民币现汇汇价。造成两地出现现汇汇价较

下篇
人民币国际化：经历升降周期后的再出发

大差异现的主要原因在于人民币升值预期的变化。正如 Garber（2011）所指出的，当人民币升值预期增强时，香港人民币投机需求上升，从而会推高香港人民币现汇汇价，导致两地汇价出现差异并不断增大，反之亦然。

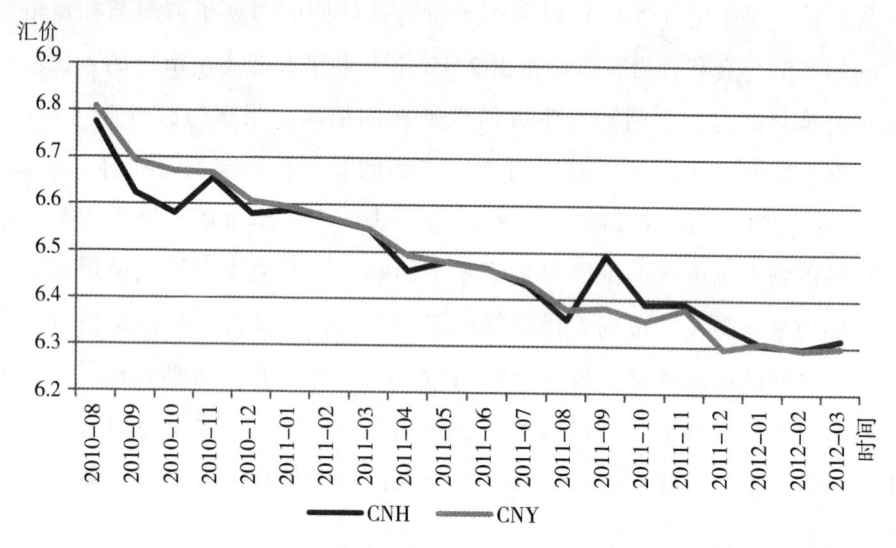

图 12.3　离岸与在岸人民币现汇汇价之差

资料来源：Bloomberg 数据库。

这种套汇行为的机制是：当香港人民币现汇价格高于内地人民币现汇价格时，内地出口商将选择在内地出售出口所获美元，而内地进口商将选择在香港购入进口所需美元；反之，当香港人民币现汇价格低于内地人民币现汇价格时，内地出口商将选择在香港出口出口所获美元，而内地进口商将选择在内地购入进口所需美元。

这种套汇行为的结果包括以下两种。第一，当香港人民币现汇价格高于内地时，内地进出口商的套利行为将体现为内地与香港之间跨境贸易人民币结算的"跛足化"，即内地企业进口支付人民币的数额显著高于出口收到人民币的数额；而当香港人民币现汇价格低于内地时，相应的套利行为将体现为内地与香港之间跨境贸易人民币结算"跛足化"的改善，即进口支付人民币的数额下降，出口收到人民币的数额增加。第二，当香港人民币现汇价格高

第十二章
剖析人民币国际化进程中的在岸离岸套利现象

于内地时，香港人民币存量上升；而当香港人民币现汇价格低于内地时，香港人民币存量下降。

　　这种套汇行为的证据之一如图 12.4 所示。从 2010 年第三季度至 2011 年第四季度，随着离岸人民币现汇汇价与在岸人民币现汇汇价之间价差的下降，跨境贸易人民币结算实际收付比也不断下降。这意味着随着离岸人民币现汇价格变得更加便宜，内地贸易商更多地选择在内地市场购买美元，而在香港市场出售美元。相应造成的结果是内地企业出口收到人民币的数额上升，进口支付人民币的数额下降，跨境贸易人民币结算的"跛足化"显著改善。该套汇行为的证据之二如图 12.5 所示。离岸与在岸两个市场的人民币现汇汇价之差，与香港人民币存款月度增量呈现出明显的正相关关系。这意味着，当香港人民币现汇汇价高于内地时，内地贸易企业选择在香港购入美元，导致香港市场上人民币供应增加。反之亦然。

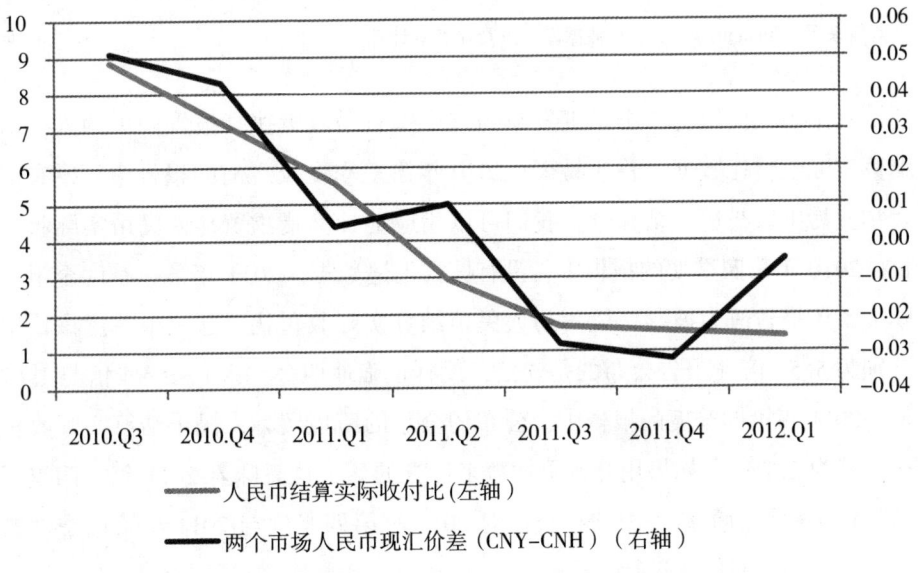

图 12.4　两地人民币现汇价差与跨境贸易人民币收付比

资料来源：Bloomberg 数据库，以及作者对各个季度《中国货币政策执行报告》的汇总。

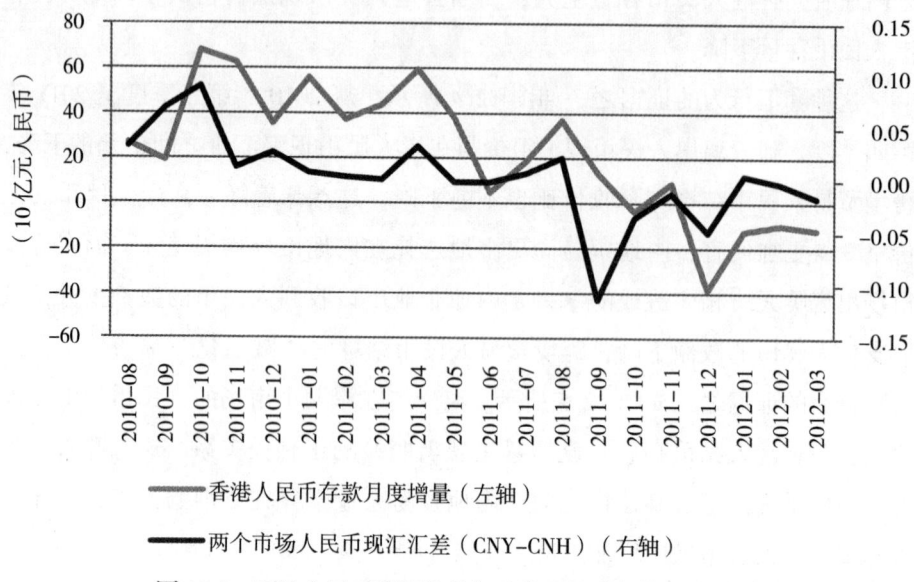

下 篇
人民币国际化：经历升降周期后的再出发

图12.5　两地人民币现汇价差与香港人民币存款月度增量

资料来源：Bloomberg 与 CEIC 数据库，以及作者的计算。

要汇总中国人民银行各个季度发布的《中国货币政策执行报告》中的人民币结算实际收付比数据，并非易事。2010 年第三季度及之前的报告中，发布了货物贸易出口与进口结算额，我们可以相应地计算货物贸易人民币实际收付比。2010 年第四季度的报告中，没有披露上述数据。2011 年第一季度至第三季度，该报告改为披露跨境贸易人民币结算实际收付比，这三个季度该比率分别为 5.59 倍（报告公布的是 5 倍，没有正确地四舍五入）、2.94 倍与 1.67 倍。2011 年第四季度的报告中，公布的全年的跨境贸易人民币结算实际收付比居然为 1.7 倍。如果用算术平均数来计算的话，这意味着 2011 年第四季度的收付比竟然为负数！因此，我们对 2010 年第四季度与 2011 年第四季度的收付比，均用插值法进行处理。

（二）模式二：利用持续的人民币升值预期套汇

该套汇行为的基础在于，市场上存在持续的人民币升值预期或贬值预期。

如图 12.6 所示，2010 年 9 月至 2011 年 8 月，香港市场上存在持续的人民币升值预期；2011 年 11 月至 2012 年 4 月，香港市场上存在持续的人民币贬值预期。

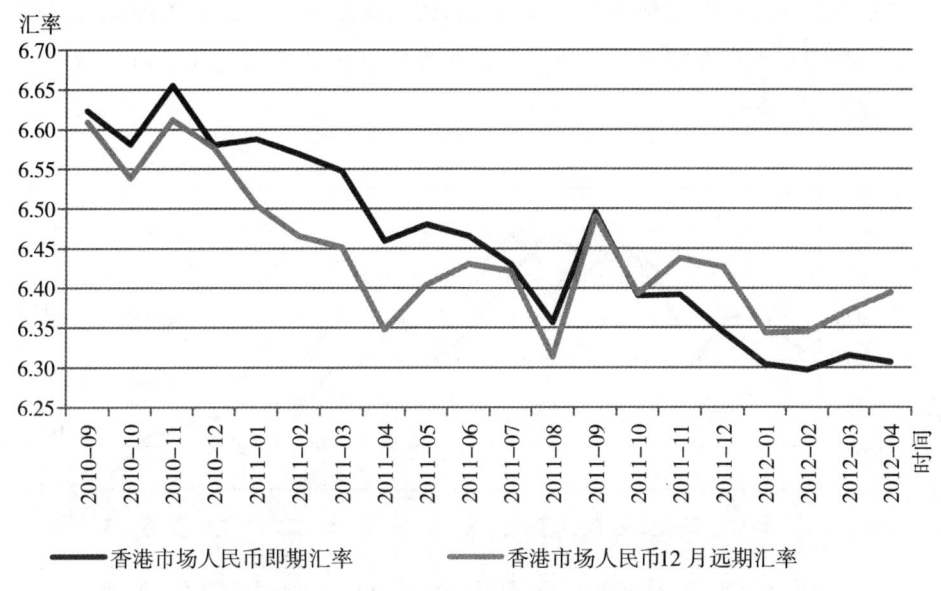

图 12.6 香港市场上的人民币升值与贬值预期

资料来源：Bloomberg 数据库。

这种套汇行为的机制为：当市场上存在持续的人民币升值预期时，香港市场上的企业或金融机构借入美元贷款并将之兑换为人民币，同时在远期市场上卖出人民币、买入美元。该套汇行为的收益率等于人民币汇率实际升值幅度，再减去美元贷款利率与人民币存款利率之差（张斌、徐奇渊，2012）。只要人民币实际升值幅度高于后者的利差，投机者就能够获得相应收益。反之，当市场上存在持续的人民币贬值预期时，香港市场上的企业或金融机构可以进行反向操作，即借入人民币贷款并将之兑换为美元，同时在远期市场上买入美元、卖出人民币。

上述套汇行为的结果为，当市场上存在持续的人民币升值预期时，香港银行的美元贷款与人民币存款增加。反之，当市场上存在持续的人民币贬值预期时，香港银行的美元存款与人民币贷款增加。

该套汇行为的证据如图 12.7 所示。香港人民币月度存款增量，与香港市场上的人民币升值预期呈现出较为显著的正相关关系。这意味着，当市场上存在持续的人民币升值预期时，香港银行的人民币存款余额更可能呈上升趋势，而当市场上存在持续的人民币贬值预期时，香港银行的人民币存款余额更可能呈下降趋势。

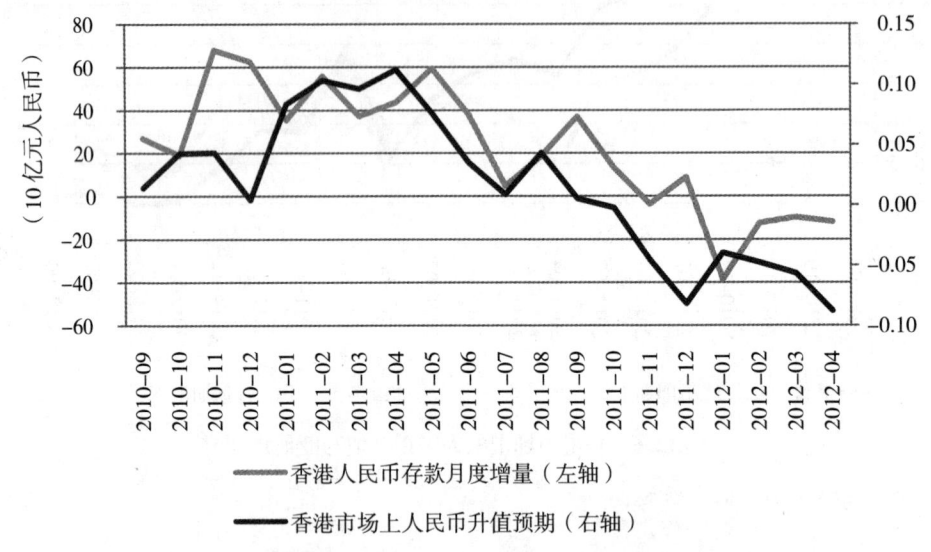

图 12.7 香港市场上的人民币升值预期与人民币存款月度增量

资料来源：Bloomberg 与 CEIC 数据库，以及作者的计算。
注释：升值预期等于香港市场上人民币现汇汇率减去 12 月远期汇率。

四、搜寻人民币套利的证据

我们认为，在香港离岸市场与内地在岸市场之间，也至少存在两种套利行为。这两种套利行为，均基于离岸与在岸人民币市场上存在的持续显著利差。如图 12.8 所示，2004 年 7 月至 2012 年 7 月，内地半年期人民币存款利率持续高于香港同期人民币存款利率。利差最高超过 3 个百分点，最低也超过 1 个百分点。既然离岸与在岸市场的基准存款利率有如此大的差价，两个市场的贷款利率自然也有相当大的差价。2012 年，香港市场上的人民币 1 年期贷款利率在 2%~3%，而内地的 1 年期贷款利率在 6%~8%。[①]下面，我们将依次分析两种套利行为的机制与证据。

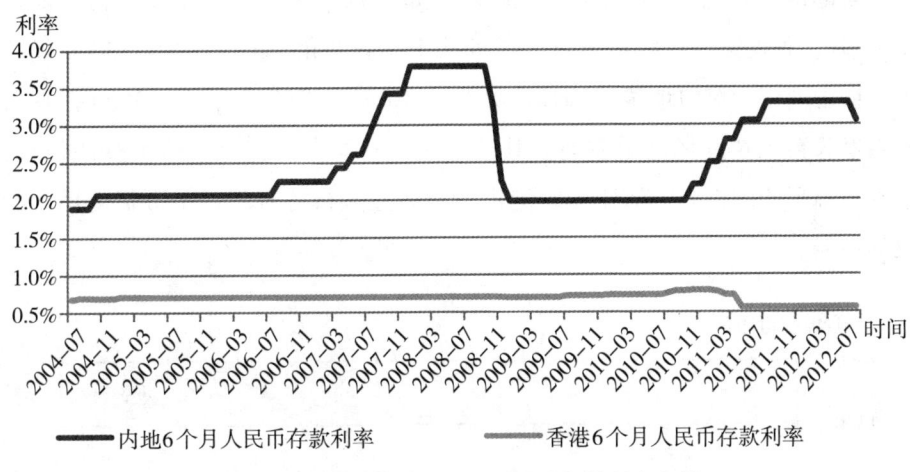

图 12.8 在岸与离岸市场人民币存款利率之差

（一）模式一：基于人民币信用证的内保外贷

所谓内保外贷，是指内地企业将自身资产抵押给内地银行，内地银行开具保函给企业，企业再用保函做抵押，通过在香港成立的离岸公司向香港银行申请人民币贷款。由于内地与香港的人民币贷款利率存在显著利差，内保外贷自然可以显著降低企业融资成本。

不过，近年来在香港与内地之间最为流行的内保外贷的方式，并非使用保函，而主要是使用信用证。该套利行为的机制为：内地企业 A 将人民币存入内地银行甲，要求甲开具一张到期日较长的人民币信用证；随后，内地企

---

① 丁玉萍. 内地香港联手再堵内保外贷 [N]. 21 世纪经济报道, 2011-09-02.

业A用与其香港关联企业B进行贸易的理由,用信用证向B付款;B企业随即以该信用证为抵押,向香港银行乙申请低利率的人民币或美元贷款;最后,如果B企业申请的是美元贷款,它既可以在远期外汇市场上买入美元卖出人民币来消除汇率风险,也可以不进行对冲而是套取人民币汇率升值的收益。

上述套利行为的结果是,自香港银行可以向本地企业发放人民币贷款以来,香港银行对内地的净债权规模猛增。如图12.9所示,2008年年初至2012年10月,香港银行对内地银行的债务几乎没有变化,大致稳定在3000亿港币,而香港银行对内地银行的债券则从2010年起迅速攀升,由3000亿港币左右增长至1.6万亿港币左右。其结果是,从香港银行对内地银行的债权、债务基本平衡的格局,演变为香港银行对内地银行持有超过1万亿港币净债权的格局。

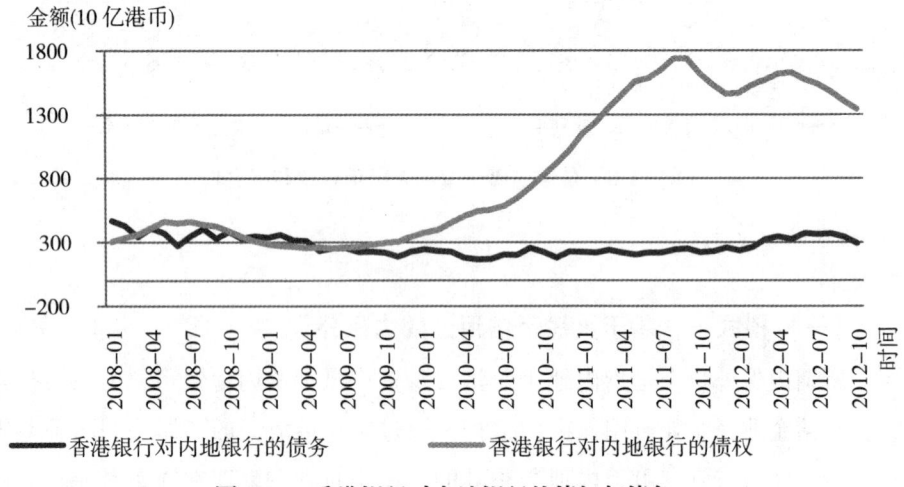

图12.9 香港银行对内地银行的债权与债务

资料来源:CEIC数据库。

该套利行为的证据是,根据SWIFT系统的最新报告,人民币在2012年前几个月超过日元,成为仅次于美元与欧元的全球第三大信用证开证货币。截至2012年11月,全球范围内84.4%的信用证用美元开具,7.0%的信用证欧元开具，而 4.0% 的信用证用人民币开具。在为此欢欣鼓舞之前，我们必须看到这一事实，即截至 2012 年 11 月的人民币支付额仅占到全球国际结算总额的 0.34%。换句话说，按照货币支付额占全球国际结算总额排名，人民币仅能排到第 16 位，但人民币却成为全球第三大开证货币，这的确令人感到惊讶（Cookson，2012）。不过如表 12.1 所示，53.81% 的人民币信用证均为中国内地开向香港的，而从香港开向中国内地的人民币信用证占比仅为 0.27%。这恰恰印证了前述内保外贷行为风行的观点。

表 12.1　人民币信用证的分布（按交易比重计算的比率）

地域	比率
中国内地至中国香港	53.81%
中国内地至新加坡	19.04%
中国内地	11.69%
中国内地至亚洲其他国家	8.57%
中国内地至欧洲、中东、非洲	3.18%
中国内地至美洲	2.16%
欧洲、中东、非洲至中国内地	0.95%
中国香港至中国内地	0.27%
欧洲、中东、非洲内部	0.12%
亚洲其他国家至中国内地	0.06%
中国香港内部	0.04%
中国香港至新加坡	0.04%
美洲至中国内地	0.02%
新加坡内部	0.02%
新加坡至中国内地	0.01%
新加坡至中国香港	低于 0.01%

资料来源：SWIFT，截至 2012 年。

（二）模式二：内地企业在港发行人民币债券

由于香港实现联系汇率制，其基准存贷款利率与美元挂钩，企业与金融机构在香港发行人民币债券利率，显著低于其在内地发行人民币债券利率。这就吸引了大量内地企业与金融机构踊跃到香港发行人民币债券（即点心债券），以套取香港发债成本与内地发债成本之间的利差。

这种套利行为的结果是，企业与金融机构在内地发债规模下降，而在香港发债规模上升。从2007年起，中国政府开始批准内地金融机构与企业到香港发行人民币债券。2007年至2009年这三年间，香港人民币债券新发行规模分别为100亿元、120亿元、160亿元，2010年上升至358亿元，2011年更是激增至1079亿元。[①] 2012年1至5月，香港人民币债券（包括存款证CD）的发行净额就达到852亿元，超过2011年同期约30%（马骏，2012）。

该套利行为的一个证据是，在香港发行人民币债券的企业与金融机构中，来自内地的企业与金融机构在比重上占据着绝对优势。根据马骏（2012）的估算，境内机构（包括财政部、境内银行与企业）和境外中资机构所发行的人民币债券余额占到香港人民币债券总额的80%，仅有20%的人民币债券由跨国公司、国际组织与国际银行等外资机构发行。这种发行主体过度集中的格局意味着信用风险的过度集中，造成投资者很难避免来自中国的系统性风险。此外，由于内地企业与机构在香港发债募集金额最终将会汇回内地使用，上述格局对增加离岸人民币金融市场的资金规模也并无好处。为避免离岸市场的"中资化"，马骏（2012）建议香港特区政府与中央政府应当控制内地企业与金融机构在香港发行人民币债券的节奏，因为中央政府审批境内机构到香港发债不完全是市场行为。

---

① 以上数据引自CEIC数据库。

第十二章
剖析人民币国际化进程中的在岸离岸套利现象

五、不成熟条件下产生的套汇、套利

截至 2012 年 11 月，人民币国际化进程中出现了利用香港离岸市场与内地在岸两个市场进行套汇与套利的活动。2011 年下半年人民币国际化进程的迟滞，在很大程度上与人民币升值预期的削弱、逆转，以及离岸与在岸市场人民币现汇汇差的削弱与逆转有关。换句话说，2011 年下半年，在离岸与在岸市场之间的套汇活动的规模与方向发生了显著变化，从而造成跨境贸易人民币结算规模与香港人民币存款余额的下降。

两个市场之间套汇行为的结果，在人民币升值预期的背景下体现为跨境贸易人民币结算的"跛足化"，即内地进口支付人民币的金额远高于出口收到人民币的金额；在人民币升值预期削弱或逆转的背景下则体现为跨境贸易结算"跛足化"的改善。然而，如果"跛足"格局的恶化与改善本身取决于两地套汇互动的话，那么这种改善的可持续性就值得怀疑。一旦人民币升值预期重新增强，那么"跛足"格局很可能重新恶化。两个市场之间的套利行为还导致香港离岸市场对内地的人民币债权显著上升。

如果人民币国际化的进程主要基于两个市场之间的套汇与套利活动，那么这可能并非中国政府制定相关战略的初衷。一方面，基于套利活动的货币国际化进程很容易逆转。一旦人民币升值预期消失，或者香港与内地之间的利差消失，那么无论是跨境贸易人民币结算额，还是香港离岸人民币存款规模的增长都可能陷入停滞。另一方面，在套汇与套利活动的驱使下，境外主体用美元资产置换境内主体的人民币资产，这将导致中国外汇储备规模的进一步上升，继续恶化中国政府的资产负债表。

在离岸与在岸市场之间的套汇与套利活动之所以大行其道，根本原因在于人民币的汇率与利率形成机制尚未充分市场化。尽管近年来人民币兑美元

下 篇
人民币国际化：经历升降周期后的再出发

汇率与人民币有效汇率均大幅升值，但中国央行依然对外汇市场进行了持续干预，人民币名义汇率水平与均衡汇率水平之间仍存在一定偏差。尽管近年来中国政府在利率市场化方面做出了不少努力，但人民币基准存贷款利率依然由政府制定，且浮动空间相当有限。尽管中国政府依然保持着大致有效的资本账户管制，但套汇、套利活动可以通过合法的外衣（如跨境贸易人民币结算）或制度的漏洞而大行其道。

基于上述结论，我们提出以下几点政策建议。

第一，国内经济的结构调整，其重要性可能远高于人民币国际化。国际金融历史表明，尽管政策驱动扮演着一定角色，但货币国际化最终仍是市场选择的结果（埃森格林，2011）。人民币能否真正成长为一种重要的国际性货币，关键取决于中国经济能否在未来10年至20年继续保持持续较快增长。因此，中国政府应将现阶段的战略重心放到国内经济结构调整上来，即通过收入分配改革、服务业开放与要素价格市场化将中国经济增长的引擎由投资与出口驱动转换到由消费与投资平衡驱动的路径上来。

第二，人民币国际化的实质是中国的资本账户开放。当前并非中国政府加快资本账户开放的战略机遇期，中国政府也不应当通过资本账户开放来促进人民币国际化。首先，欧债危机仍在继续深化，全球金融市场依然动荡不安，发达国家央行仍在集体实施量化宽松政策，在这样的外部环境下贸然加快资本账户开放，必然造成短期国际资本的大进大出，从而给中国宏观经济与金融市场的稳定造成冲击。其次，国际经验表明，资本账户开放具有适宜的次序。国内利率与汇率的市场化及国内金融市场的深化，是一国完全开放资本账户的前提条件。本章的分析表明，在国内利率与汇率形成机制尚未市场化的前提下推进人民币国际化，其结果是造成离岸与在岸市场之间的套利活动盛行，背离政府的战略初衷。因此，中国政府应尽快推进汇率与利率的市场化及中国国内金融市场的深化。最后，以对外开放来克服国内利益集团的阻力，从而推进国内改革，这种倒逼机制是中国过去改革开放的重要经验。

第十二章
剖析人民币国际化进程中的在岸离岸套利现象

然而，全球发展中国家命运多舛的金融史昭示着，对外开放未必能够促进国内改革。倒逼机制可能产生好的结果，也可能产生坏的结果。中国的金融市场在全面对外开放之前，首先应该全面对内开放。中国的资本账户全面对外开放之前，首先应该理顺国内价格机制、增强国内金融市场深度及国内金融机构与投资者抵御金融风险的能力。

第十三章

基于跨境资本流动角度对人民币国际化的观察[①]

一、人民币国际化从发展到停滞？

随着2009年跨境贸易人民币结算试点的启用，人民币国际化迅速推进，跨境贸易人民币结算份额迅速增长，离岸人民币市场逐步从亚洲拓展到欧洲。2015年中期，关于人民币加入SDR货币篮子的预期愈发明朗，人民币国际化达到了历史最高水平：首先，2015年6月，境外人民币存款总量为15 651.4亿元人民币（图13.1）；其次，跨境人民币支付的份额不断扩大，一度成为第四大支付货币（2015年8月，排名来自SWIFT）；最后，人民币成为外汇市场交易最活跃的币种之一，2016年4月，人民币外汇交易日均交易额排名全球第八（边卫红，2017）。但是在2015年之后，人民币国际化进程陷入了停滞甚至出现衰退，一方面境外人民币存款持续降低，2016年12月仅剩余9839.2亿元人民币，首次跌破1万亿元人民币，另一方面跨境人民币收付的规模缩小的幅度更大，根据央行发布的数据，2017年年初银行涉外人民币收付额甚至不足最高点规模的三成。

[①] 本章内容发表于《世界经济研究》2018年第2期，合作者为李曦晨、朱子阳。

那么这种倒退的来源究竟是什么呢？这个问题与人民币国际化的主要驱动因素是什么的问题密切相关。主流的观点认为驱动人民币国际化的因素有四种，前两种与经济基本面相关，后两种则与套利、套汇因素相关。首先，中国经济规模是影响人民币国际化的主要因素，因此，中国经济发展速度的减慢可能是人民币国际化程度倒退的主要来源（林乐芬和王少楠，2016；张礼卿，2016；张国建等，2017）。其次，也有观点认为全球经济的衰退与中国贸易顺差的收缩是导致跨境贸易人民币结算额下降的主要原因（林乐芬和王少楠，2016；张礼卿，2016），但其并不能解释境外人民币存款总量的减少。再次，有学者认为人民币汇率的升贬值预期和在岸、离岸市场人民币汇差的方向变化是影响人民币国际化进程的重要因素。这种影响主要体现在两个方面，一是影响内地企业选择境外或是境内结售汇（张明和何帆，2012；边卫红，2017），二是汇率预期本身对离岸人民币存款和点心债券的直接影响（周宇，2016）。最后，预期利差方向的逆转也会影响离岸人民币存款和债券总量的变化（周宇，2016；张国建等，2017）。

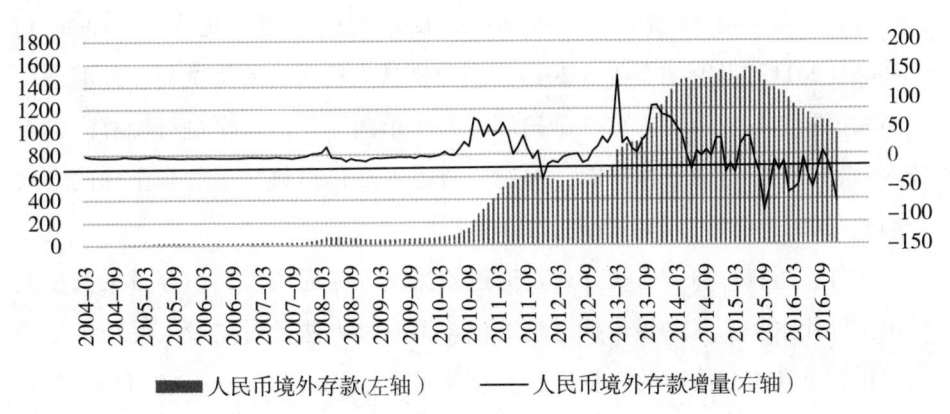

图13.1　中国香港、新加坡和中国台湾人民币存款量及其变化（单位：10亿元人民币）

资料来源：香港金融管理局、台湾金融管理机构和Monetary Authority of Singapore。

那么究竟是基本面因素还是套利因素主导了人民币国际化进程的发展、停滞和衰退呢？

二、几个概念的阐述

（一）如何度量人民币国际化

一般来说，国际货币包括计价单位、交易媒介和价值储备三个职能（Kenan，1983；Chinn and Frankel，2007），度量人民币国际化的指标基本都是从这三种职能衍生而来的。根据国际货币的计价单位职能衍生出来的指标主要包括国际贸易和国际债券中计价货币的结构（Lim，2006；张国建等，2017）；而根据交易媒介职能衍生出来的指标是该货币与其他货币交易量在外汇市场交易总量中的比例；从价值储备职能衍生出来的，较常用的指标是外汇储备份额（Chinn 和 Frankel，2007；白钦先和张志文，2011a）。

在衡量人民币国际化程度方面，有些学者分别对三种职能下人民币国际化的程度进行了度量。李稻葵和刘霖林（2008a）分别从各国央行国际储备、国际贸易结算和国际债券的币种结构来衡量人民币国际化水平。Chen 和 Cheung（2011）及李建军等（2013）则分别从人民币占跨境贸易、外汇市场交易和国际储备货币的比重三个角度对人民币国际化的水平进行测算。也有较多学者采用了结合三种职能，构建"货币国际化指数"等综合指标的方式（李瑶，2003；林乐芬和王少楠，2016）。

此外，还有一种常见的方式是通过测量境外流通的人民币存量来衡量人民币国际化水平，其主要包括三种方法：第一种方法是对离岸人民币市场的人民币存款和点心债券的存量进行直接衡量（Chen 和 Cheung，2011；何帆，2011；沙文兵和刘红忠，2014；周宇，2016）；第二种方法主要是通过边境贸易额和跨境游客数量等人民币外流的主要渠道指标进行估算，这种方法在早期研究中使用较多（李婧等，2004）；第三种方法是间接计算法，通过国内货币供给量减去根据货币需求理论计算出的国内货币需求，从而得到国外货币需求（Hawkins 和 Leung，1997；余道先和王云，2015）。

(二) 人民币国际化的驱动因素

关于货币国际化的条件，学界普遍认为以下四个方面的基本面因素最为重要。首先，一国的经济和贸易规模是货币国际化的首要条件，决定了货币的国际需求（Tavals，1997；Bacchetta 和 Wincoop，2002；Chinn 和 Frankel，2007）；其次，稳定的汇率是货币国际化的必要条件（Chinn 和 Frankel，2007；李稻葵和刘霖林，2008a）；再次，金融市场的发展程度对货币国际化有重要的作用（Tavals，1997；Chinn 和 Frankel，2007）；最后，货币惯性和网络外部性的作用会推动国际化程度较高的货币进一步占有国际货币的市场（Greenspan，2001；Lim，2006；Chinn 和 Frankel，2007）。

近年来，学界对人民币国际化的影响因素主要有两种看法：第一种认为推动人民币国际化的是四大基本面因素（与影响货币国际化的四大基本面因素相同），第二种则认为企业的套汇和套利行为是人民币国际化的主要推动因素。

在关于基本面因素对人民币国际化的驱动作用的研究中，经济总量、经常账户顺差、贸易份额及产品差异度和汇率预期及其波动性等因素受到广泛关注。余道先和王云（2015）则用协整方法分析了 1997—2013 年我国人民币国际化的驱动因素，发现 GDP、经常账户顺差和人民币升值预期会促进人民币国际化，而资本与金融账户顺差则会抑制人民币国际化。马荣华和唐宋元（2006）发现人民币需求即中国 GDP 占世界总量之比是人民币国际化最主要的影响因素。贸易需求因素方面，李超（2010）基于微观贸易数据发现贸易份额和产品差异度促进了人民币国际化，但贸易产品的竞争力较弱和出口结构过于单一会有一定的抑制作用。蒋先玲等（2012）则发现汇率预期波动水平具有显著的影响。沙文兵和刘红忠（2014）发现人民币升值预期有助于促进人民币国际化，但是过高的升值预期反而有不利影响。周宇（2016）认为人民币的贬值预期总体会对人民币国际化产生不利影响，但是也存在一些有利的方面。

在关于套利因素驱动人民币国际化的论调中，有两种较为主流的观点：

下 篇
人民币国际化：经历升降周期后的再出发

一是长期人民币升值预期引发的套汇行为是人民币流向香港的主要因素，二是香港和内地之间的利差因素可能会引发人民币跨境套利行为。其中汇差套利的机制较早被提出：Garber（2011）认为人民币升值会使 CNH 和 CNY 汇差扩大，从而引发内地进口商在香港结售汇，使人民币流入香港，而这种形式的人民币国际化具有明显的套利性质。何帆等（2011）根据凯恩斯货币需求函数分析了香港人民币市场的需求因素，认为汇率升值的投机动机是主要因素，并构建香港人民币存款增长模型验证这一结论。此外，张斌和徐奇渊（2012）还指出，汇率升值预期引发的进口商套汇行为，会使货币当局为了维持汇率稳定而不得不购入外汇，从而承担财务损失。也有学者总结了汇差、利差双重套利的机制和证据：余永定（2012）指出了在岸离岸市场上套汇和套利行为同时存在，升值预期下的套汇行为会促进人民币国际化，而套利则会抑制人民币国际化。张明和何帆（2012）更为细致地梳理了套汇、套利行为对人民币国际化的影响机制，并提供了相应证据。

近年来关于人民币国际化的度量和影响因素的相关文献非常丰富，但是还存在以下三个缺陷。首先，在衡量人民币国际化水平方面，以往的研究仅仅从静态的角度构建人民币国际化指标，无论是从货币职能角度出发的国际储备、结算份额、外汇交易和人民币债券占比，还是从境外流通人民币存量角度出发的人民币境外存款和点心债券等，既没有体现出人民币国际化的不同渠道，也没有反映出人民币国际化的双向流动。其次，在关于人民币国际化的驱动因素方面，鲜有文献对套利因素和基本面因素同时进行分析对比，并区分这两种因素分别对人民币国际化的影响。最后，在测算人民币国际化规模时，较为欠缺证券投资和境外旅游等渠道的人民币使用规模的数据。为了解决前两个问题，本章从资本流动的视角出发，将人民币国际化分解为境外人民币存款、银行代客涉外人民币收付、跨境贸易与直接投资结算四个方面，并分别从人民币的净流出、总流入和总流出对人民币国际化的基本面和套利驱动因素进行对比和分析。

三、研究：人民币国际化的驱动因素

（一）从资本流动视角出发的选择

本章研究的问题是人民币国际化进程主要是由基本面因素驱动还是套利因素驱动。从文献综述中可以看出，大多数研究在构建人民币国际化指标时，都是从货币职能的角度出发构建单一或综合的指标，如国际储备、结算份额、货币流量和人民币债券占比等，既没有体现出人民币国际化的不同渠道，也没有反映出人民币国际化的双向流动。但是衡量人民币国际化的程度，尤其是在跨境人民币收付与结算方面，如果仅衡量跨境人民币净流动无法体现出实际使用人民币的规模，因为无论进口还是出口人民币结算都是人民币国际化的体现，仅仅测算净出口的人民币结算并没有实际意义。而且鉴于不同类型的人民币国际化渠道中套利成本、敏感度和便利程度可能有较大差异，当一种渠道中的套利成本较低或者便利程度和对套利因素的敏感性更高时，如进出口贸易的人民币结算和境外人民币存款，这种类型的人民币国际化发展更容易受到套利因素的驱动；而当某一类型的人民币国际化套利成本较高时，如直接投资的人民币结算，则更容易受到基本面因素的影响；此外，在人民币的流入和流出过程中，套利的空间和成本也可能会有所差异，因此区分不同渠道的人民币双向流动，具有重要的意义。

为了刻画这种双向流动和渠道差异，我们从资本流动的视角出发，选取了四组变量。第一组是境外人民币存款的净增加量，以中国香港、中国台湾、新加坡三地境外人民币存款净增加值表示，数据来自香港金融管理局、台湾金融管理机构和新加坡金融管理局。第二组是来自 CEIC 的银行代客人民币收付款，包括净流出、总收入和总支出三大部分。第三组和第四组分别是跨境人民币贸易和直接投资结算额，分别包括总流入（出口和 FDI 结算）和总流出（进口和 ODI 结算）。

（二）五大指标的选择

关于自变量的选择，参考近年来关于人民币国际化影响因素的文献后，我们选取了中国经济的相对规模、人民币汇率预期、利差、股票价格变化率之差和全球避险情绪五大指标。

我们采用CNH和CNY的价差计算人民币汇率预期。具体而言，当市场上出现人民币升值预期时，CNH汇率会高于CNY，在直接汇率标价法下，我们用（CNY-CNH）/CNH×100%的数值来表示人民币升值预期的幅度（如果该数值为负，代表的是人民币贬值预期）。人民币汇率升贬值预期造成的CNH和CNY的价差，会影响内地企业选择是在境外还是境内结售汇（Garbe, 2011；余永定，2012；张明和何帆，2012；Maziad和Kang，2012；边卫红，2017）。

利差指标选取了内地和香港三个月银行间同业拆借利率之差，符号为正表示内地利率高于香港，如表13.1所示（数据来自CEIC数据库）。利差对人民币国际化的影响主要体现在离岸人民币存款和债券总量的变化上，当利差扩大时，人民币会流入国内，离岸人民币存款会下降，反之亦然（余永定，2012；张明和何帆，2012；周宇，2016；张国建等，2017）。与利差相似的一个变量是股票价格变化率，当内地的股票价格增长率更高时，人民币跨境流动可能会因此更倾向于流入内地，因此，我们选择上证综合指数增长率与恒生综合指数增长率之差作为股市套利的自变量，如表13.1所示（数据均来自CEIC）。

基本面因素上，我们选择了中国经济总量、贸易额和全球避险情绪三个指标。中国经济的相对规模决定了人民币的使用需求，是影响人民币国际化最重要的基本面因素，也是推动人民币成为国际货币的最根本动力（Chinn和Frankel，2007；李稻葵和刘霖林，2008a；余道先和王云，2015；林乐芬和王少楠，2016；张礼卿，2016；张国建等，2017）。如表13.1所示，根据插值法计算出月度的中国经济总量占世界GDP之比（%），以此衡量人民币的相对需求。此外，我们还加入了来自CEIC的中国贸易额（Chinn和Frankel，

2007；李稻葵和刘霖林，2008a；李超，2010；余道先和王云，2015），在净流出方程中，我们使用净进口额，在人民币总流出方程中对应的是进口规模，而在人民币总流入方程中对应的则是出口规模，直接投资结算方程不加入贸易自变量。最后，我们选取了 VIX 指数作为外生变量来衡量全球风险厌恶程度可能对人民币国际化造成的影响，当全球避险情绪较高的时候，人们倾向于持有美元和黄金等相对风险较低的货币和资产，人民币国际化的进程可能会相应地受到阻碍。

表 13.1 主要变量的描述性统计

	变量	样本范围	均值	方差	最小值	最大值
自变量	EHY	人民币汇率预期（%）	-0.02	1.0	-2.7	2.7
	IS	银行间同业拆借利差（%）	2.3	2.3	-2.6	6.1
	SR	股票价格变化率之差（%）	0.2	6.8	-16.2	21.8
	GDP	中国相对 GDP 规模（%）	9.7	3.5	4.6	15.2
	IM	进口额（季节调整-10 亿美元）	111.2	40.5	44.3	185.4
	EX	出口额（季节调整-10 亿美元）	133.4	48.7	46.0	235.0
	D_IM	净进口额（10 亿美元）	-22.2	16.0	28.8	-93.8
	VIX	VIX 指数	19.1	8.5	10.4	59.9
因变量（单位：10 亿元）	RMB_D	境外人民币存款净增加	3.2	20.7	-85.3	68.6
	RI_D	银行代客涉外人民币收付：净流出	40.9	87	-241	298.4
	RI_IN	银行代客涉外人民币收款：总流入	235.9	175.7	0.7	734.4
	RI_OUT	银行代客涉外人民币付款：总流出	276.8	190.9	2.3	850.3
	TRADE_IN	跨境贸易人民币结算：总流入	580.6	304.3	39.3	984.7
	TRADE_OUT	跨境贸易人民币结算：总流出	804.1	425.3	219.2	1700
	FDI_IN	跨境人民币直接投资结算：总流入	74.7	60.2	11.6	350.7
	FDI_OUT	跨境人民币直接投资结算：总流出	34.4	43.3	0.4	207.8

(三) 从五个基本假设出发

假设一：在人民币升值预期下，套汇行为会驱动人民币国际化。 汇率预期对人民币国际化主要有两种影响：第一，国内实施资本管制，且人民币汇率水平相对稳定，这导致境外人民币市场和境内人民币汇率存在一定差异。具体来说，在人民币升值预期的作用下，CNH 汇率会高于 CNY 汇率，从而导致人民币由内地流入香港，使内地企业（主要是进口商）有动机在香港购汇和结算，而内地以外企业也愿意购入人民币等待升值。反之，在人民币贬值预期下，CNH 汇率会低于 CNY 汇率，从而引发人民币从香港向内地回流。第二，汇率预期本身也会对离岸人民币存款和点心债券产生直接影响，预期人民币汇率升值时，内地以外居民更愿意持有人民币存款和点心债券。

假设二：内地人民币利率低于香港利率时，套利因素会驱动人民币流出。 当香港利率比内地更高时，在利差驱动下，人民币会流出到香港离岸市场，而当香港利率低于境内利率时，境外人民币可能会通过内保外贷或境外发行债券的形式流入境内。

假设三：当内地的股票价格增长率低于香港时，套利因素驱动人民币外流。 与假设二的逻辑相似，当内地股票价格增长率低于境外时，内地居民预期在香港进行股票投资可能会获取更多的收益，从而驱动资本外流，包括人民币流向香港离岸市场。反之，当沪指增长率低于恒生指数增长率时，人民币会回流。

假设四：基本面因素中，中国经济总量相对规模的提高可以推动人民币国际化。 当中国经济总量的相对规模上升时，境外人民币需求随之增加，进而提高人民币境外市场的存量和增量。中国经济的相对规模会同时驱动人民币的总流入和总流出，以贸易结算为例，既可以促进出口贸易的人民币结算，也可以促进进口贸易的人民币结算。

假设五：基本面因素中，贸易规模对人民币国际化进程有正面影响。 对于人民币净流出而言，贸易差额（净进口规模）的扩大会驱动人民币净流出；

对于人民币总流动而言，进口规模的上升会驱动人民币总流出和进口贸易人民币结算额的流出，出口规模的上升则会驱动人民币总流入和出口贸易人民币结算额的流入。

（四）一套研究模型的阐述

由于人民币国际化程度与汇率预期、利率、相对经济总量之间存在较为复杂的相互作用，存在较强的内生性，当变量存在协整关系时，VAR 模型可以较好地处理内生性问题。变量设置中，考虑到人民币国际化的进程及其他国内经济金融变量无法对 VIX 指数产生影响，我们将 VIX 指数视为外生变量，其余变量均视为内生变量。

以因变量为银行代客涉外人民币净收付的模型为例，模型滞后期检验的结果中，SC 和 HQ 准则都显示最优滞后项为 1 期，LR 和 AIC 准则的结果则显示最优滞后项为 6 期，考虑到样本量和自由度的问题，我们选择一阶滞后的 VAR 模型，具体如下：

$$y_t = \Phi_0 + \Phi_1 y_{t-1} + Hx_t + \varepsilon_t, t = 1, 2, \cdots, T$$

其中 y 为包括自变量和因变量在内的内生变量，x 为外生变量（VIX 指数）。在加入其他因变量的模型的滞后期检验中，我们得到了类似的结论。

使用 VAR 模型的前提条件是变量之间存在协整关系，因此我们分别对不同组别的变量进行检验。Johansen 协整检验的结果显示，在 5% 的显著性水平下，各组变量都存在至少一个协整关系，可以进行 VAR 分析（表 13.2）。

表 13.2　各变量组合的协整检验结果

	因变量	因变量名	迹检验
净流出	境外人民币存款净增量	RMB_D	2
	银行代客涉外收付款净额	RI_D	2

(续表)

	因变量	因变量名	迹检验
总流入	银行代客涉外收款	RI_IN	1
	跨境出口贸易结算	TRADE_IN	1
	跨境外国直接投资结算	FDI_IN	1
总流出	银行代客涉外付款	RI_OUT	2
	跨境进口贸易结算	TRADE_OUT	1
	跨境对外直接投资结算	FDI_OUT	1

注释：协整检验的滞后阶数根据模型滞后期检验结果得到。

四、结论：基本面的强势影响

（一）人民币净流出

根据协整检验的结果，我们分别对银行涉外人民币收付款净支出额和境外人民币存款增量的 VAR 模型进行了脉冲响应分析。结果显示，对人民币净流出而言，套利因素的驱动作用高于基本面因素，其中汇差和利差套利是银行涉外人民币净收付的主要驱动因素，汇差套利是境外人民币存款增长的主要驱动因素。

从银行代客涉外人民币收付净额的角度来看，套利因素和基本面因素都显著驱动了人民币国际化的进程，实证结果也与假设相符（图 13.2 和表 13.3）。其中汇差和利差套利是最主要的驱动因素，说明离岸人民币和在岸人民币的价格和市场利率之差是人民币净流出的主要原因，股票价格增长率因素的作用机制与利差类似，会在短期内（尤其是第二期）显著驱动人民币外流。而来自中国经济相对规模和净进口差额的冲击则会产生持续但是较弱的影响。来自汇率预期的冲击对人民币净流出的影响在第二个月之后显著为正。

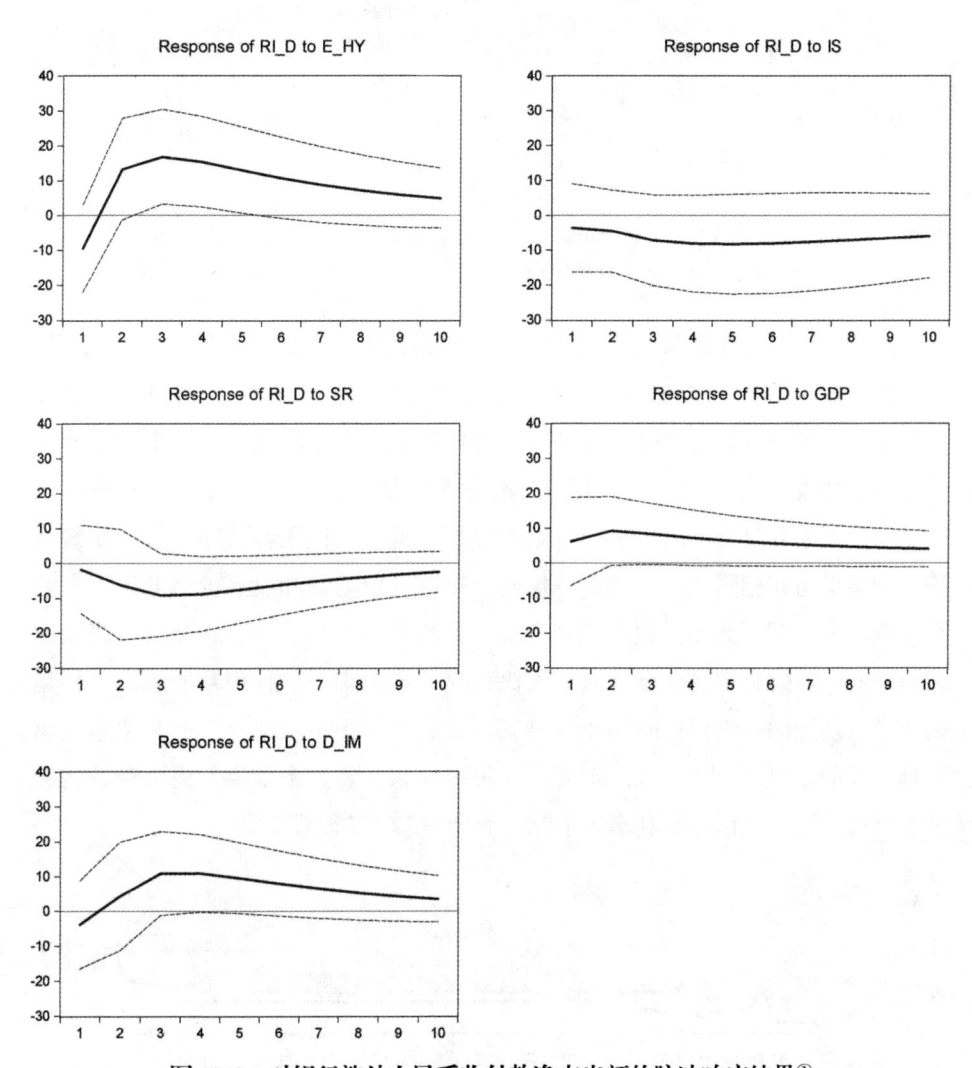

第十三章
基于跨境资本流动角度对人民币国际化的观察

图 13.2　对银行涉外人民币收付款净支出额的脉冲响应结果[①]

[①] 由于篇幅所限，本章省略了后续的脉冲响应结果图，将结果汇总于表格中，读者可以来信索取。与常用的 Cholesky 分解相比，广义脉冲响应的结果不会受到变量顺序的影响。

表13.3 境外人民币净增加的广义脉冲响应结果汇总

	汇率因素	利差因素	股票价格增长率	相对GDP	净进口贸易
银行代客涉外收付	+ 符合假设***	− 符合假设***	− 符合假设**	+ 符合假设**	+ 符合假设**
境外人民币存款	+ 符合假设***	+ 不符合假设*		+ 符合假设*	

注释：(1) *表示脉冲响应的显著性较弱，**说明变量显著，***表示变量的显著性很高。
(2) +和−则表示该自变量的影响方向，+表示二者正相关，−表示二者负相关。

关于人民币境外存款增量角度的人民币净流出，我们选取了2010年11月（受CNH数据的长度限制）至2016年12月的数据进行分析。表13.3汇总了分别以境外人民币存款月度净增加额和银行代客人民币净收入为因变量的脉冲响应结果。如表13.3所示，汇率套利因素是境外人民币存款净增加的主要驱动因素，来自汇率升值预期的冲击会持续而显著地推动人民币存款净增长，稳健性检验的结果与此相同。而相对经济规模、净进口贸易额和股票价格套利因素的影响则不再显著；此外，利差套利因素的作用方向逆转，与假设相反，当境内银行间同业拆借利率高于境外时，人民币反而会流出，这种现象的出现主要是由于本章使用的香港银行间同业拆借利率和香港人民币定期存款的利率呈现出一种相反的走势（图13.3），而境外人民币存款主要是由香港人民币存款构成的，因此香港人民币存款利率的下降反而会引起存款规模上升。

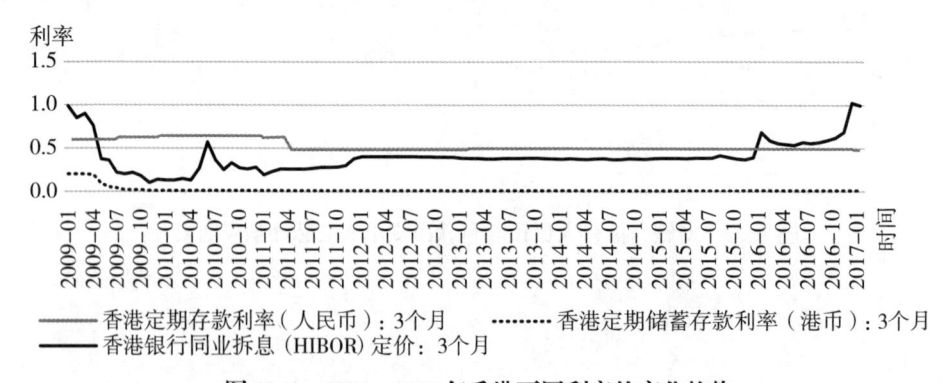

图13.3 2009—2017年香港不同利率的变化趋势

资料来源：香港金融管理局。

(二) 人民币总流出

我们分别对人民币国际化进程中三种不同的人民币流出途径的 VAR 模型进行了脉冲响应分解，结果如表 13.4 所示。整体来看，套利因素和基本面因素都会显著促进人民币跨境流出，其中以中国相对经济总量（相对于美日欧英四个 SDR 国家）为代表的基本面因素的显著性最高，汇差和利差套利因素次之，其中跨境贸易人民币结算是套利的最主要渠道。

表 13.4　境外人民币总流出的脉冲响应结果汇总

人民币流出	汇率因素	利差因素	股票价格增长率	相对 GDP	进口贸易额
银行代客涉外付款	+ 符合假设***	—	+ 不符合假设**	+ 符合假设***	
贸易结算	+ 符合假设***	- 符合假设**	- 符合假设***	+ 符合假设***	- 不符合假设*
直接投资结算	+ 符合假设**	- 符合假设**	- 符合假设*	+ 符合假设**	—

注释：同表 13.3。

对于银行代客涉外人民币付款而言，来自相对 GDP 因素的冲击具有长期持续显著的正向作用，当相对 GDP 总量越高时，银行代客涉外人民币付款增长越快，与假设四相符。此外，汇差因素也会显著推动银行代客涉外人民币付款的增加，当人民币升值预期使 CNH 价格高于 CNY 价格时，人民币会通过银行代客涉外付款渠道流出。

跨境人民币结算也是人民币国际化的重要体现，其中贸易结算和投资结算是其中最为重要的两个部分，在人民币流出中主要体现为进口人民币结算和对外直接投资人民币结算。从表 13.4 中可以看出，无论是进口还是对外直接投资的人民币结算，驱动因素的结构和作用方向都比较相似。首先，基本面因素中的中国的相对 GDP 越高，越会显著地促进跨境结算人民币流出。其次，套汇和套利作用对贸易和直接投资人民币结算都有显著影响，但是利差作用对直接投资的影响也很可能来自低利率环境对直接投资的吸引。最后，中国内地的股票价格指数高于香港会对跨境结算人民币的流出起到抑制作用。可以看出，汇差套利和股票价格套利主要都是通过贸易结算渠道进行的。值得注意的是，进口贸易总额对进口贸易人民币结算额的影响为负，这与我们的直观印象不符，这可以侧面证明，套利因素对进口贸易人民币因素的作用已经超过了基本面因素。

(三) 人民币总流入

如果仅仅从境外人民币净流出的角度衡量人民币国际化的进程，那么境外人民币回流境内会在一定程度上被认为是人民币国际化的一种倒退；但是通过跨境出口贸易和外国直接投资的人民币结算流入境内的人民币，实际上是人民币在国际范围内被使用的另一种方式，只有人民币总流入和总流出金额都不断上升，人民币国际化程度才能持续提高。从实证结果中可以看出（表13.5），相对 GDP 规模的影响最为稳定，股票价格增长率次之，贸易结算是套汇和套利行为驱动人民币国际化的主要渠道。

表 13.5 境外人民币总流入的脉冲响应结果汇总

人民币流出	汇率因素	利差因素	股票价格增长率	相对 GDP	进口贸易额
银行代客涉外收款	—	+ 符合假设**	+ 符合假设***	+ 符合假设***	+ 符合假设***
贸易结算	- 符合假设*	+ 符合假设**	+ 符合假设**	+ 符合假设*	+ 符合假设***
直接投资结算	-+ 不符合假设**	—	+ 符合假设*	+ 符合假设**	—

注释：同表 13.3。

从表 13.5 中可以得出以下几个主要结论。

首先，中国相对 GDP 的上升不仅会促进人民币流出，也会促进境外人民币流入，这一结论在银行代客涉外人民币收款和外国直接投资的人民币结算中显著，但是对出口人民币结算的影响较弱，说明中国市场需求的进一步扩大确实吸引了大量人民币流入国内，其中外国直接投资以人民币形式投入中国的资金大大增加，但是这种形式的流入与人民币国际化的进程联系相对较弱，更多的是由国内需求的相对增加引起的。

其次，出口贸易额明显促进了贸易人民币结算和银行代客涉外收款业务的发展。结合相对 GDP 的作用，可以认为基本面因素对人民币总流入的作用要高于人民币总流出。

再次，境内外股票价格增长率之差显著地驱动了人民币回流。当内地股票增长率高于香港时，人民币资金会通过跨境贸易等渠道再次流入境内。这种作用在贸易结算中主要是源自不同市场之间的套利行为，在直接投资结算中还可能有境内和境外企业回报率差异的影响。

最后，利差和汇差因素对贸易结算的套利驱动作用显著，但是对直接投资结算的作用不显著（从长期来看，对其有负向影响），这主要是因为一方面无论以人民币还是美元等其他货币形式流入中国的直接投资额，主要是受到低利率环境的吸引，而非套利驱动；另一方面，短期内直接投资可能会受到套汇因素影响，但是长期来看，人民币升值预期对外国直接投资的吸引力更强。

五、两个不同视角稳健性检验的确认

为了考察结论的可靠性，我们分别采用了不同方法和不同变量进行稳健性检验。整体来看，并未明显改变原有结论。

(一) GMM 估计的结果

由于汇率预期、利差因素与人民币国际化之间可能互为因果关系，一方面，套汇和套利空间的存在会驱动人民币国际化；另一方面，人民币国际化的发展也会缩小这种套利空间从而影响到汇率预期和利差。此外，从长期来看，人民币国际化会推动人民币升值，这种双向因果关系会导致内生性问题，需要采用工具变量的方法予以克服。因此，我们选择了 GMM 方法[①]（白钦先和张志文，2011a）进行稳健性检验，以因变量和自变量及其 1-3 阶滞后项为工具变量，并使用 Newey & West 方法设定带宽获得异方差自相关稳健的标准误，结果如表 13.6 所示。

表 13.6 人民币国际化的驱动因素的 GMM 回归结果

变量	人民币净流出 境外存款	人民币净流出 涉外收付	总流出 涉外收付	总流出 贸易	总流出 直接投资	总流入 涉外收付	总流入 贸易	总流入 直接投资
汇率预期	9.076***	17.282**	-4.271	29.877**	-0.728	-31.365***	-39.283***	-4.893**
利差	14.363***	-16.740*	5.645	-9.846	-11.387***	9.015	-28.713***	-3.493**
股价之差	74.285**	-43.962	158.142**	-336.396**	-100***	192.296**	210.896***	3.587
相对 GDP	0.337	41.211***	113.591***	269.441***	25.532***	73.572***	190.267***	37.337***
贸易额	0.793***	2.937***	0.486*	-1.102	—	2.240***	0.926***	—
VIX	-1.723***	-1.398	-0.607	-0.003	3.504***	1.868	-0.11	5.715***
R-squared	0.340	0.285	0.831	0.875	0.714	0.687	0.969	0.576
P（J-Stat.）	0.869	0.871	0.882	0.866	0.875	0.944	0.934	0.892

注释：***、**、* 分别表示系数在 0.01、0.05 和 0.1 的统计水平上显著。

Hansen-J 检验的原假设认为工具变量都是外生的，检验结果均显示不存在过度识别问题，所有方程的工具变量都是有效的。此外，从可决系数的大小可以看出，自变量对总流出和总流入方程的解释能力远高于对人民币净流

---

① GMM 方法：即广义矩估计（Generalized Method of Moments），是基于模型实际参数满足一定条件而形成的一种参数估计方法。关于 GMM 用于时间序列分析的方法，可参考 Harris D (1999)。

动的解释能力，因此，分别对人民币的流入和流出进行探讨很有必要。

稳健性检验的主要结论如下。首先，对于人民币净流出而言，汇差套利和贸易差额的影响较为显著。其次，对于总流入与总流出而言，相对 GDP 的作用最为稳健和显著，而套利因素的作用则更加复杂，这个结论也与主回归相同，但是套利因素主要作用于人民币总流出，而套汇因素主要作用于人民币总流入。最后，从不同渠道的人民币流动的系数方向、大小和显著性水平来看，跨境贸易人民币结算是人民币跨境套利的主要途径。以上三个主要结论都与主回归基本相同。此外，我们还可以观察到 VIX 的系数，当全球避险情绪较高时，人民币国际化的速度会放缓，但是对直接投资而言恰恰相反，当全球避险情绪上升时，人民币对华直接投资与中国对外直接投资都会增加。

（二）改变汇率预期的估算方法

汇率预期对人民币国际化的影响可能并不止有汇差套利这一种途径，汇率预期本身就会对离岸人民币存款和点心债券产生直接影响（余道先和王云，2015；周宇，2016）。因此，我们根据（基期汇率-远期 NDF 汇率）/基期汇率（%）重新计算了汇率预期指标，符号为正表示当前人民币汇率具有升值预期，符号为负则为贬值预期。脉冲响应结果如表 13.7 所示，数据来自 WIND 和 CEIC 数据库。

表 13.7　以远期升贴水计算汇率预期的人民币国际化的脉冲响应结果汇总

人民币流出	汇率因素	利差因素	股票价格增长率	相对 GDP	贸易额
人民币净流出					
银行代客涉外收付	+符合假设*	-符合假设***	-符合假设*	+符合假设*	+符合假设**
境外人民币存款	+符合假设***	+不符合假设*	—	+符合假设**	+符合假设**

(续表)

人民币流出	汇率因素	利差因素	股票价格增长率	相对 GDP	贸易额
人民币总流出					
银行代客涉外付款	+符合假设**	—	+不符合假设	+符合假设***	—
贸易结算	+符合假设***	-符合假设**	-符合假设***	+符合假设**	-不符合假设**
直接投资结算	+符合假设**	-符合假设**	—	+符合假设**	—
人民币总流入					
银行代客涉外收款	—	—	+符合假设***	+符合假设***	+符合假设***
贸易结算	—	+符合假设**	+符合假设**	+符合假设*	+符合假设***
直接投资结算	- +不符合假设**	—	+符合假设*	+符合假设**	—

注释：同表 13.3。

整体来看，采用远期升贴水替代在岸离岸市场的人民币价差计算的汇率预期并不会影响我们的主要结论，但是会弱化套汇因素对银行代客涉外人民币净收付、银行代客人民币付款和出口贸易人民币结算的显著性，套利因素对银行代客涉外收款的显著性，以及股价套利因素对银行代客涉外净收付和对外直接投资人民币结算的显著性。

六、结论：人民币国际化的放缓只是阶段性调整

为了厘清人民币国际化进程中的主要驱动因素是基本面因素还是套利因素，本章以人民币的流动为切入点，在考虑了人民币国际化的实际发生规模和不同渠道下套利成本的差异后，从人民币国际化的双向流动和渠道差异的角度，选取境外人民币存款净增加值、银行代客人民币收付款、跨境贸易人

民币结算额和直接投资结算额四组指标来衡量人民币国际化的水平并分析其驱动因素。

表 13.8　人民币国际化驱动因素的脉冲响应结果汇总

人民币流出	汇率因素	利差因素	股票价格增长率	相对 GDP	贸易额
人民币净流出					
银行代客涉外收付	+符合假设***	-符合假设***	-符合假设**	+符合假设**	+符合假设**
境外人民币存款	+符合假设***	+不符合假设*	—	+符合假设*	—
人民币总流出					
银行代客涉外付款	+符合假设***	—	+不符合假设**	+符合假设***	—
贸易结算	+符合假设***	-符合假设**	-符合假设***	+符合假设***	-不符合假设*
直接投资结算	+符合假设**	-符合假设**	-符合假设*	+符合假设*	—
人民币总流入					
银行代客涉外收款	—	+符合假设**	+符合假设***	+符合假设***	+符合假设***
贸易结算	-符合假设*	+符合假设**	+符合假设**	+符合假设*	+符合假设***
直接投资结算	-+不符合假设**	—	+符合假设*	+符合假设**	—

注释：同表 13.3。

本章的主要结论如下。

首先，套利因素尤其是汇差套利对人民币总流出的影响更显著，主要渠道可能是进口贸易人民币结算，而基本面因素特别是人民币贸易结算规模对人民币总流入的影响更大，如出口贸易结算。其次，基本面因素中的相对

GDP的作用最为稳健，对除了境外人民币存款之外所有类型的人民币国际化都有显著的促进作用。最后，套利因素的作用则更加复杂，主要通过跨境贸易结算进行，对直接投资的影响相对较弱。

因此，结合近期人民币汇率预期和利差的波动趋势来看，当前人民币国际化的"放缓"和"后退"，主要是受到套利因素反转的作用，在境外人民币存款和跨境贸易结算中体现得更加明显。但是从变量的显著性、冲击作用的持续性和渠道的多样性来看，基本面因素仍然是人民币国际化的主要驱动因素。我国相对经济规模持续保持稳中有升的态势，因此人民币国际化步调的放缓属于阶段性的调整，也更加贴近人民币国际化的真实水平，而人民币的国际真实需求持续上升，未来人民币国际化的步伐将随着经济发展而不断向前迈进。

第十四章

人民币国际化应从人民币亚洲化做起[①]

一、与亚洲货币合作：中国特色货币国际化之路

2008年美国次贷危机爆发后，中国政府似乎一度在构建"三位一体"的国际金融新战略：在全球层面，时任中国央行行长的周小川呼吁要通过创建超主权储备货币来取代美元的储备货币地位；在区域层面，中国政府积极参与了清迈倡议多边化机制的谈判与创建；在国别层面，中国政府开始推动跨境贸易人民币结算与离岸人民币金融市场建设（Zhang，2009）。然而，回头来看，自次贷危机爆发以来，不但国际货币体系改革乏善可陈，亚洲区域货币合作也进展甚微，只有人民币国际化取得了不俗的成绩。本章将重新审视人民币国际化与亚洲货币合作，首先分析两者各自取得的进展及存在的问题，其次讨论两者之间究竟存在互补还是替代关系。本章的主要结论是，截至2015年，中国政府推动的人民币国际化尽管取得了不错的成绩，但同时也存在突出的问题。展望未来，中国政府或可将促进人民币国际化与加强亚洲货币合作有机地结合起来，走出一条以真实需求为基础的，从周边到区域、从区域到全球的可持续货币国际化之路。

---

① 本章内容发表于《国际经济评论》2015年第3期。

二、虚假繁荣：人民币国际化的挑战

自 2009 年中国政府启动跨境贸易人民币结算试点以来，人民币国际化已经取得显著进展。

如图 14.1 所示，跨境贸易人民币结算规模已经由 2010 年第一季度的 184 亿元上升至 2014 年第一季度的 1.65 万亿元，同期内跨境贸易人民币结算规模占跨境结算总规模的比重则由 0.4% 上升至 27.9%。2010 年 10 月，根据国际结算额占全球国际结算额的比重来排序，人民币在全球货币中仅排第 35 位（SWIFT，2011）。2014 年 3 月，人民币在全球结算货币中的排位已经上升至第 7 位，仅次于美元、欧元、英镑、日元、澳元与加元（SWIFT，2014）。尤其值得一提的是，人民币在传统贸易融资（信用证与托收）方面的全球份额已经由 2012 年 1 月的 1.89% 上升至 2013 年 10 月的 8.66%，成为相关市场仅次于美元的第二大常用货币（SWIFT，2013）。

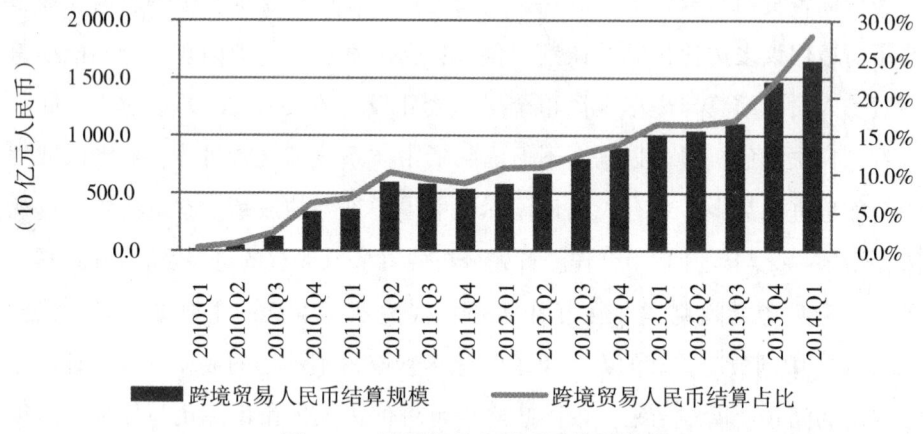

图 14.1　跨境贸易人民币结算规模

资料来源：CEIC 及作者的计算。

如图 14.2 所示，自 2010 年中期以来，香港人民币存款规模迅速增长，截至 2014 年 2 月底已经达到 9203 亿元。不过，在香港人民币存款中，超过

第十四章
人民币国际化应从人民币亚洲化做起

80%为定期存款,这反映出香港人民币市场的投资渠道依然匮乏的现实。如图 14.3 所示,自 2007 年国开行在香港发行首只人民币债券以来,香港人民币债券发行规模不断上升,在 2011 年至 2013 年更是连续 3 年超过 1000 亿元规模。如表 14.1 所示,目前中国香港、伦敦、新加坡与中国台北已经成长为全球四个最重要的人民币离岸金融中心。

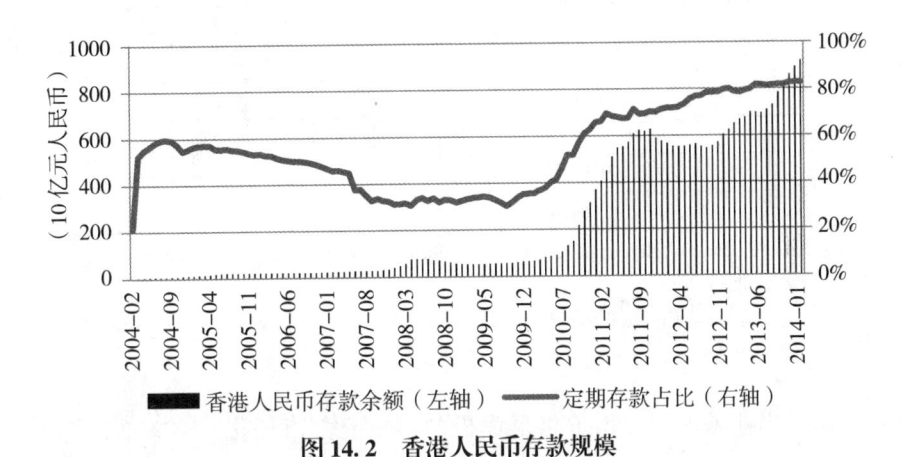

图 14.2　香港人民币存款规模

资料来源:香港金融管理局。

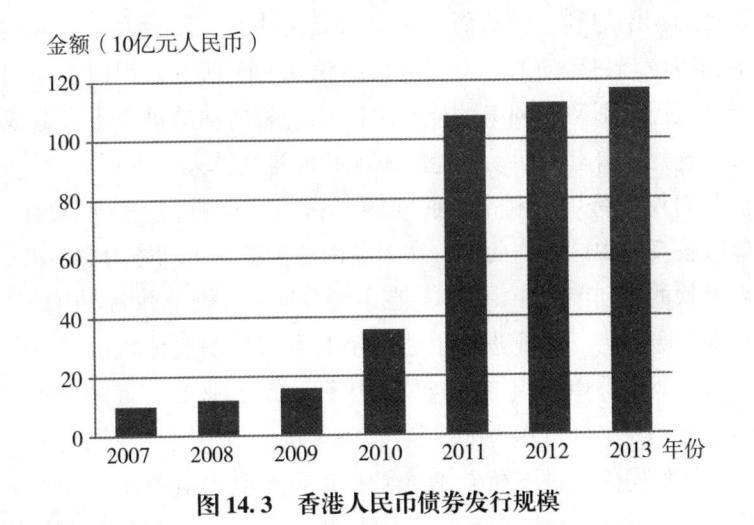

图 14.3　香港人民币债券发行规模

资料来源:CEIC。

251

表 14.1　人民币离岸中心按支付额规模排序（2014 年 1 月）

排名	市场	支付额占比
1	中国香港	73.0%
2	英国	25.7%
3	新加坡	25.2%
4	中国台湾	9.0%
5	美国	7.3%
6	法国	6.7%
7	澳大利亚	5.0%
8	卢森堡	3.0%
9	中国内地	3.0%
10	德国	2.9%

资料来源：SWIFT. Chinese Renminbi Overtakes the Swiff Franc as a World Payments Currency. SWIFT RMB Tracker，April 2014.

注释：自 2014 年 2 月以来，新加坡的人民币支付额已经超过伦敦，成为全球第二大人民币离岸中心（SWIFT，2014）。

然而，当前国内人民币价格形成机制尚未充分市场化。一方面，境外离岸人民币市场上的汇率与利率由市场供求自发决定；另一方面，境内在岸人民币市场上的汇率与利率则由央行干预形成。这意味着两者之间在特定时期会形成较大的汇差与利差，从而吸引境内外主体开展跨境套汇与套利。在正常情形下，跨境套利活动的进行将会最终消除套利机会。但由于中国央行具有持续干预人民币汇率与利率的能力，因此套利活动的进行不会造成内外价差的收敛，这意味着套利活动可能源源不断地持续下去。

这里我们仅用跨境套利来说明问题（张明和何帆，2012）。2012 年，对于信用等级较高的中国企业而言，在中国内地借款的年利率为 6%~8%，而在中国香港借款的年利率为 3%~4%。在中国香港借入资金并调入内地使用，自然具有很强的吸引力。企业进行上述跨境套利行为的具体机制如下。内地的 A 企业要求内地银行甲开出一张长期信用证（A 企业可以将铜、铁矿石等大宗商品的仓单放在甲银行作为抵押品），通过从位于中国香港的关联企业 B 进口，A 企业将长期信用证支付给 B 企业。B 企业收到信用证之后，将其抵押给香港银行乙，获得一笔人民币或美元贷款。接着，B 企业通过从 A 企业进口，将相关贷款作为货款支付给 A 企业。上述操作的最终结果是，内地企业

第十四章
人民币国际化应从人民币亚洲化做起

A 最终获得了来自香港银行乙的贷款。但从表面上看，该套利活动也造就了两笔跨境贸易人民币结算，首先是 A 企业用人民币支付从 B 企业的进口，其次是 B 企业用人民币支付从 A 企业的进口。①这种跨境贸易人民币结算无非是套利活动的幌子而已。

跨境套利行为的证据之一如图 14.4 所示。2005 年至 2014 年年初，香港银行对内地银行的外币与港币债务，以及香港银行对内地银行的港币债权，基本上都没有显著变化；但香港银行对内地银行的外币债权，却由 2010 年年初的不到 5000 亿港币攀升至 2014 年年初的超过 2.5 万亿港币，这说明这 4 年来香港银行的确显著增加了对内地企业的人民币或美元债权。跨境套利的证据之二是，根据 SWIFT 的数据，2012 年上半年，在所有的人民币信用证中，超过 50%是中国内地开向香港的，另外 19%是中国内地开向新加坡的，而同期内从中国香港与新加坡开至中国内地的信用证占比，分别仅为 0.27%与 0.01%（张明和何帆，2012）。

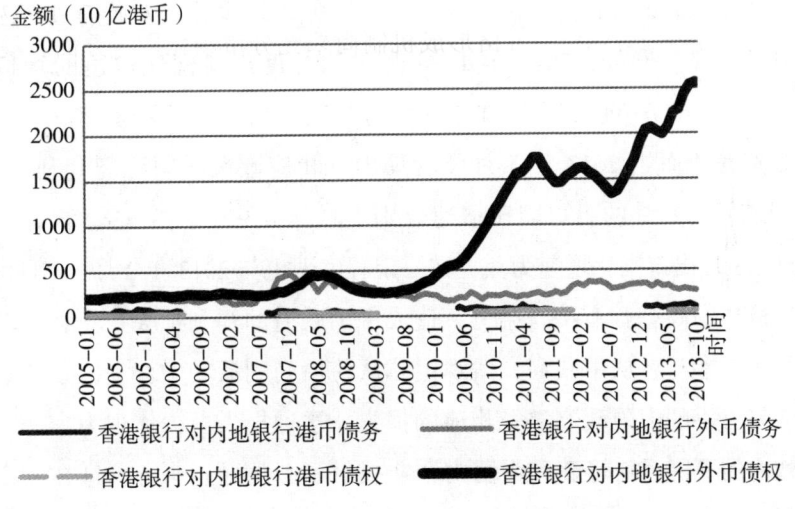

图 14.4　香港银行与内地银行的债权债务状况

资料来源：香港金融管理局。

---

① 如果 B 企业从银行乙获得美元贷款，那么 B 企业会在香港将美元资金兑换为人民币资金，再将人民币资金作为货款支付给 A 企业。

下 篇
人民币国际化：经历升降周期后的再出发

跨境套利活动究竟有多普遍呢？由于缺乏相关数据，很难做准确的估计。不过，有些证据可供我们做大致的推断。例如，根据我们团队在广东、深圳、云南与浙江的调研，绝大部分人民币跨境结算仅仅发生在内地与香港的企业之间，而非大中华区与全球其他区域的企业之间。又如，根据吴海英与徐奇渊（2014）的研究，2012年至2013年中国的真实出口增速约为4%，远低于同期公布的8%的官方数据，而导致中国出口规模被明显夸大的最重要原因即为虚假贸易。她们的估计表明，2013年中国的出口高报规模约为2446亿美元，占到总出口的11%（吴海英和徐奇渊，2014）。

跨境套利活动至少造成了以下问题。第一，制造了跨境贸易人民币结算的虚假繁荣。如前文所述，跨境套利活动大多在跨境贸易人民币结算的掩盖下进行。尽管这是关联公司之间的财务操作，而非真正的跨境贸易人民币结算，但从统计上而言，这些虚假贸易最终都增加了跨境贸易人民币结算规模。第二，降低了进出口数据的可信度，从而降低了宏观数据对政府进行宏观调控的参考意义。例如，2013年1—4月中国月度出口同比增速的均值高达17.8%，该数据被市场认为存在很大水分，其背后主要是跨境套利行为引致的虚假贸易。而当2013年5月外管局出台相应政策限制跨境套利活动后，2013年5月与6月的出口同比增速分别下跌至0.9%与-3.3%。又如，2014年2月、3月出口同比增速为负，在一定程度上也与2013年2月、3月虚假贸易泛滥造成的高基数有关。第三，造成中国政府的福利损失。套利活动不可能使得所有参与者从中获利，微观主体从跨境套利活动中获利，必然意味着作为交易对手的中国政府遭受相应的损失。这种损失至少体现为：一是宏观调控效力的下降。跨境套利为国内企业提供了新的融资来源，这在一定程度上削弱了政府宏观调控的效力。二是估值损失的恶化。在人民币升值预期下，微观主体会用美元资产来交换中国央行的人民币资产；反之则反是。无论在上述哪种情形下，中国央行都会因为汇率变动而面临显著的估值损失。

近年来跨境套利活动的猖獗，还反映出一个更加重要的问题，即跨境贸易人民币结算的推进事实上降低了中国资本账户管制的效力。根据我们团队

2014 年 12 月在广东的调研，以外币计价的跨境资本流动仍需经过外管局相对严格的监管，但以人民币计价的跨境资本流动则不再受外管局监管，而是转受央行货币政策二司在各省下属机构（跨境办）的监管。最重要的是，在这种资本流动监管的"双轨制"下，跨境办的监管力度远弱于外管局。这就意味着，只要将资金由外币兑换为人民币，再通过跨境贸易或投资人民币结算的形式来转移资金，国际资本就能够更加轻松地规避中国的资本账户管制。

三、四条反思：人民币国际化不能重蹈日元覆辙

在梳理了截至 2014 年的人民币国际化取得的进展与存在的问题的基础上，我们在此提出针对人民币国际化的以下几个反思结论。

反思结论之一，**货币国际化终究是市场选择的结果，政府人为推动的作用终究有限**。日本政府曾经在 20 世纪 80 年代大力推动过日元国际化，但最终日元国际化的结果不尽如人意。人民币要成长为全球性货币，前提是中国经济未来 20 年能继续维持较快增长，中国金融市场能继续发展壮大，中国能避免系统性金融危机的爆发。如果这三个前提条件均能满足，那么 10 年至 20 年后人民币自然会成长为全球性货币，否则，人民币很可能会重蹈日元覆辙。

反思结论之二，**跨境贸易结算与离岸金融中心未必是推动人民币国际化的最佳方式**。殷剑锋（2011）在总结了美元、英镑与日元国际化的经验和教训后发现，采用"贸易结算+离岸市场"的模式的日元国际化道路并不成功，相反，更为成功的英镑与美元均采用了"资本输出+跨国公司"的模式。在后一模式下，离岸市场的发展并不是本币成功国际化的原因，而是本币成功国际化的结果。从"资本输出+跨国公司"的模式出发，中国政府应该鼓励中国企业在对外投资的过程中使用人民币进行计价与结算，并允许东道国相应主体用获得的人民币到中国购买商品或者开展投资。

反思结论之三，**截至 2014 年的人民币国际化未必是真实交易需求占主**

体,很可能是跨境套利活动占主体。我们可以用"自然试验"的方式来检验上述论断。未来几年内,造成跨境套利活动的诱因会逐渐削弱。一方面,随着美联储逐步退出量化宽松政策并步入新的加息周期,国外利率水平将会显著上升,中外利差有望显著收窄;另一方面,人民币兑美元汇率的单边升值周期即将结束,有望转为真正的双向波动。因此,如果未来几年内,跨境贸易人民币结算的增长速度能够维系之前的水平,则意味着真实交易需求可能是截至2014年的跨境贸易人民币结算的主流,否则,就很难证伪跨境套利活动占主流的观点。

反思结论之四,**人民币国际化与加快资本账户开放在当前不应成为中国政府的工作重点**。有观点认为,人民币国际化与资本账户开放,可以当作中国政府对外提出的可置信承诺来倒逼国内结构性改革(黄海洲,2009)。然而,我们怀疑通过人民币国际化与资本账户开放来倒逼国内结构性改革的有效性。更令人担忧的是,如果资本账户加速开放引爆了中国金融系统性危机,那么危机爆发后,国内的结构性改革恐怕不但不能加速,反而可能被拖延甚至出现倒退。因此,中国政府当前的工作重点,应该是克服既得利益集团阻挠,努力推动包括国民收入在部门之间的再分配、打破国有企业对服务业若干部门的垄断、加快各类要素价格市场化在内的结构性改革。

四、破解日元困局:走向亚洲的货币合作

亚洲货币合作是从20世纪90年代后半期东南亚金融危机爆发之后真正启动的。东南亚金融危机的爆发催生了清迈倡议。2000年5月6日,在泰国清迈召开的第33届亚洲开发银行理事会年会上,东盟10国与中、日、韩达成了创建双边货币互换协议网络的共识。截至2008年年底,清迈倡议包含了东盟10国与中、日、韩之间彼此签署的16个双边互换协议,总金额约为900亿美元。然而该倡议有两个重要缺陷:一是货币协议是双边协议而非多边协

议，这意味着当某个国家爆发危机后，能够直接动用的金额非常有限；二是90%的资金使用与IMF的贷款条件性挂钩，相当缺乏灵活性。

美国次贷危机的爆发则催生了清迈倡议的多边化。2008年雷曼兄弟破产引发全球金融动荡，当时韩国与新加坡通过与美联储签署双边美元互换协议获得融资，印度尼西亚则向世界银行寻求援助，这三个国家都没有求助于清迈倡议。这就使得清迈倡议的固有缺陷暴露无遗。东亚各国开始意识到将双边互换协议多边化为东亚储备库的重要性。2009年2月，东盟10+3宣布在清迈倡议基础上，创建一个1200亿美元的东亚储备库，其中中、日、韩贡献80%的份额，东盟10国贡献20%的份额。2010年3月，清迈倡议多边化正式生效，外汇储备库随之建立。2012年5月，在马尼拉召开的第15届东盟10+3财政部长与央行行长会议决定，将东亚储备库的规模由1200亿美元扩展至2400亿美元，并将与IMF贷款条件性脱钩的比例由20%提高至30%，并计划在2014年进一步提高至40%。2012年1月，作为东盟10+3设立的区域内部经济监测机构，"10+3"宏观经济研究办公室（ASEAN+3 Macroeconomic Research Office，AMRO）在新加坡正式成立并开始运行。

亚洲货币合作尽管已经开展了十几年，但依然进展有限。我们认为，造成这一现象的主要原因有以下几点。

第一，东盟10+3是一种"两大多小"的格局，导致东亚货币合作的机制设计存在较大难度。一方面，小国出于对大国的畏惧心理，必然反对按照GDP相对规模来分配份额与投票权；另一方面，如果中国或日本这两个大国爆发金融危机，小国有限的资源也难以对其进行有效救援。因此，东亚储备库实质上仅仅是中国与日本向东盟国家做出一旦爆发危机向其提供援助的承诺。从东亚储备库的借款乘数来看，中国与日本均为0.5倍，意味着两国的最高借款规模仅为缴款规模的二分之一，而东盟国家的借款乘数则达到2.5倍或5倍。这表明东亚储备库是一种"救小难救大"的非对称流动性供给机制。

第二，东盟10+3之间除经济体量差异巨大外，还存在着广泛的地缘政治

争端。这些争端面临着不时加剧的危险，从而强化了相关各方的猜忌心理，限制了亚洲货币合作的深度与广度。例如，当前中国在东海面临着与日本的钓鱼岛争端，在南海也面临着与越南、菲律宾等国的领土争端。此外，在日韩及东盟国家之间，也存在着广泛的地缘政治争端。这些地缘政治争端，与"二战"以来的很多历史问题悬而未决有很大关系。如果这些争端不能像欧洲大陆国家之间的恩怨在"二战"结束后得以妥善解决的话，亚洲货币合作很难取得欧洲货币合作那样的深度与广度。

第三，**在亚洲货币合作过程中，一直存在着中日两国的领导权之争**。事实上，日本是亚洲货币合作的首倡者。日本官员与学者曾经多次提出亚洲货币基金、亚洲货币单位（Asia Currency Unit，ACU）等合作方案，但由于没有得到中国等国家的积极回应而不了了之。在清迈倡议多边化的谈判过程中，中日双方进行了多次博弈。例如，在东亚储备库的份额与投票权方面经过反复较量，中日获得了相等的份额与投票权。即使是 AMRO 的首任主任，也不得不由中国官员与日本官员各自担任一半的任期。中日之间的领导权之争自然会妨碍亚洲货币合作在短期内取得显著进展。鉴于中国的经济增长率持续高于日本，中国政府在这一方面采取了韬光养晦的策略，即以时间换空间的等待观望策略。事实上，也正是由于对亚洲货币合作的进展前景感到失望，中国政府近年来才更加青睐于推进人民币国际化。

第四，**欧洲主权债务危机的爆发也给亚洲区域货币合作蒙上了新的阴影**。欧债危机的爆发使得亚洲各国更加深刻地认识到，如果区域内的生产要素不能充分流动，那么货币一体化不但不能导致各经济体之间经济周期与竞争力的趋同，反而可能造成新的中心—外围构架。而对于外围国家而言，货币一体化使得它们丧失了通过独立的货币政策与汇率政策来应对危机及刺激经济增长的工具。换言之，欧债危机的爆发使得亚洲国家在推进区域货币一体化的过程中变得更加谨慎。

正是出于上述原因，此时的亚洲货币合作才体现出"危机驱动"的特点：只有当面临区域性或者全球性危机的威胁时，亚洲货币合作才会积极向前推进；

而一旦危机有所缓解，亚洲货币合作就会由于缺乏动力而再度变得踯躅不前。

五、人民币走向亚洲：寻找一条灵活的共赢之路

展望未来，中国政府应该如何进一步扩大人民币的国际使用范围呢？人民币国际化与亚洲货币合作之间的关系究竟是相互替代的还是相辅相成的？能否找到一条中间道路来将人民币国际化与亚洲货币合作更好地结合起来？

从中国政府的视角来看，无论是国际货币体系改革还是亚洲区域货币合作，都需要有关各方在全球或区域的层面上形成集体行动，这必然要经历痛苦而漫长的博弈过程，从而必然费时耗力。与之相比，人民币国际化更多具有单边推动的特征，能够为中国政府自己把握与控制。这很可能是近年来中国政府集中力量推动人民币国际化的重要原因。

然而，人民币要最终取代美元成为全球最重要的储备货币，这或者需要很长的时间，或者最终难以实现。换句话说，人民币由国别货币成长为全球货币的过程，必然是一个渐进的、缓慢的过程。短期内人民币要在全球金融市场、全球大宗商品市场乃至全球贸易市场方面与美元分庭抗礼，是很难做到的。目前较为现实的做法是，先把人民币国际化的重点放在中国周边及亚洲区域，在这些区域扩大人民币的流通与使用，使得人民币成长为区域性货币，或者在亚洲区域货币中扮演更重要的角色（如成为亚洲货币单位中权重最高的区域内货币）。鉴于整个亚洲经济在全球经济中的地位处于不断上升的过程中，一旦人民币能够成长为东亚乃至亚洲的区域货币，它事实上就已经成长为能够与美元、欧元三足鼎立的国际性货币。因此，通过人民币的区域化来实现人民币的全球化，这是一条更为稳健、审慎的货币国际化道路。

更为重要的是，在中国周边乃至东亚推进人民币的区域化，具有坚实的跨境贸易与投资等基本面支撑，这是一种根基扎实的货币国际化策略。与为全球交易者提供套利机会的离岸金融市场策略相比，其货币国际化道路可能

下 篇

人民币国际化：经历升降周期后的再出发

发展速度稍慢一些，但可持续性却更强一些。一方面，在东亚地区已经形成了广泛的基于国际分工的全球价值链网络，而中国在这个网络里扮演着中枢角色。作为重要的加工装配基地，中国无论是与原材料、中间产品的供应国还是与最终产品的消费国之间，都具有密切的贸易投资联系。另一方面，中国总体上对东亚国家是经常账户逆差国，这就为人民币通过贸易渠道的持续流出奠定了基础。换句话说，与对中国存在贸易逆差的欧美国家相比，对中国存在贸易顺差的东亚国家更加容易通过贸易渠道获得人民币。

因此，我们认为，人民币国际化与亚洲货币合作并非相互替代的关系，而是可以做到相辅相成。人民币的国际化之路，只有瞄准周边国家，从贸易与投资的真实需求出发，才可能走得更加稳健、更加可持续。当前，中国政府应该反思大力发展离岸人民币金融中心的策略，应该更加重视人民币在周边国家的使用与流转，注重培养真实需求，遵循适当政策次序，走出一条由周边到区域、由区域到全球的可持续发展道路。

具体的政策建议包括以下几点。

第一，中国政府应克服既得利益集团的阻力，尽快推动包括汇率与利率市场化在内的结构性改革，以实现经济增长模式由投资与出口驱动向国内消费与投资平行驱动的转型，从而夯实中国经济下一轮增长的基础。人民币汇率与利率的市场化将导致离岸市场与在岸市场之间的价格趋同，从而抑制套利行为。中国政府应大力发展国内金融市场，尤其是尽快向民间资本全面开放金融市场，大力发展以民营银行为代表的民营金融机构，积极推进人民币金融产品的多元化。中国政府应该在全面开放金融市场与资本账户之前，尽快消除金融市场上的各种风险隐患，特别是企业部门高杠杆及房地产泡沫中蕴含的风险，以避免系统性金融危机的爆发。中国政府应继续审慎、渐进、可控地开放资本账户。毕竟，只有中国经济能够持续增长、中国金融市场能够发展壮大、中国能够避免系统性金融危机的爆发，人民币才能最终成长为全球性货币。

第二，中国政府应大力推动人民币在周边国家的流通与使用。我们认为，

第十四章
人民币国际化应从人民币亚洲化做起

从周边到区域、从区域到全球的货币国际化路径，要比依赖离岸金融中心来推动货币国际化的路径更加稳健、更可持续。毕竟推动边境贸易与投资的更多是真实需求。中国政府应考虑在东北、新疆、西藏、云南、广西等边境地区创建多个人民币金融中心城市，努力扩大人民币与周边国家货币之间的自由兑换与流通，鼓励周边国家居民与企业持有人民币，允许这些国家央行将通过合法渠道获得的人民币投资于中国内地的金融市场。在周边国家推进人民币跨境使用，既能满足边境贸易与投资的真实需求，又能实现扩大人民币国际使用范围、加强与周边国家贸易金融联系、增强彼此互信等多重目的。

第三，以中国人民币市场与中国东盟自由贸易区为支点，推进人民币在东盟国家的流通与使用。随着人民币汇率形成机制的日益市场化，人民币兑美元汇率有望实现真正的双向波动，甚至形成以市场供求为基础的独立浮动局面。一旦人民币与美元脱钩，与中国经贸关系非常密切的东盟国家，就很可能增加货币篮中的人民币权重。随着东盟国家逐渐重视本国货币兑人民币汇率的相对稳定，东盟国家将会自发地产生持有人民币计价储备资产的需求。在这一形势下，中国政府应该顺势而为，既欢迎东盟国家央行大量持有人民币资产（这意味着对东盟国家央行开放中国国内A股与债券市场等），中国央行也可以与东盟国家央行之间开展诸如相互持有以对方货币计价的储备资产的合作（Fan等，2013）。鼓励人民币在东盟国家的流通与使用，是人民币从周边扩展到区域的重要一步，这既有助于增强人民币在区域货币合作中的地位，使得人民币在与日元的区域主导货币之争中占据主动，也有助于强化中国与东盟国家的经贸与投资关系，促进彼此之间的协同与融合发展。

第四，中国政府应大力发展熊猫债券①市场，并将熊猫债券市场由国内市场拓展为区域性债券市场。中国政府应鼓励东盟、日本、韩国等国家的政府与企业到中国国内发行以人民币计价的债券，并允许上述政府与企业在获得相

---

① 所谓熊猫债券（Panda Bond），是指外国政府、金融机构或企业在中国内地发行的以人民币计价的债券。2005年亚洲开发银行与国际金融公司曾经在中国内地发行过此类债券。而各类主体在香港发行的以人民币计价的债券被称为点心债券（Dim-sum Bond）。

下 篇
人民币国际化：经历升降周期后的再出发

应人民币资金后，直接将人民币资金调出国外使用，或者向中国央行购买美元后调出国外使用。通过这一努力，中国就能形成内地熊猫债券市场与香港点心债券市场两者共同发展的局面。这既能进一步促进国内债券市场的发展，又能进一步促进人民币在国际金融市场上的使用。此外，熊猫债券市场的建立与成长，也可以视为以本币计价债券为特征的亚洲债券市场的重要组成部分。成长为境外主体的发债货币，是人民币从贸易型国际货币向金融型国际货币转型的重要一步。

第五，中国政府应鼓励中国企业在境外直接投资中使用人民币来计价与结算，并允许收到人民币的东道国居民与企业用相关资金到中国来购买商品与开展投资，从而形成以真实贸易与投资为支撑的，而非当前以跨境套利为支撑的跨境人民币资金环流。扩大对外直接投资过程中的人民币计价与结算的比例，与中国政府的"走出去"战略一脉相承，不仅有助于降低中国企业海外投资的汇率风险，而且有助于促进人民币在资本账户下的使用。

第六，在美联储正在逐渐退出量化宽松政策并即将步入新的加息周期的背景下，东亚新兴市场经济体将会面临新一轮外部冲击。在金融风险加剧的背景下，东亚各国彼此之间加强区域货币合作的动力有望显著增强。中国政府应该充分把握这一机会，通过建立与东亚国家之间的双边本币互换协议（同时应允许这些国家用互换获得的人民币向中国央行购买美元，以满足危机期间干预外汇市场所需）、[①]一旦必要时正式启动东亚储备库、积极拓展 AMRO 的作用等方式来进一步强化当前的货币合作机制，并积极探索创建新的机制。在推动亚洲货币合作的进程中，中国与日本政府应该求同存异，共同在亚洲货币合作进程中发挥领导作用，以取得双赢的结果。

[①] 从 2014 年美联储将与某些国家央行签署的双边美元互换机制永久化协议中可以看出，以互换协议为核心构架的全球金融安全网，会在国际货币体系中发挥重要作用。

六、人民币国际化：植根亚洲

截至 2014 年，人民币国际化在跨境贸易结算与离岸市场建设两个层面取得了显著进展。然而，由于人民币汇率与利率形成机制尚未完全市场化，在岸与离岸人民币市场之间经常存在明显价差，造成跨境套利行为大行其道。这不仅制造了人民币国际化的虚假繁荣，而且扭曲了相关宏观经济数据，此外还导致了巨大的国民福利损失。人民币国际化的推进事实上也降低了中国资本账户管制的效力。

亚洲货币合作尽管产生了清迈倡议与清迈倡议多边化机制，但总体来看进展甚微。这与东盟 10+3 国家内部体量悬殊、地缘冲突频发、中日领导权博弈与欧债危机提供的新教训有关。因此，亚洲货币合作具有典型的危机驱动特征。

展望未来，中国政府应该把推动人民币国际化与加强亚洲区域货币合作相结合，走出一条从周边到区域、从区域到全球的货币国际化道路。

第十五章

通过天然气交易人民币计价来助推人民币国际化[①]

一、拓展人民币计价化币职能

在本轮全球金融危机爆发后,为了降低在国际贸易与投资中对美元的过度依赖,以及避免庞大美元计价储备资产可能遭受的损失,中国政府开始大力推进人民币国际化。人民币国际化在发展初期(2009年至2015年上半年)进展迅速,但从2015年下半年至2018年却陷入了停滞。

通过归纳美元、日元国际化的经验教训,以及梳理人民币国际化进程由快变慢的特征事实,我们发现,要持续推进人民币国际化,应该努力拓展人民币的计价货币职能。而在过去,中国政府主要致力于推动跨境贸易与投资的人民币结算,而忽视了人民币计价功能的拓展。

针对大宗商品交易来拓展人民币作为国际计价货币的职能,有望进一步、可持续地推进人民币国际化进程。结合当前全球大宗商品市场的发展及中国的具体国情,我们认为,努力推动构建天然气人民币体系,尤其是鼓励人民

---

① 本章内容发表于《上海金融》2018年第3期,合作者为王永中。

币作为中国国内及周边区域天然气交易的计价货币，可能成为未来中国政府推动人民币国际化的重要抓手。

二、发展与停滞：人民币国际化发展的两个关键词

在2008年美国次贷危机爆发之后，为了稳定金融市场与提振实体经济，美联储实施了零利率与量化宽松政策，此举使得美元汇率在长期内面临显著贬值的风险。由于中国政府巨额外汇储备的绝大部分投资在美元计价的金融资产上，一旦美元显著贬值，中国外汇储备将会遭受巨大的估值损失。有鉴于此，从2009年起，中国政府开始积极推动人民币国际化，试图借此来降低在国际贸易与投资中对美元的过度依赖。

事实上，中国政府之所以开始推动人民币国际化，除了上述直接动因外，还有如下几个主要原因：一是试图提高人民币的国际地位，使得人民币的国际地位与中国经济在全球经济中的比重相匹配；二是试图降低中国企业面临的汇率风险与汇兑成本；三是方便中国政府与企业以本币在全球范围内进行融资；四是通过人民币国际化及相关的资本账户开放，来倒逼国内的结构性改革（Zhang，2015）。

自2009年以来，中国政府主要沿着两条主线来推动人民币国际化。第一条主线是鼓励在对外贸易与投资中使用人民币来进行结算。第二条主线是大力发展中国香港、新加坡、中国台湾、伦敦等离岸人民币金融中心。除此之外，为了帮助境外市场在人民币供不应求时获得足够的人民币流动性，中国央行也与很多地区的中央银行签署了双边本币互换协议。

2009—2018年，人民币国际化的发展可以大致分为两个阶段。第一个阶段为2009年至2015年上半年。在此期间，人民币国际化呈现出快速扩展的态势，无论是在跨境贸易与投资人民币结算方面还是在离岸人民币金融市场发展方面都取得了显著的进展。第二个阶段为2015年下半年至2017年年初。

下 篇
人民币国际化：经历升降周期后的再出发

在此期间，人民币国际化进程陷入了停滞状态，无论是跨境贸易与投资人民币结算规模还是离岸市场人民币存款规模都出现了显著下滑的现象。

如图15.1所示，跨境贸易人民币结算规模由2010年第一季度的184亿美元，一路攀升至2015年第三季度的2.09万亿美元，增长了约113倍。在2015年第三季度，跨境贸易人民币结算规模大致占到中国跨境贸易总规模的1/4。然而，从2015年第三季度至2017年第一季度，跨境贸易人民币结算规模却由最高峰的2.09万亿美元下降至9942亿美元，下降了约52%。

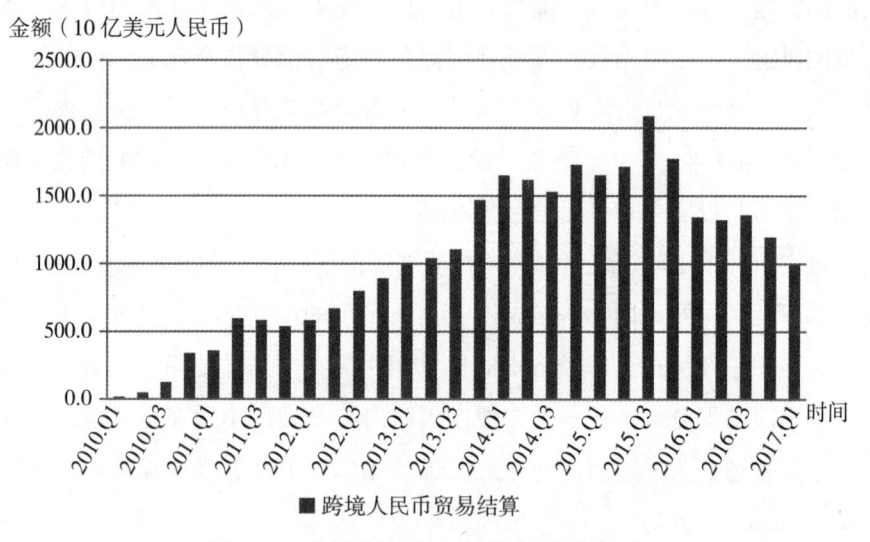

图15.1 跨境贸易人民币结算规模的变动

资料来源：CEIC。

如图15.2所示，外商直接投资与对外直接投资的人民币结算规模分别由2012年1月的135亿美元与17亿美元，一路上升至2015年9月的3507亿美元与2078亿美元，分别增长了约25倍与121倍。然而，从2015年9月到2017年3月，外商直接投资与对外直接投资的人民币结算规模却分别由最高峰的3507亿美元与2078亿美元，下降至922亿美元与291亿美元，分别下跌了约74%与85%。不难看出，跨境直接投资人民币结算规模的萎缩幅度，甚至显著高于跨境贸易人民币结算规模的萎缩幅度。

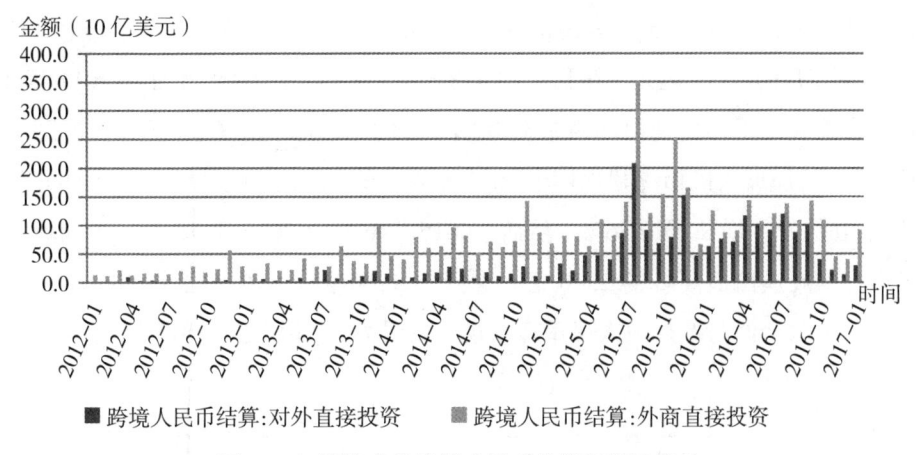

图 15.2 跨境直接投资人民币结算规模的变动

资料来源：CEIC。

我们可以用离岸市场的人民币存款规模的变动来刻画离岸人民币市场的发展状况。如图 15.3 所示，香港的人民币存款规模在 2009 年年底仅为 627 亿元。2010 年 1 月至 2014 年 12 月，香港人民币存款规模由 640 亿元快速攀升至 10 036 亿元，增长了约 15 倍。然而，2014 年 12 月至 2017 年 2 月，香港人民币存款规模却由最高峰的 10 036 亿元下降至 5114 亿元，缩水了约 49%。

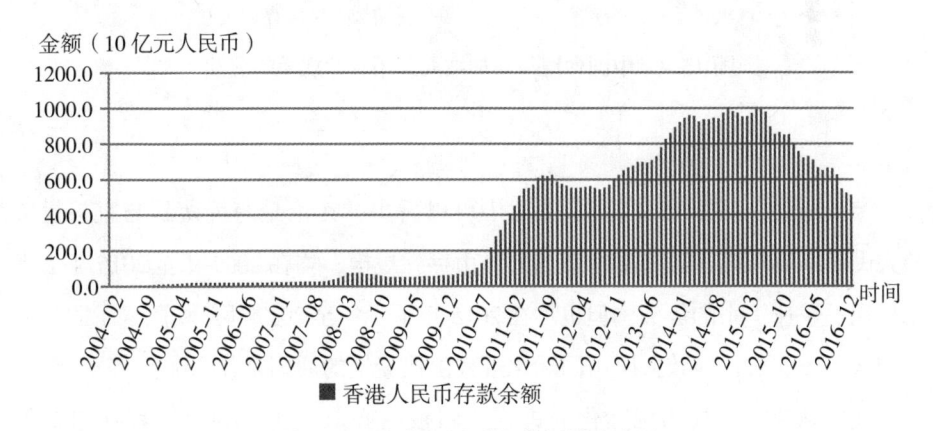

图 15.3 香港人民币存款规模的变动

资料来源：CEIC。

如图15.4所示，台湾人民币存款规模由2011年8月的7070万元上升至2015年6月的3382亿元，增长了约4784倍。然而，2015年6月至2017年3月，台湾人民币存款规模却由最高峰的3383亿元下降至3088亿元，下降了约9%。新加坡人民币存款规模由2013年6月的1330亿元上升至2015年6月的2340亿元，增长了约76%。然而，2015年6月至2016年12月，新加坡人民币存款规模由最高峰的2340亿元下降至1260亿元，缩水了约46%。有趣的是，中国台湾与新加坡人民币存款规模的最高点都出现在2015年6月。

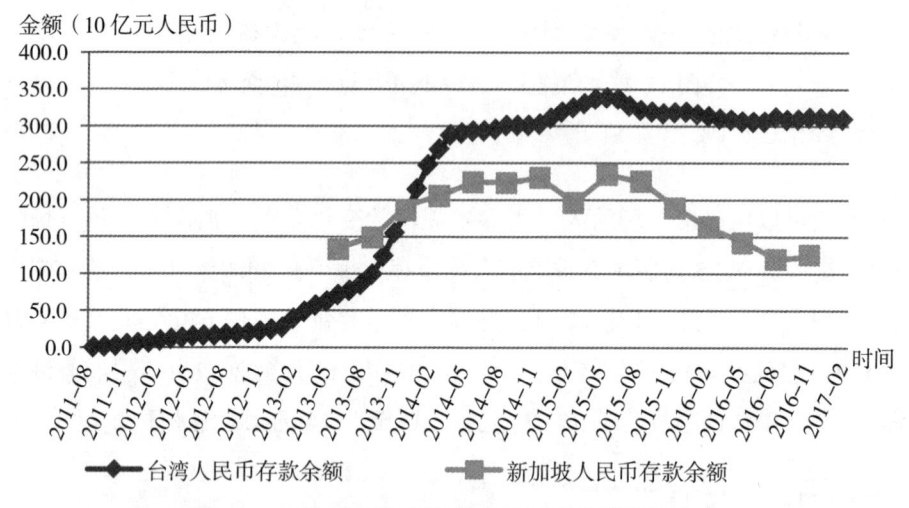

图15.4 中国台湾与新加坡人民币存款规模的变动

资料来源：CEIC。

综上所述，从图15.1至图15.4中可以看出，无论是跨境贸易与直接投资的人民币结算规模，还是离岸市场人民币存款规模，均在2009年至2015年上半年出现了快速扩张的势头，但也均在2015年下半年至2017年年初陷入了明显的停滞状态。那么，导致人民币国际化进程由快变慢的原因是什么呢？

我们认为，人民币国际化的进程，归根结底取决于外国投资者（包括外国居民、外国企业、外国金融机构与外国政府）有多大意愿持有人民币计价的资产（包括实体资产与金融资产）。如果外国投资者持有人民币计价资产的意愿很强烈，那么人民币国际化就会快速扩张。而如果外国投资者持有人民币计价资产的意愿减弱，那么人民币国际化就会出现明显的停滞。更进一步，外国投资者持有人民币计价资产的意愿，自然又取决于他们持有人民币计价资产的相对收益（与持有其他币种资产的收益相比较而言）。

从这一角度出发进行分析，我们认为，有三个重要因素的变化导致了人民币国际化进程的由快变慢：第一，中国经济增速近年来逐渐放缓，降低了外国投资者投资人民币计价资产的整体回报率。如图15.5所示，中国季度GDP同比增速已经由2010年至2011年的10.2%，下降至2015年至2016年的6.8%。

图15.5 中国季度GDP同比增速的变动

资料来源：CEIC。

第二，以2015年8月11日的人民币汇率形成机制改革为界，人民币兑美元汇率由持续升值的状态转变为波动中持续贬值的状态，而人民币汇率升值预期逆转为贬值预期，也会直接降低外国投资者持有人民币资产的回报率。如图15.6所示，人民币兑美元汇率由2010年年初的6.8左右，一度升值至2015年811汇改之前的6.1左右。在这一期间内，人民币兑美元持续升值，自然会导致外国投资者持有更多的人民币资产。然而，人民币兑美元汇率也由811汇改之前的6.1左右，贬值至2017年3月底的6.9左右。在这一期间，人民币兑美元在波动中持续贬值，自然也会导致外国投资者减持人民币资产。

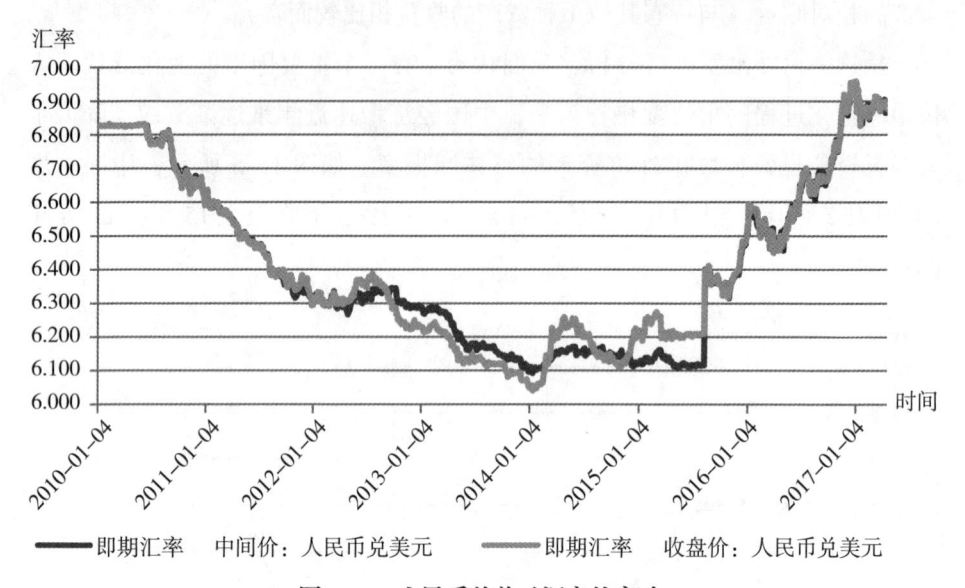

图15.6 人民币兑美元汇率的变动

资料来源：CEIC。

第三，中国内地与内地以外地区相对较高的利差，从2014年起逐渐缩小，这也会降低外国投资者投资人民币计价资产的相对回报率。如图15.7所示，中国内地与香港3个月短期利率之差，在2011年时一度高达6个百分点，在2011年至2013年平均也达到4.4个百分点。如此之高的利差自然会导致人民币套利交易（RMB Carry Trade）的盛行，也即外国投资者倾向于大量持有人民币计价资产。然而，随着中国经济增速的下行，中国央行从2014年起开始转为实施宽松的货币政策，包括连续的降息与降准，这些操作自然会导致中国国内市场利率的下行。此外，由于美联储从2015年起进入了新的加息周期，国外利率水平也开始逐渐上升。这两种趋势共同导致中外利差从2014年起快速收窄。如图15.7所示，在2016年全年，内地与香港3个月短期利率之

第十五章
通过天然气交易人民币计价来助推人民币国际化

差平均已经降至2.3%左右。随着人民币兑美元的升值趋势逆转为贬值趋势，如此小的利差已经不足以吸引外国投资者继续进行套利交易。事实上，从2015年811汇改起，人民币套利交易已经发生了逆转。这就意味着，大量境外套利资金开始撤出中国。

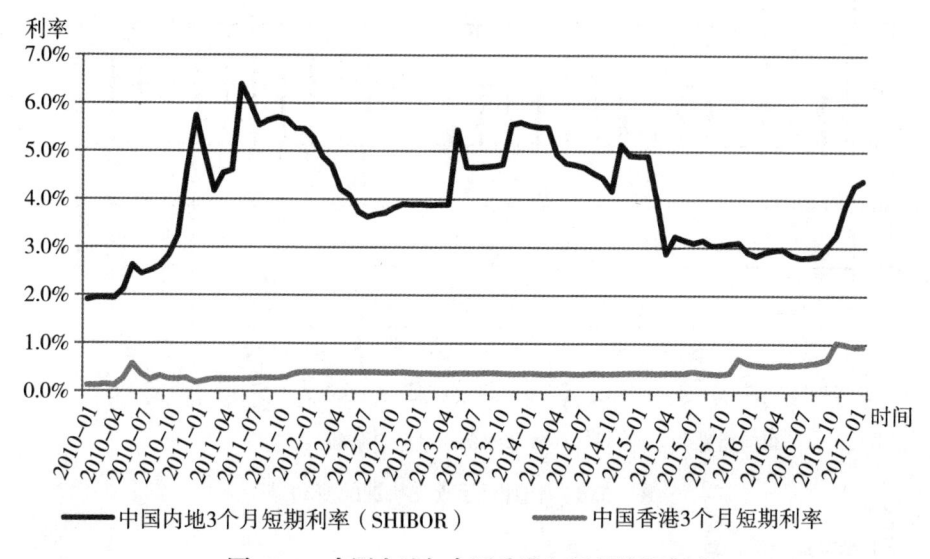

图15.7 中国内地与中国香港之间利差的变动

资料来源：CEIC。

综上所述，之所以人民币国际化进程从2015年下半年起由快转慢，原因包括中国经济增速从2012年起快速下滑，人民币兑美元升值预期从2015年811汇改起出现逆转，以及中外利差从2014年起明显收窄。这些原因叠加起来，共同降低了外国投资者持有人民币计价资产的相对回报率，从而降低了外国投资者持有人民币计价资产的意愿，最终导致人民币国际化进程的放缓。更进一步的证据如图15.8所示。2010年至2013年，中国总体上面临经常账户与金融账户的双顺差。然而，从2014年第二季度至2016年第四季度，中国经济已经连续11个季度面临资本净外流的局面。而对金融账户资产方与负债方的进一步分析则发现，在这一时期内，外资外撤是中国资本净外流的主导因素,这从另外一个层面反映了外国投资者持有人民币计价资产意愿的下降。

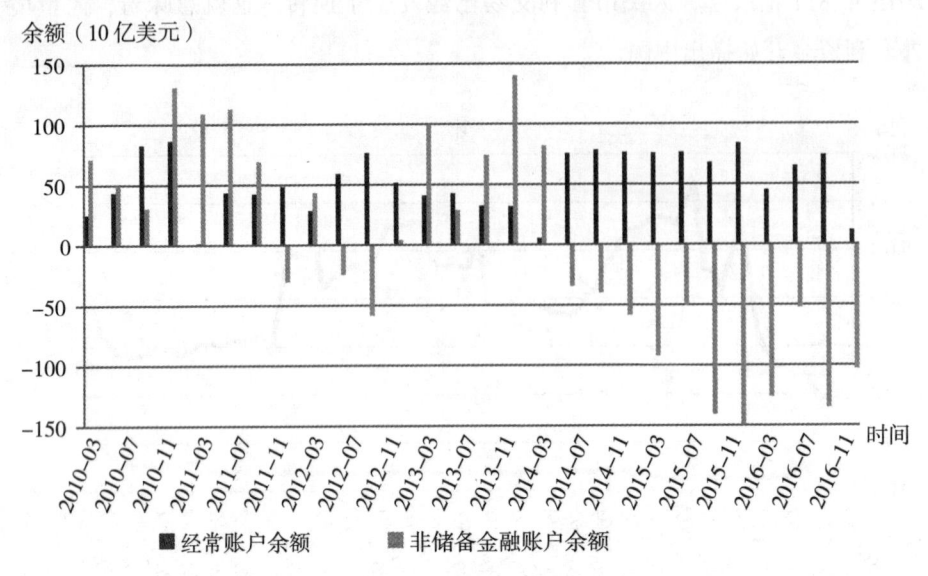

图 15.8 中国国际收支状况的变动

资料来源：CEIC。

从对人民币国际化进程由快转慢的梳理中,我们可以总结出两条重要的经验教训。第一,过去中国政府在推动人民币国际化时,注意力主要放在推动跨境贸易与投资的人民币结算方面,而忽视了推动人民币在国际计价货币方面扮演更加重要的角色。而美元、日元国际化的经验教训则表明,在货币国际化方面,货币的计价职能要远比货币的结算职能更加重要（Yu, 2012; Gao 与 Yu, 2012; Ito, 2016）。第二,由于中国政府是在人民币利率与汇率充分市场化之前推动人民币国际化的,这就造成在 2009 年至 2015 年上半年,跨境套汇交易（也即投资者套取人民币汇率升值收益）与跨境套利交易（也即投资者套取中外利差收益）大行其道。为了规避监管,这些跨境套汇与套利交易大多借着跨境贸易或投资人民币结算的伪装进行,进而造成了人民币国际化的泡沫。而随着跨境套汇与套利交易空间的收窄,这些交易的规模自然会显著下降,而这最终会刺破人民币国际化的泡沫,造成人民币国际化进程的放缓(Zhang与Zhang,2017;张明与何帆,2012;张斌与徐奇渊,2012;何帆等,2011)。

三、美元国际化的借鉴:打造天然气人民币体系

从美元国际化的历史来看,成为全球原油交易的计价货币,对美元国际化功不可没。我们认为,借鉴美国的成功经验,在当前的国内外环境下,建立天然气人民币体系,尤其是推动人民币成为区域内天然气交易的计价货币,有望显著增强人民币作为计价货币的国际地位,进而有助于持续推动人民币国际化进程。建立天然气人民币体系具有以下可行性与必要性。

第一,全球天然气供应宽松,有利于提升中国在天然气领域的话语权,为天然气人民币的结算和计价提供了前提条件。美国页岩气革命对全球天然气供给需求结构产生了颠覆性影响。2018年,全球天然气供给增长速度明显快于需求,供应状况宽松。全球天然气供应增长来源于常规天然气和页岩气。其中,页岩气贡献了2/3的产出增长,主要由美国页岩气革命所驱动。美国页岩气的日产量高达430亿立方英尺[1]。未来,随着页岩气开采生产技术的成熟完善与推广普及,之前难以开发利用的页岩气资源将会得到开发。根据BP(2017)的预测,页岩气将保持强劲增长态势,年产量增长率将达5.6%,占天然气产量的份额将由2014年的10%提升至2035年的25%。2014—2025年,全球页岩气产量增长基本来源于美国;2035年左右,中国将成为第二大页岩气供应国。常规天然气供应增长主要来源于非OECD[2]国家和地区,包括中东、俄罗斯和澳大利亚等。

---

[1] 430亿立方英尺约为12亿立方米。
[2] OECD是Organization for Economic Cooperation and Development的缩写,即经济合作与发展组织。

下 篇
人民币国际化：经历升降周期后的再出发

在节能减排和《巴黎气候协定》等政策的支持下，全球天然气需求增速快于其他化石能源，但显著低于天然气的供给增速。另据 BP（2017）的预测数据，2015—2035 年期间，天然气的年均需求增速达 1.6%，在化石能源中最快，天然气消费占一次能源消费的比重将由 2015 年的 23% 上升至 2035 年的 25%，超越煤炭成为第二大化石能源，而石油的消费份额相应由 32% 降至 28%。天然气需求增长主要受新兴经济体驱动，其中 30% 的增长来源于中国和印度，20% 的增长来源于中东国家。

全球天然气供应趋于宽松，有利于中国等需求方增强在天然气市场的话语权和议价能力。具体体现在：一是美国由于实现天然气自给，干预全球天然气市场的动力有所下降，这为中国提升在全球天然气治理领域的话语权和地位提供了契机；二是在天然气供给过剩的环境下，各产气国势必激烈竞争市场份额，天然气交易话语权向中国等买方市场倾斜，中国作为潜在的天然气最大需求者，必然会受到供给方的追逐。从而，中国可利用自己在需求端的体量优势作为筹码，谈判进口天然气的定价方式和条件，可为消除"亚洲溢价"，实现天然进口的人民币计价和结算创造条件。

第二，液化气（Liquefied Natural Gas，LNG）贸易量的快速增长，将加速全球天然气市场一体化和油气价格的脱钩进程，为人民币计价和结算天然气贸易创造市场机会。全球天然气尚未形成一个统一的市场，呈现出多个区域性国际市场并存的局面，导致天然气无法统一进行全球性配置，而且存在多个定价枢纽，造成了不同区域市场的价格存在着明显差异。最明显的例子是东北亚的天然气进口价格长期高于欧洲及北美地区的天然气交易价格。

当前，国际天然气市场主要有三种定价方式。一是市场自主竞争定价。通过不同气源之间、管道气与 LNG 之间的相互竞争来决定天然气价格，是使用最广的国际天然气贸易定价方法。典型代表为美国亨利港定价枢纽和英国 NBP 定价枢纽。二是油价挂钩定价。天然气交易价格按照一定的比例与石油（燃料油、原油、汽油等）的价格挂钩。典型代表为日本 LNG 进口定价。三是双边垄断定价。由出口国与进口国通过协商谈判的方式确定一段时期内的

第十五章
通过天然气交易人民币计价来助推人民币国际化

天然气交易价格。典型代表为俄罗斯、中亚向白罗斯、中国输送天然气时执行的定价方法。

LNG 贸易的迅速增长将会逐步打破全球天然气市场碎片化、区域化的格局。相较于管道气贸易，LNG 运输更为灵活和富有弹性，LNG 可根据不同区域天然气的供给需求和价格变动的信息，便捷地调整 LNG 运输的目的地，这有助于缩小不同区域之间天然气价格的差异，促进天然气在不同区域之间的优化配置，因此，LNG 贸易有助于形成全球统一的天然气市场，缩小天然气价格的差异。根据 BP（2017）的预测，在 2015—2035 年，LNG 国际贸易量的增长速度是天然气消费的两倍，LNG 在天然气中的份额将由 2014 年的 10% 升至 2035 年的 15%。未来几年，随着一系列 LNG 生产及接收装置、LNG 运输船的建成，全球 LNG 供给量将增长 40%。2035 年，LNG 将超过管道气成为天然气贸易的主导气源。澳大利亚的 LNG 供给通常被亚洲需求吸收。美国 LNG 出口的市场更为多元化，包括欧洲、亚洲、中美洲和南美洲，从而在全球天然气市场上，美国的天然气价格更多地扮演了锚价格的功能。所以，LNG 贸易的日益增长，将加快天然气价格由区域差异化向全球一体化过渡的进程。

全球天然气市场的一体化发展必将促进天然气价格与石油价格的脱钩，有利于天然气价格由其自身供给需求及其未来变动预期等因素所共同决定，而不是被动受制于石油价格。随着北美近年页岩气的爆发式增长，天然气市场流动性的显著提升（超过 8000 个生产商），天然气价格走势与 WTI 油价走势出现背离。显然，油气价格的脱钩为人民币充当天然气贸易的计价和结算货币创造了市场机会。具体体现有以下几点。一是美元作为石油计价货币的地位稳固，若油气价格挂钩，美元势必会顺理成章地成为天然气的计价货币。但油气价格脱钩客观上增大了美元计价天然气的难度。二是全球天然气市场由区域化向一体化的过渡，为美元、欧元和人民币等货币充当计价货币提供了机会，中国可利用自身需求的体量优势，在推动全球天然气市场一体化发展的过程中实现人民币国际化。

第三，上海具备成为亚洲天然气交易中心的条件，天然气人民币具有巨大的发展潜力。当前，全球天然气供过于求局面的出现，俄罗斯天然气出口重心的东移，以及美国由天然气的进口大国向净出口国的转变，导致东北亚地区的中、日、韩三国获取天然气资源和谋求定价话语权的能力不断增强。为消除天然气的"亚洲溢价"，获取有利的天然气贸易条件，中、日、韩三国在推进建立区域性天然气交易市场上有共同的诉求，这为东北亚地区建立共同的天然气交易市场创造了契机。从全球范围看，中国处于中亚天然气供应和东北亚天然气消费枢纽地位，目前拥有中亚、俄罗斯天然气供应和中缅油气管道，管道天然气和海上 LNG 进口十分便利，加上充足的天然气供给和庞大的天然气消费，中国在构建跨国天然气管网、建立东北亚天然气交易中心方面具有显著优势（黄晓勇，2017）。所以，天然气人民币具有巨大的发展潜力。

日本在亚洲天然气定价方面暂时拥有优势，但其优势很不稳定，随着日本天然气需求增速的明显放缓，日本的地位将很快被中国取代。为争夺亚洲天然气交易中心的地位，主导亚洲天然气价格标准，东京、新加坡和上海展开了激烈的竞争。新加坡具有亚洲石油交易中心的基础，这是其成为 LNG 贸易中心的优势，但劣势在于国内市场规模狭小，且自身并无天然气产量做支撑。东京期货交易所计划在未来一两年内推出全球首个 LNG 期货合同，以获得亚洲 LNG 贸易主导权。东京虽拥有日本庞大的市场需求量，却和新加坡一样不生产天然气，缺乏对冲国际天然气价格波动的能力。上海是目前中国唯一通过城市管网实现了西气东输、川气东送、进口 LNG 等多种气源互联互通的城市。

要形成 LNG 区域性交易中心，需同时具备市场需求规模大、供应量大、发达统一的天然气基础设施、市场平台四大要件。总体上看，上海是目前亚洲最具成为亚洲 LNG 交易中心潜力的城市。中亚、中缅天然气管道，未来的中俄天然气管道，以及中国巨大的天然气需求和页岩气储备，均为上海成为 LNG 交易中心构成强有力的支撑。而且，上海在发展 LNG 区域交易中心上已取得一些积极进展。2011 年，上海已推出天然气现货交易。2013 年年底，上海自贸区成立了上海国际能源交易中心，标志着中国推出原油、天然气期货交易的步伐显著提速。原油期货合约预计于 2017 年下半年推出。上海要成为 LNG 交易中心，一个难以克服的障碍是中、日、韩天然气管道的互联互通。

第十五章
通过天然气交易人民币计价来助推人民币国际化

上海未来推出的天然气期货若要充分反映亚洲市场的供需情况，需要构建连接中、日、韩的天然气基础设施，如修建海底管道，以便形成统一市场。但是，中、日、韩三国经济层面的务实合作面临着政治互信程度低的挑战，预计短期内难以在天然气管道互联互通上取得明显进展。

第四，中国的天然气进口需求巨大，若人民币能充当天然气进口的计价和结算货币，可推动大量的人民币走出去。作为最大的碳排放国和备受雾霾煎熬的国家，能源消费在短期内尽快降低对煤炭的依赖，大量增加天然气的进口和消费，大幅提高天然气消费占一次能源消费的比例，是中国从根本上解决空气污染问题的一条有效途径。根据《巴黎协定》，中国政府承诺2030年单位GDP二氧化碳排放比2005年下降60%~65%，同时在《能源发展"十三五"规划》中，将2020年天然气占一次能源的消费比重的目标值定为10%，这将显著推动中国的天然气需求。在短期内，中国显然难以大幅提高天然气产量，因此，增加天然气特别是LNG的进口是中国的一个必然选择。根据BP（2017）的预测，在2015—2035年，中国天然气需求的年增长速度达5.4%，超过国内生产的增速，因而进口天然气占天然气消费量的份额将由2015年的30%升至2035年的40%。中国进口增加的天然气，约一半来源于LNG，另一半来源于俄罗斯、中亚等独联体国家的管道气。同时，考虑到中国的页岩气开发在短期内因技术、环境和水资源等问题难以取得明显成效，中国的天然气进口依赖度在2017—2025年将会逐年上升。

根据我们的预测（表15.1），在2017—2025年，中国的天然气进口量将逐年递增，年均增长速度达15%，2025年的进口规模将达2590.7亿立方米，其间累计进口量达15 656.6亿立方米。在天然气进口价格维持2016年的水平的条件下，中国在2016—2025年累计天然气进口值将达3506亿美元，约24 190亿元人民币。这是人民币最大离岸中心香港2016年末5467亿人民币存款规模的4.4倍。若人民币充当中国进口天然气的计价和结算货币，中国巨额的天然气进口需求可推动可观的人民币走出去。这可有力推动人民币在海外的使用。

表15.1 中国的天然气消费、进口需求预测

年份	一次能源消费量（亿吨标准煤）	天然气占一次能源消费比例	天然气消费量 亿吨标准煤	天然气消费量 亿立方米	天然气进口依赖度	天然气进口量 亿立方米	天然气进口量 亿美元
2016	43.6	6.3%	2.74	2058	0.35	736.3	164.9
2017	44.6	7.2%	3.22	2418	0.36	870.3	194.9
2018	45.6	8.1%	3.71	2791	0.37	1032.5	231.2
2019	46.7	9.1%	4.23	3179	0.38	1208.2	270.6
2020	47.8	10.0%	4.78	3590	0.39	1390.4	311.4
2021	48.6	11.0%	5.35	4020	0.40	1608.2	360.1
2022	49.5	12.0%	5.94	4465	0.41	1830.6	410.0
2023	50.4	13.0%	6.55	4924	0.42	2068.1	463.1
2024	51.3	14.0%	7.18	5398	0.43	2321.3	519.8
2025	52.2	15.0%	7.83	5888	0.44	2590.7	580.2
合计	480.3		51.53	38 731		15 656.6	3506.2

注释：①2016年数据为实际值。

②假定天然气进口价格不变，按2016年中国进口的天然气平均价格（0.28317美元/立方米）计算。

③根据《能源发展"十三五"规划》，2020年，中国的天然气消费占一次能源消费的比例目标值为10%，国内天然气产量为2020亿立方米。

④借鉴《能源发展"十三五"规划》和BP的《能源展望（2017版）》，我们假定2017—2020年中国一次能源消费量的年增长率为2.3%（规划目标值为年增长率低于3%），2020—2025年的年增长率为1.8%，二者均高于BP的1.3%的全球能源消费年均增长率。

⑤基于2020年规划的天然气产出目标值和2016年的天然气实际进口依赖度，我们假定，2017—2025年，天然气进口依赖度逐年提高1个百分点。另据BP的预测，2026—2035年，随着页岩气开采技术的进步，中国的页岩气产量将会大幅上升，天然气进口依赖度将会逐步下降。

第五，中国与天然气出口国经济互补性强，双边贸易联系密切，中国可加快推动人民币成为"天然气换工业制成品"循环的结算计价货币。在当前人民币在资本项目下可兑换性仍受到限制的情形下，中国向天然气资源国的出口可以说是天然气人民币回流的一个重要渠道。中国与天然气主要出口国

第十五章
通过天然气交易人民币计价来助推人民币国际化

的经济互补性强,中国在工业和工程承包等领域拥有竞争优势,而天然气出口国拥有资源禀赋优势,从而双方具有较大的贸易发展潜力。如图15.9所示,中国与澳大利亚、俄罗斯、印度尼西亚、伊朗、沙特阿拉伯和伊拉克的贸易联系较为紧密,双边贸易额较大。2015年,中国对俄罗斯、印度尼西亚、伊朗、哈萨克斯坦和乌兹别克斯坦有出口顺差,规模分别为15.0亿美元、144.6亿美元、17.1亿美元、25.9亿美元、9.6亿美元,这为中国增加从这些国家进口天然气和用人民币支付进口的天然气创造了有利条件。同时,中国对澳大利亚、沙特阿拉伯、土库曼斯坦、伊拉克、卡塔尔等国出现贸易逆差,金额分别为332亿美元、84.1亿美元、70.1亿美元、47.7亿美元、23.4亿美元。总体上看,中国对中东和中亚一些油气出口国的贸易逆差规模较小,中国可利用与其经济结构的互补性,通过扩大工业制成品出口、基础设施承包工程合作等方式,从贸易渠道来回收天然气人民币。

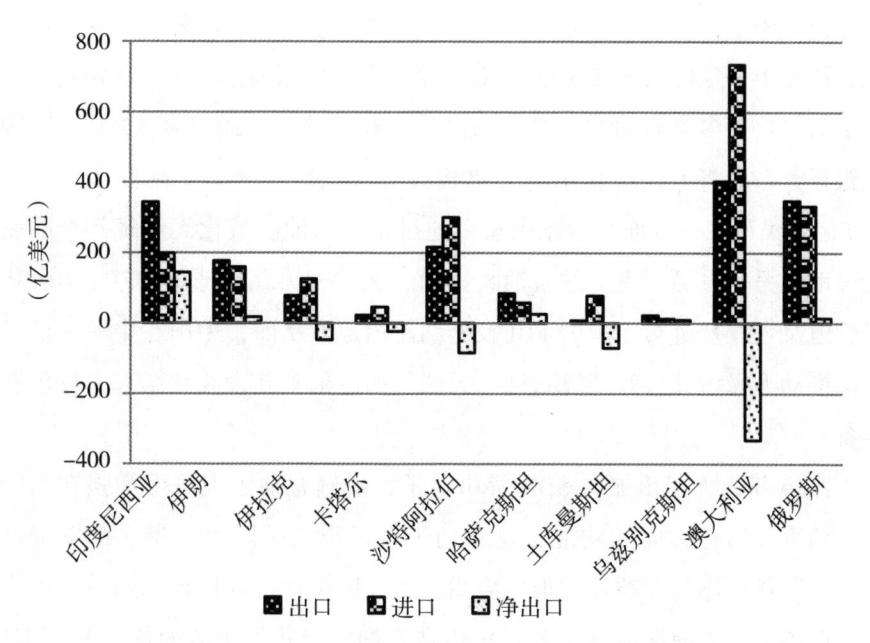

图15.9 2015年中国与一些天然气重要出口国的贸易额

资料来源:国家统计局。

下 篇
人民币国际化：经历升降周期后的再出发

第六，人民币国际化取得重要进展，人民币在计价和结算进口的石油、天然气方面取得初步进展，为天然气人民币创造了必要条件。中国巨大的经济体量和增长潜力，为人民币国际化提供了经济实力保障。从中长期角度来看，依托中国经济良好的增长前景，人民币币值将保持稳定，甚至可能稳中有升。这为人民币充当天然气贸易的结算和计价货币提供了一个宽松的经济环境。目前，人民币国际化已取得一定的进展，如在中国香港、新加坡、伦敦、纽约、法兰克福等国际金融中心设立了人民币离岸中心，并在人民币回流机制方面做出了许多有益的探索，如投资国内的银行间债券市场、以人民币计价的外商直接投资 FDI、有额度限制的银行贷款等。

而且，中国在推动人民币计价和结算进口的石油、天然气方面也取得了一些进展。全球一些最大的油气出口国，包括俄罗斯、伊朗、阿联酋，已经同意接受人民币结算。在中东、俄罗斯等重要的能源供应地区，均建立了人民币清算中心，中国央行已经与卡塔尔、阿联酋央行签署双边本币互换协议，并给予一定的 RQFII 额度。2015 年 4 月，中东地区首个人民币清算中心在卡塔尔首都多哈启动，清算金额高达 200 亿美元。2015 年 12 月，中国人民银行宣布，将人民币合格境外机构投资者试点扩大到了阿联酋，金额是 500 亿人民币。一方面，中东国家可通过出口石油、液化天然气等产品获取人民币；另一方面，更多的石油人民币、天然气人民币通过 QFII、RQFII 投资管道及主权基金对中国的 FDI 投资回流内地。从而，中国在中东天然气出口国推动人民币计价和结算石油、天然气的金融基础设施和结算条件已初步具备。

2015 年，人民币加入 SDR 货币篮子，显然有助于人民币增强在国际交易、结算和储备方面的功能，也有助于人民币在国际投融资、跨境资产配置、国际货币体系等领域的推广应用，为人民币计价和结算石油、天然气贸易创造了良好的前期基础。若人民币在石油、天然气领域的使用有所突破，将明显提升其在国际交易、外汇衍生方面的使用量，加快人民币国际化进程。

四、多方位入手布局天然气人民币体系

人民币国际化进程在 2009 年至 2015 年上半年期间呈现出快速扩张的态势，但从 2015 年下半年至 2018 年却陷入了停滞状态。导致人民币国际化进程由快变慢的主要因素包括中国经济增速的下行、人民币兑美元汇率由升值预期转为贬值预期、中外利差的迅速收窄。人民币国际化的主要经验教训包括：一是过于强调人民币结算而忽视了人民币计价功能的拓展；二是人民币利率与汇率形成机制尚未充分市场化导致跨境套汇与套利交易大行其道，造成了人民币国际化的泡沫。

构建天然气人民币体系，尤其是促进在中国国内及周边区域内的天然气交易用人民币进行计价，有望进一步、可持续地推动人民币国际化进程。一方面，全球范围内天然气的供给充足且供应方分散、全球 LNG 贸易快速增长，以及中国所处的东北亚天然气消费枢纽的地位，使得推动天然气交易的人民币计价变得相对可行；另一方面，中国在天然气方面存在巨大的进口需求（可以通过进口输出人民币），中国与主要天然气出口国之间存在巨大的经济互补性与密切的经贸往来，以及人民币国际化目前陷入停滞状态，又使得推动天然气交易的人民币计价变得非常必要。

鉴于中国在油气大宗商品领域缺乏话语权、油气供需双方的利益冲突、内部油气市场竞争不充分、资本账户尚未开放、金融市场发育水平不高、地缘政治竞争和角力等因素的存在，天然气人民币将是一个远景目标，必将经历一个漫长而曲折的发展过程，需要克服诸多的障碍，不可能一蹴而就。为推动人民币计价和结算进口的天然气取得进展，提升中国在全球天然气领域的定价权和影响力，应充分发挥中国自身体量大的优势，在内外部、供需端同时发力，抢占天然气商品定价权，并完善天然气人民币回流机制。

因此，我们提出的具体政策建议包括以下几点。

第一，中国政府应加快天然气领域的体制改革，按照"打破行政垄断、管住自然垄断、放开竞争环节"的原则，推动国有油气公司的改革，降低民营企业的进入壁垒，推动中游天然气跨省管道和液态天然气接收站跟上游资源分离。同时，中国应充分利用上海期货交易中心，推出天然气期货交易，发行天然气债券，推动形成中国天然气市场基准价格，并形成以人民币计价的贸易机制，进而在国际性的金融中心利用各种金融工具推动天然气交易使用人民币进行计价和结算。

第二，在需求端，中国应充分利用美国页岩气革命和全球天然气市场向需求方倾斜的契机，与中、日、韩三国加强协调沟通与务实合作，提升东北亚需求方的话语权，尽快消除天然气的"亚洲溢价"现象，以争取有利的天然气贸易条件。

第三，在供应端，中国应学习借鉴美国页岩气的开采技术和经验，加大技术研发投资，创新上游天然气勘探机制，鼓励页岩气勘探开发投资，以明显提高中国的页岩气产量，提升中国在天然气领域的话语权。同时，中国应以"一带一路"倡议的深入推进为契机，与俄罗斯、中亚、中东、东南亚、南亚和澳大利亚等国家和地区协调合作，在油气管道和液化气接收站等油气基础设施互联互通方面加大投资力度，以强化中国在亚洲的油气供应枢纽地位，化解中国能源供应的"马六甲困境"，促进中国能源供应渠道的多元化，维护中国能源供应的安全，进而提升中国在全球油气治理领域的发言权。

第四，构建完善的人民币回流机制对于推进天然气人民币和人民币国际化至关重要。人民币回流可通过以下渠道实现。一是出口渠道。中国通过向天然气出口国出口工业制成品，或通过与其开展工程项目合作带动技术、设备出口的方式，来回收天然气人民币。二是直接投资渠道。天然气出口国的油气公司和其他类型企业，可将出口天然气换得的人民币资产，在中国境内开展绿地投资和并购投资。三是间接投资渠道，如天然气出口国的中央银行和金融机构可将其持有的人民币资产投资中国的银行间债券市场、股票市场和债券市场，以及其银行机构向中国企业提供人民币贷款等。在当前资本账户未充分开放的条件下，天然气出口国的企业和金融机构对中国进行间接投资，需要经过监管部门的审批。中国可根据天然气人民币的流出规模，动态调整天然气出口国流入我国的人民币额度，并在风险可控的原则下，适当放宽额度限制，从而为建设天然气人民币体系创造有利的监管环境。

附 录

人民币升值究竟是对是错？[1]

——评麦金农教授新著
《失宠的美元本位制——从布雷顿森林体系到中国崛起》[2]

在赴新西兰开会的飞机上，通宵读完了罗纳德·麦金农教授的新著《失宠的美元本位制——从布雷顿森林体系到中国崛起》。这本薄薄的小册子，并未使用高深的理论模型与数学公式，但融汇了麦金农教授半个世纪以来对国际货币体系的观察与思考，内容十分精彩，非常值得一读。

麦金农教授严格地遵循其一以贯之的分析逻辑，在书中提出了以下五个重要观点。

第一，人民币升值未必能够降低中国的贸易顺差。这个观点并非麦金农教授的新观点，但在书中有专门的一章来详细论证。论证过程大致如下。一国的贸易顺差等于该国的总产出减去总吸收，或者说等于该国的总储蓄减去总投资。尽管汇率升值能够直接降低出口、增加进口，但汇率升值本身将会通过影响总需求来间接影响进出口。一方面，汇率升值本身会通过负面的估值效应降低中国的海外净资产，而这最终会降低国内消费；另一方面，汇率

---

[1] 本章内容发表于《国际经济评论》2013年第6期。
[2] 罗纳德·麦金农. 失宠的美元本位制：从布雷顿森林体系到中国崛起 [M]. 李远芳，卢瑾，陈思翀，译. 北京：中国金融出版社，2013.

升值会削弱本国对外商直接投资的吸引力，而这最终会降低国内投资。上述两方面的合力会造成总吸收下降，或者说造成国内总储蓄上升、总投资下降，这最终会造成贸易顺差的上升，而非下降。

第二，持续的人民币升值将会使得中国步日本的后尘，陷入痛苦的通货紧缩状态而难以自拔。其论证逻辑如下：当人民币钉住美元时，不存在汇率升值或贬值预期。在这一前提下，为保证固定汇率制下的国际竞争力，企业家会根据劳动生产率增速来相应制定工资增速。然而，一旦人民币开始对日元升值，且升值速度存在不确定性，为了保证自己的利润空间，企业家就不会再让工资增速等于劳动生产率增速，而是让前者持续低于后者。这种状况一旦持续下去，就会给中国经济造成通货紧缩压力。

第三，真正能够消除中美贸易失衡的办法，不是靠人民币对美元汇率升值，而是靠中美两国的储蓄调整。对美国而言，应该实施从紧的财政政策，通过降低财政赤字来提高国内总储蓄；对中国而言，应该努力扩大国内消费，通过降低居民储蓄来降低国内总储蓄。只要美国的储蓄投资负缺口能够缩小，且中国的储蓄投资正缺口也能够缩小，那么中美贸易失衡自然会缩小。

第四，应该鼓励包括中国在内的新兴市场国家保持适当的资本账户管制。最近十年以来，国际资本流动充斥着套利交易。套利交易是一种风险对冲基本无效的危险交易，因为如果进行充分的风险对冲，套利者就无法从中获利。虽然降低息差可以抑制套利交易，但新兴市场国家与美国经济周期的不同步决定了新兴市场国家无法持续将国内外息差保持在很低水平上。因此，包括美国政府在内的国际社会应该鼓励新兴市场国家在实施宏观审慎监管政策的前提下，在必要的时候实施资本账户管制以应对热钱流动。

第五，美元本位制是一种并不算坏的国际货币体系。与多元化的国际货币体系相比，美元本位制更为稳定。当前美元本位制之所以出了很大问题，根源在于美国货币政策的制定只关注国内经济形势，而忽视了全球经济形势。麦金农教授主张，未来美国货币政策的制定应充分考虑其对全球经济的溢出效应，实施对全球经济负责任的货币政策。例如，麦金农教授认为，美国政府应该尽快退出量化宽松政策。量化宽松政策不仅给新兴市场经济体造成巨大的资本流入,而且对美国经济自身也没有好处。后者的原因在于,量化宽松政策将美国银行间拆借利率维持在极低水平,因此大银行不愿意借款给小银行,而流动性紧张的小银行自然会削减对中小企业的贷款,这是本轮美国经济复苏没有显著降低失业率的重要原因。此外,极低的银行间拆借利率也限制了美国货币市场基金的复苏,因为在这样的环境下经营会给货币市场基金带来跌破面值的风险。

对麦金农教授的第四点看法,即应允许新兴市场国家保持适当的资本账户管制以抑制全球套利交易,我完全赞成。具体分析可以参见余永定等(2013)及张明(2013)的有关论述,此处不再赘述。然而,其他四点看法我认为值得商榷。

对于第一点看法,即人民币升值未必会降低中国的贸易顺差,我认同麦金农教授的分析框架,即汇率除直接影响进出口外,还会通过影响总需求而间接地影响进出口。然而,要深入剖析汇率变动对消费与投资的影响,需要更加具体地分析中国经济的特征。

例如,从总体上而言,人民币升值的确会造成负面的估值效应。然而,海外资产与海外负债在中国居民部门与中国政府部门之间的分配是极不对称的,结果造成中国政府部门是一个海外净债权人,而中国居民部门是一个海外净债务人的格局。这就意味着,人民币升值会给中国居民部门带来正面的估值收益,从而刺激居民消费;与此同时,人民币升值会给中国政府部门带来负面的估值损失,从而抑制政府消费。换句话说,人民币升值对居民消费与政府消费的影响方向是截然不同的。如果居民部门消费的收入弹性高于政府消费的收入弹性,以至于居民消费的增长能够超过政府消费的下降,那么人民币升值依然能够降低中国的贸易顺差。从现实情况来看,中国的经常账户顺差占GDP的比率从2007年的超过10%降低至2011年与2012年的低于3%,这固然与金融危机造成的全球需求低迷这一周期性因素有关,但同时也与人民币有效汇率的大幅升值密切相关。

附录
人民币升值究竟是对是错?

又如，人民币升值固然会降低出口导向的外商投资企业的投资，但可能对以中国国内市场为导向的外商投资企业的投资并无负面影响，因为人民币升值导致的中国居民部门真实收入（正面的财富效应及贸易条件的改善）的增长意味着中国国内市场消费潜力的上升。此外，中国国内其他行业（如房地产、基础设施）的旺盛投资需求增长完全可能抵消人民币升值造成的制造业投资下降。

对于第二点看法，即持续的人民币升值预期会导致中国出现通货紧缩。这个分析逻辑本身没有问题。问题在于，持续的人民币升值预期能够维持多久。麦金农教授之所以认为人民币升值预期将会长期维持，是因为他假定人民币升值不会缓解贸易顺差，从而一旦央行不愿意继续购买外汇，私人部门购买外汇的意愿也不会显著上升，这会加剧外汇市场上美元供过于求，从而推动人民币大幅升值。然而，如果人民币升值能够降低贸易顺差，那么随着贸易顺差占 GDP 规模的下降，人民币升值预期就会减弱甚至消失。例如，经过 2005 年至今人民币对美元汇率及人民币有效汇率均超过 30%的升值后，当前市场上人民币单边升值的预期已经基本消失，取而代之的是汇率运动预期的分化，甚至出现了人民币贬值预期。

麦金农教授的第三点看法，核心思想源自贸易顺差等于储蓄投资缺口这个恒等式，而且他认为前者取决于后者。我们也认同要降低贸易失衡最终必须降低储蓄投资缺口的观点。但恒等式的左右两边谁因谁果不明确，既可能是储蓄投资缺口影响贸易顺差，也可能是贸易顺差影响储蓄投资缺口。后者的一个例子是，如果人民币升值导致出口下降，那么出口企业的收入会下降，从而导致出口部门的企业储蓄下降，而出口企业收入下降将会进一步影响企业工人的工资增长，从而导致相应的居民储蓄下降。这意味着，人民币升值不仅会直接影响贸易顺差，而且会间接影响储蓄投资缺口，造成两者的同向变动。

麦金农教授的第五点看法，即如果美联储能够实施更负责任的货币政策，那么美元本位制就能够继续维持下去。这一看法无疑具有合理性，然而考虑到美国国内的政策环境，这一看法只能是"看上去很美"。在美国当前的政策决定机制下，货币政策制定具有极强的内视性。当美国经济周期与全球经济周期同步时，问题并不大。而当美国经济周期与全球经济周期相反时，很难让美联储货币政策放弃美国利益来兼顾全球利益。毕竟，美联储货币政策目标是实现国内物价稳定与经济增长，而非全球物价稳定与经济增长。事实上，如果美联储真的根据全球经济形势来制定货币政策，那么美联储就不再是美国的中央银行，而变为全球中央银行了。美元也不再是美国的货币，而变为全球货币了。通过改变美联储的政策立场来间接实现全球央行与超主权货币的梦想，无异于与虎谋皮，这是相当不现实与不可行的。

从自己的假定与推理逻辑出发，麦金农教授认为，如果进行适当改进，美元本位制依然具有强大的生命力。人民币应该维持与美元的固定汇率，这样能够继续将美元作为名义锚，同时通过资本账户管制来抑制套利交易，维持货币政策一定的独立性。然而，本轮金融危机后，美联储的几轮量化宽松充分说明了美联储不是一个对全球经济负责任的央行，极大地损害了美联储的政策声誉。复杂的中国经济现实则意味着，麦金农教授得出上述结论的假定前提可能需要调整。而一旦调整了假定前提，上述结论是否适合中国，也就存在较大的疑问了。

然而无论如何，我们还是向所有对国际金融问题感兴趣的读者推荐这本书，这本书的趣味性、可读性与深刻性，在近年来同类书籍中罕有其匹，愿读者朋友们在书中读出自己的收获。

参考文献

中文文献

[1] 戴维·里维里恩, 克里斯·米尔纳. 国际货币经济学前沿问题 [M]. 赵锡军, 应惟伟, 译. 北京: 中国税务出版社, 2000.

[2] 巴曙松. 人民币国际化的三个阶段 [N]. 新京报, 2007-07-06.

[3] 白钦先, 张志文. 外汇储备规模与本币国际化: 日元的经验研究 [J]. 经济研究, 2011, 46 (10).

[4] 白钦先, 张志文. 人民币汇率变动对 CPI 通胀的传递效应研究 [J]. 国际金融研究, 2011 (12).

[5] 白晓燕, 王培杰. 资本管制有效性与中国汇率制度改革 [J]. 数量经济技术经济研究, 2008 (09).

[6] 保罗·霍尔伍德, 罗纳德·麦克唐纳. 国际货币与金融 [M]. 何璋, 译. 北京: 北京师范大学出版社, 1996.

[7] 保罗·克鲁格曼. 汇率的不稳定性 [M]. 张兆杰, 译. 北京: 北京大学出版社, 2000.

[8] 毕玉江, 朱钟棣. 人民币汇率变动的价格传递效应: 基于协整与误差修正模型的实证研究 [J]. 财经研究, 2006 (07).

[9] 边卫红. 离岸人民币市场步入阶段性调整期: 人民币国际化与离岸市场发展会议综述 [J]. 国际金融, 2017 (01).

[10] 卜永祥. 人民币汇率变动对国内物价水平的影响 [J]. 金融研究, 2001 (3).

[11] 陈德霖. 离岸人民币业务发展之我见 [J]. 中国经济观察 (博源基金会), 2011 (7).

[12] 陈科, 吕剑. 人民币实际汇率变动趋势分析: 基于巴拉萨-萨缪尔

森效应［J］．财经科学，2008（3）．

［13］陈六傅，刘厚俊．人民币汇率的价格传递效应：基于 VAR 模型的实证分析［J］．金融研究，2007（4）．

［14］陈学信．国际购买力平价和简化净出口函数：中国实证［J］．财经研究，2011，37（09）．

［15］杜运苏，赵勇．汇率变动的价格传递效应：基于中国的实证研究．经济科学，2008（05）．

［16］鄂永健，丁剑平．差别消费权重、生产率与实际汇率：动态一般均衡模型对巴拉萨-萨缪尔森假说的扩展［J］．世界经济，2007（03）．

［17］樊纲，王碧珺，黄益平．区域内国家间储备货币互持：降低亚洲各国外汇储备风险的一个建议［A］．国际经济分析与展望（2010—2011）［C］．中国国际经济交流中心，2011：46．

［18］封北麟．汇率传递效应与宏观经济冲击对通货膨胀的影响分析［J］．世界经济研究，2006（12）．

［19］高海红．中国在亚洲区域金融合作中的作用［J］．国际经济评论，2009（3）．

［20］郭熙保．购买力平价与我国收入水平估计［J］．管理世界，1998（4）．

［21］国家统计局国际统计信息中心．国际比较项目在中国（内部资料），2003．

［22］韩民春，袁秀林．基于贸易视角的人民币区域化研究［J］．经济学季刊，2007，6（2）．

［23］何东，马骏．评对人民币国际化的几个误解［J］．中国经济观察（博源基金会），2011（7）．

［24］何帆，张斌，张明，等．香港离岸人民币金融市场的现状、前景、问题与风险［J］．国际经济评论，2011（3）．

［25］黄海洲．人民币国际化：新的改革开放推进器［J］．国际经济评论，2009（4）．

［26］黄晓勇. 推进天然气人民币战略的路径探析［J］. 中国社会科学院研究生院学报，2017（1）.

［27］黄益平. 国际货币体系变迁与人民币国际化［J］. 国际经济评论，2009（3）.

［28］蒋锋. 汇率制度的选择［J］. 金融研究，2001（5）.

［29］蒋先玲，刘微，叶丙南. 汇率预期对境外人民币需求的影响［J］. 国际金融研究，2012（10）.

［30］金荦，李子奈. 中国资本管制有效性分析［J］. 世界经济，2005（8）.

［31］李超. 中国的贸易基础支持人民币区域化吗？［J］. 金融研究，2010（7）.

［32］李稻葵，刘霖林. 人民币国际化：计量研究及政策分析［J］. 金融研究，2008（11）.

［33］李稻葵，刘霖林. 双轨制推进人民币国际化［J］. 中国金融，2008（10）.

［34］李建军，甄峰，崔西强. 人民币国际化发展现状、程度测度及展望评估［J］. 国际金融研究，2013（10）.

［35］李婧，管涛，何帆. 人民币跨境流通的现状及对中国经济的影响［J］. 管理世界，2004（9）.

［36］李晓，丁一兵. 经济冲击对称性与区域经济合作：东亚与其他区域的比较研究［J］. 吉林大学社会科学学报，2006（4）.

［37］李晓，李俊久，丁一兵. 论人民币的亚洲化［J］. 世界经济，2004（2）.

［38］李瑶. 非国际货币、货币国际化与资本项目可兑换［J］. 金融研究，2003（8）.

［39］李远芳，张斌. 人民币汇率中间价的回归［J］. 财经，2016（9）.

［40］林伯强. 人民币均衡实际汇率的估计与实际汇率错位的测算［J］.

经济研究, 2002 (12).

[41] 林乐芬, 王少楠. 一带一路进程中人民币国际化影响因素的实证分析 [J]. 国际金融研究, 2016 (2).

[42] 林毅夫. 关于人民币汇率问题的思考与政策建议 [J]. 世界经济, 2007 (3).

[43] 刘金全, 云航, 郑挺国. 人民币汇率购买力平价假说的计量检验: 基于 Markov 区制转移的 Engel-Granger 协整分析 [J]. 管理世界, 2006 (3).

[44] 刘莉亚, 任若恩. 人民币均衡汇率的实证研究 [J]. 统计研究, 2002 (5).

[45] 刘亚, 李伟平, 杨宇俊. 人民币汇率变动对我国通货膨胀的影响: 汇率传递视角的研究 [J]. 金融研究, 2008 (3).

[46] 楼继伟. 全球经济不平衡与亚洲的货币金融合作 [EB/OL], http://www.china-inv.cn/include/resources/loujiwei.pdf, 2004-06-25.

[47] 卢锋, 刘鎏. 我国两部门劳动生产率增长及国际比较 (1978—2005): 巴拉萨-萨缪尔森效应与人民币实际汇率的重新考察 [J]. 经济学季刊, 2007, 6 (2).

[48] 吕剑. 人民币汇率变动对国内物价传递效应的实证分析 [J]. 国际金融研究, 2007 (8).

[49] 马策. 高度关注人民币的国际化问题 [J]. 对外经贸实务, 2004 (11).

[50] 马骏. 人民币离岸市场发展对境内货币和金融的影响 [J]. 国际融资, 2011 (05).

[51] 马荣华, 唐宋元. 人民币境外流通原因的实证分析 [J]. 当代财经, 2006 (9).

[52] 迈克尔·梅尔文. 国际货币与金融 [M]. 上海: 上海三联书店, 1991.

[53] 秦朵, 何新华. 人民币失衡的测度: 指标定义、计算方法及经验分析 [J]. 世界经济, 2010 (7).

[54] 秦晓. 人民币跨境贸易结算：定位与评价 [R]. 北京：中国金融四十人论坛，2011.

[55] 邱冬阳. 人民币购买力平价：1997—2005 年数据的协整分析 [J]. 经济研究，2006（5）.

[56] 沙文兵，刘红忠. 人民币国际化、汇率变动与汇率预期 [J]. 国际金融研究，2014（8）.

[57] 沈国兵. 日元与人民币：区域内货币合作抑或货币竞争 [J]. 财经研究，2004（8）.

[58] 施建淮，傅雄广，许伟. 人民币汇率变动对我国价格水平的传递 [J]. 经济研究，2008（7）.

[59] 施建淮，余海丰. 人民币均衡汇率与汇率失调：1991—2004 [J]. 经济研究，2005（4）.

[60] 孙茂辉. 人民币自然均衡实际汇率：1978—2004 [J]. 经济研究，2006（11）.

[61] 唐翔. 富人社区效应还是巴拉萨-萨缪尔森效应：一个基于外生收入的实际汇率理论 [J]. 经济研究，2008（5）.

[62] 唐旭，钱士春. 相对劳动生产率变动对人民币实际汇率的影响分析：哈罗德-巴拉萨-萨缪尔森效应实证研究 [J]. 金融研究，2007（5）.

[63] 唐亚晖，陈守东. 基于 BEER 模型的人民币均衡汇率与汇率失调的测算 [J]. 国际金融研究，2010（12）.

[64] 王家玮，孙华妤，门明. 人民币汇率变动对通货膨胀的影响：基于进口非竞争型投入产出表的分析 [J]. 国际金融研究，2011（10）.

[65] 王晋斌，李南. 中国汇率传递效应的实证分析 [J]. 经济研究，2009（4）.

[66] 王凯，庞震. 经济增长对实际汇率的影响：基于巴拉萨-萨缪尔森效应的分析 [J]. 金融发展研究，2012（2）.

[66] 王维. 相对劳动生产力对人民币实际汇率的影响 [J]. 国际金融研

究，2003（8）.

［67］王维国，关大宇. 中国出口商品生产效率结构与汇率关系的实证分析［J］. 数量经济技术经济研究，2008（12）.

［68］王曦，才国伟. 人民币合意升值幅度的一种算法［J］. 经济研究，2007（5）.

［69］王信. 如何看人民币国际化过程中的问题与收益［R］. 北京：中国金融四十人论坛，2011.

［70］王义中. 人民币内外均衡汇率：1982—2010年［J］. 数量经济技术经济研究，2009（5）.

［71］王宇哲，张明. 人民币升值究竟对中国出口影响几何［J］. 金融研究，2014（3）.

［72］王泽填，姚洋. 人民币均衡汇率估计［J］. 金融研究，2008（12）.

［73］王泽填，姚洋. 结构转型与巴拉萨-萨缪尔森效应［J］. 世界经济，2009（4）.

［74］王志强. 人民币购买力平价的界限检验［J］. 数量经济技术经济研究，2004（2）.

［75］吴海英，徐奇渊. 中国出口真实规模的估计［R］. 中国社科院世界经济与政治研究所世界经济预测与政策模拟实验室，2014-04-24.

［76］项后军，潘锡泉. 人民币汇率真的被低估了吗［J］. 统计研究，2010（8）.

［77］谢丹阳. 中国货币政策应增透明度［EB/OL］. 英国《金融时报》中文网，2012-03-23.

［78］杨长江. 人民币实际汇率：长期调整趋势研究［M］. 上海：上海财经大学出版社，2002.

［79］姚枝仲，田丰，苏庆义. 中国出口的收入弹性与价格弹性［J］. 世界经济，2010（4）.

［80］易纲. 以人民币第一战略促进和平发展［EB/OL］. 新浪网，2006-

12-14.

[81] 易纲, 范敏. 人民币汇率的决定因素及走势分析 [J]. 经济研究, 1997 (10).

[82] 殷剑峰. 人民币国际化: "贸易结算+离岸市场", 还是"资本输出+跨国企业"? [J]. 国际经济评论, 2011 (04).

[83] 余道先, 王云. 人民币国际化进程的影响因素分析: 基于国际收支视角 [J]. 世界经济研究, 2015 (3).

[84] 余芳东, 任若恩. 关于中国与 OECD 国家购买力平价比较研究结果及其评价 [J]. 经济学季刊, 2005 (3).

[85] 余芳东. 关于世界银行推算中国购买力平价的方法、结果及问题研究 [J]. 管理世界, 2008 (5).

[86] 余永定. 避免美元陷阱 推进国际货币体系改革 [J]. 财经, 2009 (8).

[87] 余永定. 人民币国际化必须目标明确、循序渐进 [Z]. 中国社会科学院世界经济与政治研究所国际金融研究中心. 财经评论系列, No. 2011042, 2011 年 A 版 7 月 4 日.

[88] 余永定. 人民币国际化路线图再思考 [Z]. 中国社会科学院世界经济与政治研究所国际金融研究中心. 财经评论系列, No. 2011056, 2011 年 B 版 9 月 14 日.

[89] 余永定. 从当前的人民币汇率波动看人民币国际化 [J]. 国际经济评论, 2012 (1).

[90] 余永定, 张明, 张斌. 审慎对待资本账户开放 [EB/OL]. FT 中文网, 2013-06-04.

[91] 余永定, 张斌, 张明. 尽快引入人民币兑篮子汇率宽幅区间波动 [J]. 国际经济评论, 2016 (1).

[92] 俞萌. 人民币汇率的巴拉萨-萨缪尔森效应分析 [J]. 世界经济, 2001 (5).

[93] 张斌. 人民币均衡汇率: 简约一般均衡下的单方程模型研究 [J].

世界经济, 2003 (11).

[94] 张斌. 次序颠倒的人民币国际化进程 [Z]. 中国社会科学院世界经济与政治研究所国际金融研究中心. 财经评论系列, No. 2011036, 2011 年 A 版 6 月 21 日.

[95] 张斌. 对人民币国际化问题争论的进一步澄清. 中国社会科学院世界经济与政治研究所国际金融研究中心, 财经评论系列, No. 2011050, 2011 年 B 版 8 月 2 日.

[96] 张斌. 中国对外金融的政策排序：基于国家对外资产负债表的分析 [J]. 国际经济评论, 2011 (2).

[97] 张斌. 汇率形成机制还需连续举措. 中国外部经济环境监测财经评论, No. 12011, 中国社会科学院世界经济与政治研究所, 2012 年 4 月 17 日.

[98] 张斌, 何帆. 货币升值的后果：基于中国经济特征事实的理论框架 [J]. 经济研究, 2006 (5).

[99] 张斌, 徐奇渊. 汇率与资本项目管制下的人民币国际化 [J]. 国际经济评论, 2012 (4).

[100] 张国建, 佟孟华, 梅光松. 实际有效汇率波动影响了人民币国际化进程吗？[J]. 国际金融研究, 2017 (2).

[101] 张礼卿. 人民币国际化面临的挑战与对策 [J]. 金融论坛, 2016 (3).

[102] 张明. 全球国际收支失衡的调整及对中国经济的影响 [J]. 世界经济与政治, 2007 (7).

[103] 张明. 中国向美元本位制说不 [N]. 南方周末, 2009-04-09.

[104] 张明. 人民币国际化：基于在岸与离岸的两种视角 [Z]. 中国社会科学院世界经济与政治研究所国际金融研究中心. 工作论文系列, No. 2011W09, 2011 年 A 版 6 月 29 日.

[105] 张明. 外升内贬背景下的人民币汇率形成机制改革 [J]. 经济理论与经济管理, 2011 (1).

[106] 张明, 何帆. 人民币国际化进程中在岸离岸套利现象研究 [J].

国际金融研究, 2012 (10).

［107］张明. 资本账户开放迷思［J］. 财经, 2013 (14).

［108］张明. 人民币汇率形成机制改革的历史成就、当前形势与未来方向［J］. 国际经济评论, 2016 (3).

［109］张萍. 利率平价理论及其在中国的表现［J］. 经济研究, 1996 (10).

［110］张晓朴. 人民币均衡汇率的理论与模型［J］. 经济研究, 1999 (12).

［111］张晓朴. 均衡与失调：1978—1999年人民币汇率合理性评估［J］. 金融研究, 2000 (8).

［112］张晓朴. 购买力平价思想的最新演变及其在人民币汇率中的应用［J］. 世界经济, 2000 (9).

［113］张瀛, 王浣尘. 人民币实际均衡汇率：跨时期均衡模型［J］. 世界经济, 2004 (8).

［114］金学军, 王义中. 理解人民币汇率的均衡、失调、波动与调整［J］. 经济研究, 2008 (1).

［115］赵华. 人民币汇率与利率之间的价格和波动溢出效应研究［J］. 金融研究, 2007 (3).

［116］中国货币政策执行报告（2009年第三季度）［J］. 财经界, 2010 (02).

［117］钟伟. 略论人民币的国际化进程［J］. 世界经济, 2002 (3).

［118］周小川. 改革国际货币体系　创造超主权储备货币［EB/OL］, 凤凰财经, 2009-03-23.

［119］周小川. 关于改革国际货币体系的思考［EB/OL］, http://www.pbc.gov.cn/detail.asp?col=4200&id=279, 2009-03-23.

［120］周宇. 论汇率贬值对人民币国际化的影响：基于主要国际货币比较的分析［J］. 世界经济研究, 2016 (4).

英文文献

［1］ALIBER R. Z.. *The Foreign Exchange Value of the US Dollar, Sticky*

Asset Prices and Corporate Financial Decisions. Mimeo, Chicago, 1988.

[2] BACCHETTA P. and VAN WINCOOP E.. *A Theory of the Currency Denomination of International Trade.* C. E. P. R. Discussion Papers, 2002, pp: 295-319.

[3] BERGSTEN C. F., DAVANNE O. and Jacquet P.. *The Case for Joint Management of Exchange Rate Flexibility.* Institute for International Economics, 1999.

[4] BIRD G., RAJAN S. R.. *Banks, Financial Liberalization and Financial Crises in Emerging Markets.* World Economy, 2001, 24 (7): 889-910.

[5] BRUNO M.. *Inflation, Growth and Monetary Control: Non-linear Lessons From Crisis and Recovery.* Paolo Baffi Lectures on Money and Finance. Rome: Banca d'Italia, 1995.

[6] CALVO G., REINHART M. C.. *When Capital Flows Come to a Sudden Stop: Consequences and Policy Options.* Washington D. C.: University of Maryland, 1999.

[7] CHANG R., VELASCO A.. *Monetary and Exchange Rate Policy with Imperfect Financial Markets.* New York: New York University, 1999.

[8] CHEN X., CHEUNGY. W.. *Renminbi Going Globa.* China & World Economy, 2011, 19 (2) : 1-18.

[9] CHEUNG Y. W., CHINN M. D. and FUJII E.. *China's Current Account and Exchange Rate.* NBER Working Paper, No. 14673, 2009.

[10] CHINN M., FRANKEL J.. *Will the Euro Eventually Surpass the Dollar as Leading International Reserve Currency?* Center for Global International & Regional Studies Working Paper, 2007: 11510.

[11] CLINE W. R. and WILLIAMSON J.. *Estimates of Fundamental Equilibrium Exchange Rates.* Peterson Institute for International Economics, Policy Brief, 2011, No. 11-15.

参考文献

［12］ COOKSON R.. *Renminbi's Mysterious Rise：Trade Finance or Interest Arbitrage*. Financial Times Blogs，2011-05-20.

［13］ COOPER R. N.. *Dealing with the Trade Deficit in a Floating Rate System*. Brookings Papers on *Economic Activity*，1986（1），pp：195-207.

［14］ Daiwa Capital Markets. *Hong Kong Strategy：Capitalising on Renminbi-business Opportunities*. Strategy and Economic Report，2011-03-02.

［15］ DIAMOND D. and DYBVIG P.. *Bank Runs，Deposit Insurance and Liquidity*. Journal of *Political Economy*，1983，91（3），pp：401-419.

［16］ DORNBUSCH R.，FISCHER S. and STARZ R.. *Macroeconomics*. 7th Edition，Irwin McGraw-Hill，1998，pp：421.

［17］ DRIVER R. L. and WESTAWAY P. F.. *Concepts of Equilibrium Exchange Rates*. Bank of England，Working Paper，2004，No. 248.

［18］ EDWARDS S.. *Exchange Rates and the Political Economy of Macroeconomic Discipline*. American Economic Review，1996，86（2），pp：159-163.

［19］ EICHENGREEN and ARTETA. *Banking Crises in Emerging Markets*. Economic Journal，2000（110），pp：256-272.

［20］ FAN G.，Wang B. and HUANG Y.. *Intraregional Cross-Holding of Reserve Currencies：A Proposal for Asia to Deal with the Global Reserve Risks*. China & World Economy，2013，21（4），pp：14-35.

［21］ FISCHER S.. *Seigniorage and Fixed Exchange Rates：An Optimal Inflation Tax Analysis*. NBER Working Paper，1983，No. 783.

［22］ FRANKEL A. J.. *Recent Exchange-Rate Experience and Proposals for Reform*. American Economic Review，1996，86（2），pp：153-158.

［23］ FRANKEL J.. *On the RMB：the Choice between Adjustment under a Fixed Exchange Rate and Adjustment under a Flexible Rate*. NBER Working Paper，2005，No. 11274.

［24］ FRANKEL J.. *No Single Currency Regime is Right for All Countries or at*

All Times. Princeton Essays in International Finance, 2010, No. 215.

［25］FRIEDMAN M.. *Essays in Positive Economics*. Chicago: University of Chicago Press, 1953.

［26］GAO H. and YU Y.. *Internationalization of the Renminbi*. BIS Papers, 2012, No. 61.

［27］GARBER M. P.. *What Currently Drives CNH Market Equilibrium?*. International Economic Review, 2012.

［28］HARRIS D.. *GMM Estimation of Time Series Models*. Generalized Method of Moments Estimation, 1999, pp: 149-170.

［29］HAWKINS L.. *The Demand and for Hong Kong Dollar*. HKMA Quarterly Bulletin, 1997 (5), pp: 2-13.

［30］HE D.. *International Use of the Renminbi: Developments and Prospects*. Hong Kong Monetary Authority and Hong Kong Institute for Monetary Research, 2011-03-08.

［31］ITO T.. *A New Financial Order in Asia: Will a RMB Bloc Emerge?*. NBER Working Paper, 2016, No. 22755.

［32］LEWIS K.. *Puzzles in International Financial Markets*. Handbook of International Economics, Vol. 3, 1995.

［33］LIM E. G.. *The Euro's Challenge to the Dollar: Different Views from Economists and Evidence from COFER (Currency Composition of Foreign Exchange Reserves) and Other Data*. Imf Working Papers, 2006, 06 (153).

［34］MA G. and McCauley R.. *The Efficacy of China's Capital Controls-Evidence from Price and Flow Data*. Pacific Economic Review, 2008, 13 (1).

［35］MCCAULEY R.. *Internationalizing the Renminbi and China's Financial Development Model*. Paper Presented at Symposium on the Future of the International Monetary System and the Role of Renmibi, 2011.

［36］MEERSHWAM D.. *International Capital Imbalances*. the Demise of

Local Financial, 1989.

[37] MEESE R. A. and ROGOFF K. S.. *Empirical Exchange Rate Models of 1970s: Do They Fit Out of Sample?*. Journal of *International Economics*, 1983, 14 (1-2), pp: 3-24.

[38] MUNDELL A. R.. *Currency Areas, Common Currencies and EMU. American Economic Review*, 1997, 87 (2), pp: 214-216.

[39] QU H., et al.. *The Rise of the Redback II: An Updated Guide to the Internationalization of the Renminbi*. HSBC Global Research, March, 2013.

[40] RENR.. *China's Economic Performance in an International Perspective.* Paris : OECD publication, 1997.

[41] REY H.. *Dilemma not Trilemma: The Global Financial Cycle and Monetary Policy Independence.* Paper Presented at the Jackson Hole Symposium, 2013.

[42] SACHS D. J.. *Economic Transition and the Exchange Rate Regime. American Economic Review*, 1996, 86 (2), pp: 147-152.

[43] SVENSSON L.. *Inflation Targeting as a Monetary Policy Rule.* Journal of *Monetary Economic*, 1999, 43 (3), pp: 607-654.

[44] SWIFT. *A Stellar Performance in 2011 Positions London as Next RMB Offshore Center*. RMB Tracker, January, 2012.

[45] SWIFT. *Trend or Hiccup-Could the Internationalization of the RMB be Stalling?* . SWIFT RMB Tracker, November 2011.

[46] SWIFT. *Singapore Overtakes London as Top RMB Offshore Clearing Center After Hong Kong*. SWIFT RMB Tracker, April 2014.

[47] SWIFT. *RMB Now 2nd Most Used Currency in Trade Finance, Overtaking the Euro*. SWIFT RMB Tracker, November 2013.

[48] TAVLAS G.. *Internationalization of Currencies: The Case of the US Dollar and Its Challenger Euro*. The International Executive, 1997, pp: 8-10.

[49] WILLIAMS E. C.. *Restrictions on the Forward Exchange Market: Imp li-*

cations of the Gold-Exchange Standard. Journal of Finance, 1968 (23), pp: 899-900.

[50] YU Y.. Revisiting the Internationalization of the Yuan. ADBI Working Paper, No. 366, 2012.

[51] ZHANG M.. China's New International Financial Strategy Amid the Global Financial Crisis. China & World Economy, 2009, 17 (5).

[52] ZHANG M.. China's Capital Control: Stylized Facts and Referential Lessons, Prepared for the Cconference of Task Force on Managing Capital Flows for Long-run Development. Boston: Boston University, September 16, 2011.

[53] ZHANG M.. Chinese Stylized Sterilization: The Cost-sharing Mechanism and Financial Repression. China & World Economy, 2012, 20 (2).

[54] ZHANG M.. Internationalization of the Renminbi: Developments, Problems and Influences. CIGI New Thinking and the New G20 Paper Series, 2015 (2).

[55] ZhANG M. and ZHANG B.. The Boom and Bust of RMB Internationalization: The Perspective from Cross-border Arbitrage. Asian Economic Policy Review, 2017, 12 (2).